唐宋史料筆記叢刊

涑水記聞

〔宋〕司馬光 撰

鄧廣銘 張希清 點校

中華書局

圖書在版編目(CIP)數據

涑水記聞/(宋)司馬光撰;鄧廣銘,張希清點校.—2版.—北京:中華書局,2017.11(2025.1重印)
(唐宋史料筆記叢刊)
ISBN 978-7-101-12690-7

Ⅰ.涑… Ⅱ.①司…②鄧…③張… Ⅲ.①筆記-作品集-中國-北宋②中國歷史-史料-北宋 Ⅳ.K244.066

中國版本圖書館CIP數據核字(2017)第166963號

責任編輯:許 桁 朱立峰
責任印製:陳麗娜

唐宋史料筆記叢刊
涑水記聞
〔宋〕司馬光 撰
鄧廣銘 張希清 點校
*
中華書局出版發行
(北京市豐臺區太平橋西里38號 100073)
http://www.zhbc.com.cn
E-mail:zhbc@zhbc.com.cn
北京新華印刷有限公司印刷
*
850×1168毫米 1/32 · 16⅞印張 · 2插頁 · 228千字
1989年9月第1版 2017年11月第2版
2025年1月第10次印刷
印數:21101-22000册 定價:68.00元

ISBN 978-7-101-12690-7

略論有關涑水記聞的幾個問題

鄧廣銘

一、司馬光記聞的撰寫和整理

司馬光在宋哲宗初年身居相位期間的一些政治設施雖基本上無足稱道，但他在當政之前的十多年内所主編的資治通鑑，却真正稱得起是一部空前絶後的編年史巨著。他雖然不曾像司馬遷撰寫史記時那樣，標舉出以「究天人之際、通古今之變、成一家之言」爲其著述宗旨，但每一個讀過這部二百九十四卷大書的人，總都可以體會到，他確實也是把司馬遷所標舉的宗旨貫穿在全書當中。

我國古代的著名歷史學家，全都有極重視近現代史的傳統，這在司馬光的資治通鑑中的具體體現，則是對於隋唐五代史事的特別致詳，而其對此期内史事的記述和考異也都更較精確。然而司馬光是生在北宋中葉的人，當他能够參加文化、學術、社會、政治等等活動之日，上距北宋之建立已將及百年，所以，只有宋朝建立以後的歷史才能算做他的現代史，而司馬光也確實是有意於此，即還準備寫一部資治通鑑後紀，也就是北宋建國以後的歷史。記聞一書，則是司馬光平時把他所見所聞所傳聞的一些與國家的軍政大事、或歷代皇帝、或文武大臣、或朝章政典、或契丹、西夏等有關事項，隨手記録下來，以備將來撰寫通鑑後紀之用。馬端臨的文獻通考卷一九七，經籍考中的史部傳記類，於温公日記下引録了巽巖李氏（按：即李燾）叙述此事的一段話説：

文正公初與劉道原共議：取實録、正史，旁採異聞，作資治通鑑後紀。屬道原早死，文正起相，元祐後終，卒不果成。今世所傳記聞及日記并朔記，皆後紀之具也。自嘉祐以前，甲子不詳，則號記聞；嘉祐以後，乃名日記；若朔記，則書略成編矣。始，文正子孫藏其書祖廟，謹甚。黨禍既解，乃稍出之。旋經離亂，多所亡逸。……事亦有與正史、實録不同者，蓋所見所聞所傳聞之異，必兼存以求是，此文正長編法。

今按：李燾説記聞之所以取名爲記聞，乃是因爲其中所記皆嘉祐年間以及更在它以前的事，各事發生的年月日既不能詳知，所以只好使用一個比較含渾的名稱。此説實大誤。一則記聞中的記事，如卷六馮拯河南人條和卷八李文定迪條，均稱仁宗爲「今上」，可見所記嘉祐年間事並非全屬事後追記，因而不存在「甲子不詳」的問題；二則其中所記決不止於嘉祐，有關神宗一代的事也很不少。而被李燾引録於續通鑑長編神宗朝中的條目就很多。一段短短説明，竟有這樣多的錯誤，殊難索解。然説記聞爲後紀之具，却證明了這部記聞，確實是司馬光爲編寫資治通鑑後紀而儲備的資料彙編之一種。

但是，司馬光這部隨手記録的雜記，不但司馬光本人在世時不曾加以整理、編次和刻印，在他身後，直到北宋滅亡，也還是没有人加以整理、編次和刻印，雖然在社會上已經廣泛地流行着它的一些傳鈔本。這些，從建炎以來繫年要録卷一〇四紹興六年八月己亥的一段記事中可以考知：

初，光孫植既死，立其再從孫楨爲嗣，而楨不肖，其書籍生産皆蕩覆之。有得光記聞者，上命趙鼎諭〔范〕冲令編類進入。冲言：

光平生記録文字甚多，自兵興以來所存無幾。當時朝廷政事，公卿士大夫議論，賓客遊從、道路傳聞之語，莫不記録。有身見者，有得於人者，得於人者注其名字。皆細書連粘，綴集成卷。即未暇照據年月先後，是非虚實，姑記之而已，非成書也。故自光至其子康、其孫植皆不以示人，誠未可傳也。臣既奉詔旨，即欲略加删修以進。又念此書已散落於世，今士大夫多有之，删之適足以增疑。臣雖不敢私，其能必人以爲無意哉。不若不删之爲愈也。輒據所録，疑者傳疑，可正者正之；闕者從闕，可補者補之；事雖疊書而文有不同者，兩存之。要之，此書雖不可盡信，其有補治道亦多矣。

於是冲裒爲十册上之。上因覽冲奏，謂鼎曰：「光字畫端勁，如其爲人，朕恨生太晚，不及識其風采耳。」

這段記載透露了以下幾種信息：一、范冲所整理的，是司馬光的那份手稿，而不是經過傳鈔的本子；二、范冲對於司馬光的這份手稿，只有在有根據、有把握的情況下才敢於正誤、補闕；三、對其中的記事重複而文字稍有詳略不同的，盡量兩存其説而不予删除；四、在范冲整理之後，是把它分别裝訂成十册的；五、書名只是記聞二字。

二、記聞的最初刊行及其真僞問題

宋高宗之命趙鼎諭范冲編類記聞，雖不知確在何時，但前引繫年要録的記事，於紹興六年八月既已説「於是冲裒爲十册上之」，可見在此時已經整理完畢。然而整理完畢之後却並未繼之以刻印行世。原因是，趙鼎同司馬光後裔的關係是很密切的。當金人滅掉北宋，把司馬光的從孫司馬朴俘虜北去，且要「悉取其孥」的時候，朴子倬就是因趙鼎把他匿於蜀中而得免的（見宋史司馬朴傳）。范冲是參與修撰資治通鑑的范祖禹的兒子，南宋初年，他寓居衢州（見宋會要崇儒五之三〇），司馬光的南下的家屬就「存養」在他的衢州家中（見宋會要選舉三二之一八）。同時，他與趙鼎的關係也極爲深厚。到紹興七年，趙鼎被秦檜排斥出南宋政府，自然也要連累到范冲，連累到范冲所整理的司馬光的記聞，使其不可能再付之手民，刻印行世。

在范冲把司馬光的記聞進行了編次整理而呈繳宋高宗十來年後，即大約在紹興十五年，建州的書坊中却私自刻印了這部記聞。到司馬光的曾孫司馬伋（即把司馬光的書籍生産皆蕩覆了的那個司馬楨的兒子，見涑水司馬氏源流集略）聞知此事或親見此書之後，便上疏聲明，說此書乃是假冒司馬光之名的一部僞書，於是南宋政府又詔建州守臣將此書版毁棄。建炎以來繫年要録卷一五四記其事云：

〔紹興十五年七月〕丙午，右承務郎新添差兩浙東路安撫司幹辦公事司馬伋言：「建安近日刊行一書，曰司馬温公記聞，其間頗關前朝故事。竊緣曾祖光平日論著，即無上件文字，顯是妄借名字，售其私說。伏望降旨禁絶，庶幾不惑羣聽。」詔委建州守臣將不合開板文字盡行毁棄。伋特遷一官。

根據這段記載，可知當時建州的刻本，是把書名刻作司馬温公記聞的。這個刻本的卷數，這裏没有談到，但可斷言，它必然不是經范冲整理過的那個本子（理由詳後）。至於司馬伋聲明此書爲僞作，説司馬光平日並無這種論著，這更是徹頭徹尾的謊言。因爲，在南宋人的所有記載當中，是找不出任何一條可以與之互相印證的資料的。恰恰相反，在黎靖德編的朱子語類卷一三〇，載有朱熹晚年對其門人的一段談話，説道：

> 涑水記聞，吕家子弟力辨以爲非温公書（原注，蓋其中有記吕文靖公數事，如廢郭后等）。某嘗見范太史之孫某，説親收得温公手稿本。安得非温公書！某編八朝言行録，吕伯恭兄弟亦來辨。爲子孫者只得分雪，然必欲天下之人從己，則不能也。

這裏所説的范太史即范祖禹，其子即范冲。其所説「親收得温公手稿本」，當即是指繫年要録所載，范冲受命編類爲十卷的那個稿本而言。這條記載，實是最確切的證據，證明記聞決非别人「妄借名字，售其私説」而僞爲之的。

吴曾的能改齋漫録卷四，有一條的標目是紀聞非温公所爲，文中却説道：

> 温公著紀聞多得於人言，則或有毁而失其真者，是非特未定也。或者又以紀聞非公所爲，然後人不能不致疑於其間。最後，予讀東坡悼徐德占詩，……乃知紀聞所傳不足信。

文中的「或者」，必即指司馬伋而言，但在此句之下，緊接着就加了「然後人不能不致疑於其間」一句，則吴曾之意明明是並不同意「紀聞非公所爲」這一説的。而且，能改齋漫録的這一條，開頭就很肯定地説「司馬公紀聞」云云，而上面所摘引的一段，也很肯定地説「温公著紀聞多得於人言」，則其認定記聞確爲司馬光所撰寫之書，是毫無疑義的。如果僅因這一標目而即斷言吴曾認爲記聞非司馬光所撰寫，那只能説是没有讀懂吴曾此條的文義。

南宋晚期的陳振孫，在其直齋書録解題卷五，著録了涑水記聞十卷，其下所加的解題是：

司馬光撰。此書行於世久矣。其間記吕文靖數事，吕氏子孫頗以爲諱，蓋嘗辨之，以爲非温公全書，而公之曾孫侍郎伋季思遂從而實之，上章乞毁板，識者以爲譏。

從解題的第一句話就可看出，陳振孫也是把涑水記聞肯定爲司馬光的著作，而對司馬伋之加以否認，則在末尾説「識者以爲譏」了。

但是，陳振孫所寫的這一段解題也不是没有問題的。首先，根據司馬伋奏疏所説，建州所刻書名爲司馬温公記聞，而見於前引吴曾能改齋漫録中的也只作紀聞，南宋孝宗年間晁公武所著郡齋讀書志卷二上雜史類，也作：「温公記聞五卷——右皇朝司馬光撰，記賓客所談祖宗及當時雜事。」雖然這裏所著録的五卷本温公記聞是否即建州的那個刻本還難考知，但李燾的續通鑑長編成書於孝宗淳熙十一年以前，其中引用司馬光此書之處極爲繁夥，或作司馬光記聞，或作記聞，通全書無一處冠「涑水」二字者，當可證知，在南宋前期，記聞的傳鈔本還没有统一在「涑水記聞」這一名稱之下，因而，紹興十五年建安刻本之名稱，是司馬温公記聞而非涑水記聞，是斷然没有問題的。而且，建安所刻雖未必即是晁公武所著録的那個五卷本温公記聞，却也無法確證其必然不是；而直齋書録解題直捷了當地以爲司馬伋請求毀板的就是十卷本的涑水記聞，亦即經范冲分裝成十册的那個本子，這就不能不令人産生疑竇了。其次，從宋高宗的紹興八年到紹興二十五年，正是大姦大惡的權相秦檜勢燄高漲之日，而當時吕夷簡的後裔，在社會上與政治上享有較高的名望與地位的，只有與趙鼎相交甚厚的吕本中一人。陳振孫所説「蓋嘗辨之以爲非温公全書」者，當即爲朱熹附注在五朝名臣言行録卷九之五御史中丞孔道輔言行録中的吕本中的那番話，今全録如下：

> 公（按：指吕夷簡）孫中書舍人本中嘗言：温公日録、涑水記聞多出洛中人家子弟增加之僞。如郭后之廢，當時論者止以爲文靖不合不力争，及罷諸諫官，爲不美爾；然後來范蜀公、劉原父、吕縉叔皆不以文靖爲非。蓋知郭后之廢不爲

無罪，文靖知不可力争而遂已也。若如此記所言，則是大姦大惡、罪不容誅；當時公議分明，豈容但已乎！

今查吕本中是死於紹興十五年的，在他去世以前很久，就已經因爲與趙鼎相好之故，而爲秦檜排斥於官場之外了，他對於涑水記聞的這些批評，與秦檜的旨意斷然是毫無關涉的，然則何以會使得司馬伋如此畏懼，以致「遂從而實之」，且至於請求毁棄書板呢！顯見得此説是不可信據的。

三、司馬伋奏請禁絶記聞的真正原因

上一節内曾説到，南宋初年范冲寓居衢州，存養了司馬光的家屬，司馬伋當時尚在幼年，當即爲受到范冲存養的人之一。范冲於紹興六年之前受宋高宗之命編次記聞的事，他決無不知不聞之理。而到紹興十五年他竟出面聲明記聞非其曾祖所撰作。對這種不惜變亂事實厚誣祖先的行徑，當然不能用吕姓人家的不滿爲解，而必須向當時的政治氣候方面去找出説明。

宋史卷四七三秦檜傳中，在紹興十四年内寫道：

檜爲上言：趙鼎欲立皇太子（按：此指紹興七年趙鼎居相位時建議立孝宗爲

太子事），是待陛下終無子也。宜俟親子乃立。遂嗾御史中丞詹大方言鼎邪謀密計，深不可測，與范沖等咸懷異意，以徼無妄之福。——沖嘗爲資善翊善，故大方誣之。……

檜乞禁野史。

同傳又在紹興十五年内寫道：

檜先禁私史，七月，又對帝言「私史害正道」。時司馬伋遂言涑水記聞非其曾祖光論著之書。

而在前引建炎以來繫年要録紹興十五年七月丙午所載司馬伋奏請「降旨禁絶」記聞的一段文字之下，又寫道：

至是，秦檜數請禁野史，伋懼罪，遂諱其書，然其書卒行於世。

自從紹興五六年以來，在是否把當時已經選定並收養在宮中，而且已經就讀於資善堂的趙伯琮（按：即後來的孝宗）正式立爲皇太子的問題上，南宋政府的大臣們是有不同意見的：趙鼎、岳飛以及充任資善堂翊善（按：即教師）的范沖等人是贊成的一派，而秦檜及其黨羽則以高宗今後還可能有自己的親生子，便主張把立太子事推遲若干年後再定。到紹興十四年，前一派人物已在政治上一敗塗地（紹興十一年，范沖病死，岳飛被害，趙鼎則已斥居遠方），而秦檜們却仍在繼續就這一題目大作文章，摧殘異己。因此，繫年要録中所說司馬伋的「懼罪，遂諱其書」，既完全可以否定陳振孫所提出的因呂夷簡後裔的不滿「遂從而實之」之說，也決非單純因「秦檜數請禁野史」之故（記聞編寫於五六十年前，是不會遭秦檜之忌的），而是還要藉此一舉，表示他與趙鼎、范冲諸人「劃清了界限」，免得再受到他們的連累。司馬伋的這種心計果然換來了回報：在奏疏遞達後的五天之內，南宋政府就明令「司馬伋特遷一官」！

建炎以來繫年要録卷一七〇，於紹興二十五年十一月庚午還有一段記事：

三省樞密院言：「士大夫當修行義以敦風俗。頃者輕儇之子，輒發親戚箱篋私書，訟於朝廷，遂興大獄，因得美官。緣是以後，相習成風，雖朋舊骨肉亦相傾陷：收簡牘於往來之間，録戲語於醉飽之後。況其間固有曖昧而傅致其罪者。薄惡之風，莫此爲甚。臣等願陛下特降睿旨，令刑部開具前後告訐姓名，議加黜罰，庶幾士風丕變，人知循省。」詔刑部開具，申省取旨。

秦檜是死於紹興二十五年十月丙申的，則十一月庚午三省樞密院所上的這道奏劄，顯然是針對着秦檜當政擅權期間所造成的極惡劣的政風士習而言的。而首開這種風氣之先的，從現在所能查檢到的南宋人的記載來看，却不能不推司馬伋其人了。

元胡三省在其通鑑釋文辯誤的後記中有一段文字説道：

紹興兩國講和，金使來問：「汝家復能用司馬温公子孫否？」朝廷始訪温公之後之在江南者，得伋，乃公之從曾孫也，使奉公祀，自是擢用。伋欲昌其家學，凡言書出於司馬公者，必鋟梓而行之，而不審其爲時人傅會也。

文中所説司馬伋爲時人所誤而編刻的書，乃是指通鑑前例而言。通鑑前例今佚，據胡氏所言，知其必爲極少可取之作，而司馬伋竟對之進行了編輯加工，並且刻印行世，這足以證知他的學術水平不過爾爾。但胡氏認爲司馬伋之所以爲此，乃是因爲他「欲昌其家學」之故，這却大謬不然了。記聞乃舉世公認爲司馬光的著作，范冲所整理的那個本子且是司馬光親手所寫，司馬伋何以反而加以否認呢？胡三省對此事不容不知，何以竟不予指出而稍加譏刺呢？大概是愛屋及烏，對於大賢之後特地要心存寬厚吧。

胡三省在他的這篇後記裏，還引録了洪邁容齋隨筆中的一條記事：

司馬季思知泉州，刻温公集，有作中丞日彈王安石章，尤可笑。温公治平四年解中丞還翰林，而此章乃熙寧三年者，季思爲妄人所誤，不能察耳。（今按：此條見容齋四筆卷九）

季思爲伋之字。他把彈王安石章這一僞品刻入温公集中，究竟是爲「妄人所誤」呢，還是爲了迎合當時的政治氣候而主動羼入的呢？綜合司馬伋的諸多行徑來看，我倒認爲這是出於司馬伋的故意妄爲。

四、記聞的廣泛傳布和它所起的作用

從北宋末年到南宋初年的學士大夫們，甚至皇帝當中的高宗和孝宗，一方面對於司馬光編撰的資治通鑑極爲尊重，另一方面對於三蘇（特别是蘇軾）的文章也極爲仰慕，出現了所謂「人傳元祐之學，家有眉山之書」的情況。所以，儘管因司馬伋的曲意逢迎秦檜而致有紹興十五年毁棄温公記聞書板的事，而終因記聞所記皆宋哲宗朝以前的一些人和事，並不深遭時忌。成書於紹興十五年的江少虞的宋朝事實類苑當中，即鈔有大量的涑水記聞的條目，可知當時還有别本流行。故繫年要録於叙述了有詔毁板事後，接着便説了一句「然其書卒行於世」。而直齋書録解題中涑水記聞解題的第一句也説「此書行於世久矣」。可知那道毁棄記聞書板的詔令發布後也只成爲一道具文，並没有妨礙到記聞的别種鈔本之依舊流傳。但是，不論哪一種鈔本或刻本，必都是出之於范冲所説的「散落於世」的那些傳鈔本，而不會有任何一種是出之於經范冲編次整理過的、司馬光親手書寫的那一稿本。因爲，如前所説，在范冲把整理過的本子進呈給宋高宗後，僅僅過了一年，趙鼎范冲等人便都被秦檜排斥出南宋政府，那個稿本自然也就長期擱置在宮廷之内而爲外間所無法得見了。也因此之故，在南宋一代流行于世的本子，有的分作五卷（如郡齋讀書志所著録的），有的分作十卷（如直齋書録解題所著録的），有的分作三十二卷（如宋史藝文志所著録的）。而目前尚可看到的明清兩代的鈔本和刻本，既有分作兩卷的，也有分作十六卷的，如果追溯這些本子的來源，也未必不是各各都有南宋傳本爲依據。關於它的名稱，則既有作司馬温公記聞的，也有作温公記聞的，也有單作記聞或紀聞的，也有作涑水記聞的，就其彼此間的這些歧互看來，可知其來源決非一個。可能是到南宋晚期，各種鈔本和刻本才大都採用涑水記聞這一名稱的，然而卷數却依然未能一致起來。

經我們校點輯補後的涑水記聞，其條目的總數共爲四百九十六，而其被引録於江少虞宋朝事實類苑中的爲一百九十二條，被引録於李燾續通鑑長編中的爲二百一十二條，被引録於朱熹的五朝名臣言行録、三朝名臣言行録中的爲一百二十八條。上舉諸書，除事實類苑對當時以及後代歷史學界的影響還不算十分重要以外，朱熹的名臣言行録和李燾的續通鑑長編，則都是南宋以來的談論北宋史事和評價北宋人物者所要依以折衷的著作。

司馬光未等到實現他撰寫資治通鑑後紀的計劃，就去世了。南宋李燾編寫成的一部將近千卷的續通鑑長編，不但實現了司馬光的一樁宿願，而且，不論在編寫的體例方面或貫穿全書的指導思想方面，李燾也是謹守司馬光的榘矱而不敢違失的。所以，在記聞所記録的四百九十餘條目當中，被李燾引入長編的正文、或附注於正文之下的，竟佔五分之二以上。記聞本是司馬光隨手札記的一些所見所聞所傳聞的事目，準備將來撰寫通鑑後紀時採擇、或只供「考異」之用的，即使司馬光自身撰寫通鑑後紀，自亦不可能把記聞所記全部採入，而李燾所採竟爲數如此之多，也可以説，他已經使司馬光爲撰寫通鑑後紀作準備的用意得到實現了。

江少虞、李燾、朱熹三人從記聞中引用的條目，彼此間有重複的，也有很多並不重複的。把這三家所引用的條目加在一起，即使不計入重複的，爲數也已超過記聞全部條目的三分之二以上。這一統計數字，足可説明，記聞受到南宋學者們的何等重視，從而也就可以説明，它本身具有何等的史料價值了。

當然，屬於司馬光這一派系的人認爲有史料價值的記載，不屬於這一派系的人可能具有不同的意見；被宋代學者們認爲有史料價值的記載，我們也應該而且必須重新予以估價。所以，儘管這部記聞只是爲他所計劃編寫的通鑑後紀貯存的資料之一種，司馬光本人，就還寫有朔記和日記，也都是爲寫後紀準備的資料，而且儘管與實録、正史等等相較，記聞在通鑑後紀（如果進行編寫的話）中所佔比重又必然極爲微末，我們似乎無法單憑這部記聞，而評價司馬光對其當代歷史的認識、理解和造詣之深淺，評價他對當代人物的褒貶之是否公允；然而，窺豹一斑，因小可以見大，單就這部記聞，我們總還是可以得出如下的一些體認來的：

首先，如第一節中引用的李燾文中所説那樣，司馬光之作記聞，只是將其所見所聞所傳聞的一些事件隨時記録下來，以備日後撰寫後記時「遞相稽審，質驗異同」之用，這既是司馬光撰寫資治通鑑時所採行的「長編」法，同時也就是他寫通鑑時所創立的「考異」法。而考異這一體裁的創立，不僅爲後來的李燾、李心傳諸史學家所沿用（儘管他們都没有使用「考異」這一名稱），實際上對於撰寫歷史書籍，也從此別開了一個蹊徑，在中國歷史編纂學的發展史上，影響深遠，是一樁具有劃時代意義的事。

其次，記聞的每條記事的前後，必注明其事爲某人所説，一如引用前人的論著必須詳注其出處那樣，這在宋人的筆記當中也是極爲獨特罕見的。從這類細小事件上，又正可看出，作爲一個歷史學家的司馬光，即使在寫一些簡短的劄記時，也還是從不鬆弛他的那副謹嚴、認真的態度的。

用記聞作爲書名，而書中所記事目的絶大部分也確實是得自所聞和所傳聞的，這就使得，因傳聞而致失實的毛病，在記聞中便在所難免了。吴曾在能改齋漫録中舉述了有關徐禧的幾件事，以爲「紀聞所傳不足信」。另外，則如第十六卷中的鄭俠條説，「俠上言：『天旱，安石所致，若罷安石，天必雨。』既而介甫出知江寧府，是日雨。」鄭俠的這道奏章，現仍保存在他的西塘集中，其中並無「天旱，安石所致」云云一段話，可知這段記事並不可靠。然而這條記事下，原已註明是從范堯夫等三人處聽來的，正如在關於徐禧的記事下註明「得於王熙」一樣。司馬光在這些誤記之處所應承受的責難，只是不經核實而採取了有聞必録的態度加以傳布罷了。宋朝國史中和元修宋史中的王安石傳都相沿採用了記聞的這段記載，這自然是司馬光所不曾預料到的了。

至於説，在記聞的全書之中，司馬光在政治方面的保守意見到處可見，有時且竟不惜把變法派的人物加以醜化，這就會使記聞的説服力要大受損害了。這意見當然有其正確的一面。但是，在一切有關政治問題的議論上，司馬光從來都不掩飾其保守派的觀點、立場，當他獨居齋舍記録自己所見所聞所傳聞的大大小小事件時，倘若採取了相反的觀點、立場和態度，那豈不更難取信於讀者了嗎？清人蔡上翔，爲論證司馬光王安石二大賢並無意見分歧，竟至在王荆公年譜考略的序文中，斷言涑水記聞非光所作，乃是「陰挾翰墨以饜其忿好之私者」所僞爲的。現在我却要反譏蔡氏説，像你那樣肆意武斷的話語，纔真是只有「陰挾翰墨以饜其忿好之私」的人説得出來的呢！

五、駁王明清玉照新志中有關涑水記聞的一條記事

南宋人王明清在其玉照新志卷一，有一條記事説：

元祐初修神宗實録，秉筆者極天下之文人，如黄、秦、晁、張是也。故詞采粲然，高出前代。紹聖初，鄧聖求、蔡元長上章，指以爲謗史，乞行重修。蓋舊文多取司馬文正公涑水記聞，如韓、富、歐陽諸公傳，及叙劉永年家世，載徐德占母事，王文公之詆永年、常山，吕正獻之評曾南豐，邵安簡借書多不還，陳秀公母賤之類，取引甚多。至新史，於是裕陵實録皆以朱筆抹之，且究問前日史臣，悉行遷斥，盡取王荆公日録無遺，以删修焉。陳瑩中上書曾文肅，謂尊私史而壓宗廟者也。

王明清的這段記載，主旨是要説明，在宋哲宗元祐年間初修的神宗實録中，從涑水記聞中「取引」了許多資料，這些資料後來受到蔡京、鄧潤甫的攻擊，在改修神宗實録時便一概以王安石熙寧奏對日録的記載取而代之，而且還因此把參與初修的黄、秦、晁、

張諸人「悉行遷斥」。清代的四庫館臣對此說深信不疑，於是在涑水記聞的提要中說道：「是光此書實當日是非之所繫，故紹述之黨務欲排之。」我却認爲，這段記載是頗可懷疑的。因爲：第一，據本文第一節所引李燾的話看來，在司馬光逝世之後，他的子孫把他的日記、記聞、朔記藏之祖廟，因恐引惹是非，所以「謹甚」。是在「黨禍既解」之後，才稍稍傳布出來的。既是如此，在元祐初年初修神宗實録之日，黄、秦、晁、張諸人根本不可能看到記聞其書，如何能從其中取引任何資料呢？第二，對韓琦、富弼、歐陽脩諸人，在涑水記聞與熙寧奏對日録當中固可能有截然不同的評價，但有關劉永年家世、邵安簡借書多不還、陳秀公母賤諸事，在現今傳本記聞中均不載，且都是與政局全不相干的小事，在兩書當中是絶對不會有針鋒相對的記載的，然則如何能用王安石的所記去更换司馬光的所記呢？這又顯然是不合情理的。有此二者，我就敢於斷言，王明清的這段記事是必不可信的。

在王明清這段記事中，所反映出來的，關於神宗實録的初修本與重修本的問題，却確實是北宋晚期的一大公案。重修本把王安石的熙寧奏對日録儘量取引，陳瓘在其致曾布書信中，和他在奏進給宋徽宗的四明尊堯集的序中，都用了極爲類似的話語，説道：

昔紹聖史官蔡卞，專用王安石日録以修神考實録，薄神考而厚安石，尊私史而壓宗廟。臣居諫省，請改裕陵實録，及在都司，進日録辯。

在朱子語類卷一二八，談論宋朝法制的部分，也有如下兩段話語：

今之修史者，只是依本子寫，不敢增減一字。蓋自紹聖初章惇爲相，蔡卞修國史，將欲以史事中傷諸公。前史官范純夫、黄魯直已去職，各令於開封府界内居住，就近報國史院取會文字。諸所不樂者逐一條問，范、黄又須疏其所以然。至無可問，方令去。後來史官因此懲創，故不敢有所增損也。

先生問〔黄〕罃：「有山谷陳留對問否？」曰：「無之。」曰：「聞當時秦少游最争得峻，惜乎亦不見之。陸師農却有當來對問，其間云：「嘗與山谷争入王介甫『無使上知』之語。」又云：「當時史官因論温公改詩賦不是，某〔人〕云：『司馬光那得一件是！』」皆是自叙與諸公争辨之語。」

從以上的引文可以證知，當時雙方争論的焦點只在於王安石的日録，却絶未涉及記聞，所以，真正成爲「當日是非之所繫」的，乃是熙寧奏對日録而非記聞。蔡卞等人雖把司馬光作爲主要攻擊對象，但主要是反對他的一些政治設施，與涑水記聞一書則全不相涉。

跟在神宗實録後面而開始纂修的神宗正史，也因新舊黨人的意見不同而在哲宗一朝未能成書。據宋史卷三四八徐勣傳載，當徐勣於徽宗即位後遷中書舍人時，他曾向徽宗論及此事，説道：

「神宗正史，今更五閏矣（按即十二年），未能成書。蓋由元祐、紹聖史臣好惡不同，范祖禹等專主司馬光家藏記事，蔡京兄弟純用王安石日録，各爲之説，故議論紛然。當時輔相之家，家藏記録，何得無之？臣謂宜盡取用，參訂是非，勒成大典。」帝然之，命勣草詔戒史官，俾盡心去取，毋使失實。

據「今更五閏」句，知神宗正史之着手修撰，至晚在元祐三四年便已開始。而徐勣只説范祖禹等人只採用司馬光的「家藏記事」，而不是説他們專用記聞，而且其下還有「當時輔相之家，家藏記録，何得無之」一句，則其所説「司馬光家藏記事」決非專指記聞而言。所以，徐勣的這番話只是玉照新志那條記事的反證，而並非它的旁證。

六、王明清的那條記事留給我們的一個難題

王明清是南宋中葉的人，他所説初修神宗實録時就從涑水記聞中取引了甚多的條目，雖然必非事實，但他舉述的那些條目，例如有關韓琦、富弼、歐陽脩的行誼，有關劉永年的家世、徐德占的母事、以至邵安簡借書多不還、陳秀公母賤之類，必都是他從

當時流行的涑水記聞中親自逐一看到過的，而且必爲同時代的人所有目共覩的。但是，在目前我們所能看到的各種鈔本和刻本的涑水記聞當中，僅能檢索到有關韓、富、歐陽及徐禧的幾條，其餘則一概無踪無影。四庫提要對此曾加以解釋説：「明清所舉諸條，今乃不見於書中，殆避而删除歟。」我以爲，這一解釋並不能真正解決問題。因爲，從南宋紹興中此書流布以來，特别是從孝宗、光宗、寧宗以來，也就是説，從王明清在世之時直到他的身後，涑水記聞這部書，一直再没有因遭受政治鬥争或學術思潮的壓力而致必須有所删除之事。陳振孫所説吕夷簡的後人對記聞的某些條目不滿雖確有其事，而與劉永年、邵亢、陳升之也完全無關，自然也不須把這些事加以删除。然而，王明清所舉諸條，既爲當時人都可向涑水記聞加以檢照的，而當時又不曾有任何人指明這些條目之並不存在，則其決非出於王明清的虚構也極明顯。然則這一問題究應如何解決，我只能把它在此提出，以求教於博雅君子，我本人則深愧無能爲力了。

點校説明

一、司馬光的記聞，爲宋人史册中所著録的，有建炎以來繫年要録所載紹興六年（一一三六年）范冲整理編次、分訂十册、進呈於宋高宗的司馬光手稿本，有同書所載紹興十五年建州所刻印的司馬温公記聞（卷數不詳）本，有晁公武郡齋讀書志雜史類所載温公記聞五卷本，有陳振孫直齋書録解題雜史類所載涑水記聞十卷本，有宋史藝文志（宋史雖元人所修，此志當出宋之國史）故事類所載三十二卷本。這些本子，今已全部不可得見。

二、現尚傳世的記聞，一律取名爲涑水記聞。依其編次卷第，大體可分爲三個系統：

（一）兩卷本的系統。我們所看到的屬於這個系統的，有明鈔本（原爲周暹所藏，現藏北京圖書館），有清鈔本（其一爲李盛鐸所藏，現藏北京大學圖書館；其二爲懷辛齋所藏，現藏中華書局），不曾見有印本。

（二）十六卷本的系統。我們所看到的屬於這個系統的，有小山堂鈔本（現僅殘存卷八至卷十），有學海類編本（末附補遺一卷），有武英殿聚珍本，以及據此本而翻刻翻排的學津討原本和商務印書館宋元人説部叢書本。

（三）八卷本。傅增湘藏園羣書經眼録的子部雜家類著録此一版本，謂係「舊寫本。陳鱣舊藏，有圖象。後題『甲申祭書日永明周鑾詒獲觀』。」並云：「此書舊在何子愚京邸，因被火，藏書略盡，惟此獨完。」其下又有按語云：「聚珍本已改併删削，此故可貴。」我們曾尋訪此書，終未得見。

三、本世紀内，曾有幾位學者對涑水記聞作過校勘工作：繆荃孫曾以清鈔兩卷本爲底本，與聚珍本對校過；傅增湘曾以聚珍本爲底本，與天一閣藏明鈔兩卷本對校過；夏敬觀曾以聚珍本爲底本，與清鈔兩卷本對校過，並參校了五朝名臣言行録和三朝名臣言行録所引録的一些條目，是即商務印書館據以收入宋元人説部叢書之本。上述這些校本，在我們這次進行校勘時，也都取以比勘和參考過了。

四、武英殿聚珍本涑水記聞（即四庫本），四庫提要謂所據爲紀昀家藏本。提要有云：

一本十六卷，又補遺一卷。而自九卷至十三卷，所載往往重出，失於刊削。蓋本光未成之稿，傳寫者隨意編録，故自宋以來即無一定之卷數也。今參稽釐訂，凡一事而詳略不同可以互證者，仍存備考；凡兩條複見、徒滋冗贅者，則竟從删定；著爲一十五卷。其補遺一卷，……今仍併入此書，共爲一十六卷。以較舊本，卷數雖殊，要於光之原書無所闕佚也。

從這段文字可以看出，紀昀家藏涑水記聞原本的編次，是和學海類編本完全相同的。然而經過如所云云的一番「釐訂」之後，對於原十六卷附補遺一卷本中的訛誤漏略諸處未能作任何訂補，僅對於所謂「複見」而「徒滋冗贅」諸處肆意「刊削」，這却是未免有些鹵莽的。因爲，在南宋初年的范冲就分明説過，記聞所記各事的年月先後和是非虚實，全未經司馬光加以考定，所以在范冲奉命加以編次整理時，他提出的原則是：儘量保存原面貌，不加删削，有確鑿依據的方進行改正和補充；「事雖疊書而文有不同者，兩存之。」這纔真是謹嚴慎重的態度。紀昀對之却採取了完全相反的態度，遂使這個武英殿聚珍本成了近代傳世各本中最不好的一種版本。學津討原本和商務印書館的宋元人説部叢書本竟都照它翻刻或排印，無疑，都是爲四庫提要所朦蔽了。

五、我們這次的校點工作，最初是因看到續通鑑長編的附注中引録記聞條日甚多，取商務本加以比勘，竟發見長編的引文大多較商務本爲完備，這引起了我的極大注意，也等於爲我們校勘涑水記聞打開了一個缺口。繼此之後，我就把長編所引録之條目，逐一與記聞細校，見其可以正訛誤、補闕漏之處確實甚多，而與夏敬觀校語中所引録清鈔兩卷本文字則多相同。遂又藉此知兩卷本之較爲優勝。後又以商務本與學海類編本對校，知後者亦較前者稍勝，亦即其中文字與兩卷本相同者較多。此後未及取兩卷本及其他刻本鈔本相讎校，就已襲來了「文化大革命」的風暴，我的校訂本未遭焚毁，已稱得上莫大幸事，自然不可能再把這項工作繼續下去了。

六、從一九八二年起，我把校勘涑水記聞的工作移交給張希清同志去做。他在接手之後，首先把記聞的各種鈔本和刻本都進行了一番對比，所得的結論是，確實以兩卷本的條目編次爲最好，其中字句的脱漏和錯訛也最少。遂決定用明鈔兩卷本和清鈔兩卷本作爲底本，先與小山堂鈔本殘卷、學海類編本、聚珍版叢書本逐一進行了對校，然後又與續通鑑長編、宋朝事實類苑、五朝名臣言行録、三朝名臣言行録、錦繡萬花谷、事文類聚、古今合璧事類備要、宋史、永樂大典等書進行了他校，對於底本的訂正和補充，爲數也頗爲不少。可以説，在進行對校和他校的過程中，從二者所獲補益是大致相同的。

七、涑水記聞全書十數萬言，增入標點符號，附以校勘札記，字數更增加了很多。若仍依底本而僅分作兩卷，則每卷内容在量的方面似嫌過多。因此，我們便參照了小山堂鈔本以及現行各種刻本的辦法，仍把全書分爲十六卷，條目序列則基本上依兩卷本之原樣而不予變更。事實上，我們所新編的前十二卷，與學海類編本大致從同，其卷八、卷九、卷十中的條目序列與學海本稍異而與小山堂本則全同；第十三、十四兩卷則包括了學海類編本之十三、十四、十五三卷；第十六卷則又與學海類編本之補遺一卷大致從同。對於條目的分合，間有參照他書而對底本稍作調整者，但爲數並不甚多。

八、在進行他校的過程中，從宋朝事實類苑、續通鑑長編、五朝名臣言行録和三朝名臣言行録等書中輯得佚文凡四十八條（其中包括夏敬觀自後兩種書中已經輯出的九條），一併附在全書之後。

九、直齋書録解題的傳記類還著録有温公日記一卷（宋史藝文志作温公日録三卷，名臣言行録所引録者亦俱作日録，長編引文則作日記。「日記」與「日録」，三卷與一卷，均未知孰是），解題云：

司馬光熙寧在朝所記。凡朝廷政事、臣僚差除，及前後奏對、上所宣諭之語，以及聞見雜事，皆記之。起熙寧元年正月，至三年十月出知永興軍而止。

據李燾所説，這本日記也是司馬光爲編寫資治通鑑後紀所準備的資料之一。其書已佚，今由張希清同志從續通鑑長編、五朝名臣言行録、三朝名臣言行録諸書中輯得一百零三條，附於記聞之後。

十、尤袤的遂初堂書目著録有温公瑣語一書，爲宋代别種書目所俱不載，而現時尚有明祁承㸁澹生堂的一個鈔本傳世。今即取作底本，與三朝名臣言行録及説郛所引録的數條進行了校勘，也一併附於記聞之後。這項輯校工作也是由張希清同志作的。

十一、涑水記聞、温公日記和温公瑣語三書，書前或各卷之前原來全無標目。宋朝事實類苑從涑水記聞所引録近二百條，則均加了標題。今參照其法，將此三書所含全部條目一律由張希清同志擬制了標題，並依先後次第編爲序列號碼，置諸卷端，庶便檢閲。

十二、本書校記，均置於每條之後，所徵引典籍，第一次皆注明書名及卷次，若以下引書與前相同，則只注書名不注卷次。另外，附録所輯温公日記等，原文有名無姓者，爲閲讀方便，皆用方括號補了姓氏。

十三、全書之末，除附加了從南宋到近代的各目録書中的評介文字及各家的題跋外，還附録了張希清同志所編製的人名索引，以求對參考此書的人提供一些方便。

鄧廣銘一九八四年九月二十七日

涑水記聞目録

卷第一

卷第二

卷第三

卷第四

卷第五

卷第六

卷第七

卷第八

卷第九

卷第十

卷第十一

卷第十二

卷第十三

卷第十四

卷第十五

卷第十六

附録一

涑水記聞輯佚

附録二

温公日記

附録三

温公瑣語

附録四

諸家著録題跋

涑水記聞卷第一

1 建隆元年正月辛丑朔，鎮、定奏契丹與北漢合勢入寇，太祖時爲歸德軍節度使、殿前都點檢，受周恭帝詔，將宿衛諸軍禦之。癸卯，發師，宿陳橋，將士陰相與謀曰：「主上幼弱，未能親政。今我輩出死力爲國家破賊，誰則知之？不若先立點檢爲天子，然後北征，未晚也。」甲辰將旦，將士皆擐甲執兵仗，集於驛門，讙譟突入驛中。太祖尚未起，太宗時爲内殿祗候供奉官都知，入白太祖，太祖驚起，出視之。諸將露刃羅立於庭，曰：「諸軍無主，願奉太尉爲天子。」太祖未及答，或以黄袍加太祖之身，衆皆拜於庭下，大呼稱萬歲，聲聞數里。太祖固拒之，衆不聽，扶太祖上馬，擁逼南行。太祖度不能免，乃擥轡駐馬謂將士曰：「汝輩自貪富貴，强立我爲天子，能從我命則可，不然，我不能爲若主也。」衆皆下馬聽命。太祖曰：「主上及太后，我平日北面事之，公卿大臣，皆我比肩之人也，汝曹今毋得輒加不逞。近世帝王初舉兵入京城，皆縱兵大掠，謂之『夯市』。汝曹今毋得夯市及犯府庫，事定之日當厚賚汝；不然，當誅汝。如此可乎？」衆皆曰：「諾。」乃整飭隊伍而行〔二〕，入自仁和門，市里皆安堵，無所驚擾，不終日而帝業成焉。

明道二年，先公爲利州路轉運使，光侍食於蜀道驛中。先公爲光言太祖不夯市事，且曰：「國家所以能混一海内，福祚延長，内外無患，由太祖以仁義得之故也。」

〔一〕乃整飭隊伍而行　「乃」原作「及」，據李藏本、學海本、聚珍本改。

2 天平軍節度使、同平章事、侍衛馬步軍副都指揮使韓通爲京城巡檢，剛愎無謀，時人謂之韓瞠眼。其子少病傴，號韓橐駝，頗有智略，以太祖得人望，嘗勸通爲不利，通不以爲意。及太祖勒兵入城，通方在内閤，聞變，遑遽奔歸。軍士王彦昇遇之於路〔一〕，躍馬逐之，及於其第，第門不及掩，遂殺之，并其妻子。太祖以彦昇專殺，甚怒，欲斬之，以受命之初，故不忍，然終身廢之不用。太祖即位，贈通中書令，以禮葬之。自韓氏之外，不戮一人而得天下。

〔一〕軍士王彦昇　「士」字原脱，據李藏本、學海本補。

3 周恭帝之世，有右拾遺、直史館鄭起上宰相范質書，言太祖得衆心，不宜使典禁兵，質不聽。及太祖入城，諸將奉登明德門，太祖命將士皆釋甲還營〔二〕，太祖亦歸公署，釋黃袍。俄而，將士擁質及宰相王溥、魏仁浦等皆至，太祖嗚咽流涕曰：「吾受世宗厚恩〔二〕，今爲六軍所逼，一旦至此，慙負天地，將若之何？」質等未及對，軍校羅彦瓌按劍厲聲曰〔三〕：「我輩無主，今日必得天子！」太祖叱之，不退。質頗誚讓太祖，且不肯拜，王溥先拜，質不能已〔四〕，從之，且稱萬歲，請詣崇元殿，召百官就列。周帝内出制書，禪位，太祖就龍墀北面再拜命。宰相扶太祖登殿，易服於東序，還即位，羣臣朝賀〔五〕。及太宗即位〔六〕，先命溥致仕，蓋薄其爲人也。又嘗稱質之賢，曰：「惜也，但欠世宗一死耳。」鄭毅夫云

〔一〕太祖命將士皆釋甲還營　「將」字原脱，據李藏本、學海本補；又續資治通鑑長編（以下簡稱長編）卷一建隆元年正月甲辰條及五朝名臣言行録（以下簡稱五朝言行録）卷一之二作「軍」。

〔二〕吾受世宗厚恩　「宗」原作「祖」，據聚珍本及長編、五朝言行録改。

〔三〕羅彦瓌按劍厲聲曰　「瓌」原作「環」，據長編、五朝言行録改。

〔四〕質不能已　「能」李藏本、學海本作「得」。

〔五〕羣臣朝賀　「朝」長編作「拜」；五朝言行録作「相」。

〔六〕及太宗即位　「及」字原脱，據李藏本、學海本補；「宗」原作「祖」，據長編卷二二太平

興國七年八月庚申朔條注及五朝言行録改。

4 太祖將受禪，未有禪文，翰林學士承旨陶穀在旁，出諸懷中而進之，曰：「已成矣。」太祖由是薄其爲人。

5 周恭帝幼沖，軍政多決於韓通，通愚愎，太祖英武有度量，多智略，屢立戰功，由是將士皆愛服歸心焉。及將北征，京師間諠言〔一〕：「出軍之日，當立點檢爲天子。」富室或挈家逃匿於外州，獨宮中不之知。太祖聞之懼，密以告家人曰：「外間訩訩如此，將若之何？」太祖姊或云即魏國長公主〔二〕，面如鐵色，方在廚，引麪杖逐太祖擊之，曰：「大丈夫臨大事，可否當自決胸懷，乃來家間恐怖婦女何爲邪！」太祖默然而出。王衍粹云

〔一〕京師間諠言　「京師間」錦繡萬花谷前集卷一六、説郛卷九作「京師民間」。

〔二〕太祖姊或云即魏國長公主　「姊」，錦繡萬花谷、説郛作「娣」；「或云即魏國長公主」八字聚珍本作夾注；「國」原作「氏」，據錦繡萬花谷改。

6 太祖之自陳橋還也，太夫人杜氏、夫人王氏方設齋於定力院。聞變，王夫人懼，

杜太夫人曰：「吾兒平生奇異，人皆言當極貴，何憂也。」言笑自若。太祖即位，是月，契丹、北漢兵皆自退[一]。

〔一〕契丹北漢兵皆自退　「兵」字原脱，據説郛卷九、長編卷一建隆元年正月末條補。

7 太祖初即位，亟出微行，或諫曰：「陛下新得天下，人心未安，今數輕出，萬一有不虞之變，其可悔乎！」上笑曰：「帝王之興，自有天命，求之亦不能得，拒之亦不能止。萬一有不虞之變，其可免乎！周世宗見諸將方面大耳者皆殺之，然我終日侍側，不能害我。若應爲天下主，誰能圖之？不應爲天下主，雖閉門深居，何益也？」由是微行愈數，曰：「有天命者，任自爲之，我不汝禁也。」於是衆心懼服，中外大安。詩稱武王之德，曰：「上帝臨汝，無貳爾心。」又曰：「無貳無虞，上帝臨汝。」漢高祖罵醫曰：「命乃在天，雖扁鵲何益？」乃知聰明之主[一]，生知之性如合符矣。此亦得之先公云

〔一〕乃知聰明之主　「之主」二字原脱，據李藏本、學海本補。

8 太祖嘗見小黃門損畫殿壁者，怒之，曰：「竪子可斬也。此乃天子廨舍耳，汝豈

得敗之邪！」始平公云

9 太祖將親征，軍校有獻手檛者〔一〕，上問曰〔二〕：「此何以異於常檛而獻之？」軍校密言曰：「陛下試引檛首視之。檛首，即劍柄也。有刃韜於中，平居可以爲杖，緩急以備不虞。」上笑，投之於地，曰：「使我親用此物，事將何如？且當是時，此物固足恃乎？」魏舜卿云

〔一〕手檛者　「檛」原作「撾」，據宋朝事實類苑（以下簡稱類苑）卷一改，下同。

〔二〕上問曰　「問」字原脱，據類苑補。

10 太祖嘗罷朝，坐便殿，不樂者久之。内侍行首王繼恩請其故，上曰：「爾謂天子爲容易邪？早來吾乘快指揮一事而誤，故不樂耳。」孔子稱「如知爲君之難也〔一〕，不幾乎一言而興邦乎」，太祖有焉。

〔一〕如知爲君之難也　「如」原作「誠」，據李藏本、學海本及論語子路篇改。

11 太祖平蜀，孟昶宮中物有寶裝溺器〔一〕，遽命碎之，曰：「自奉如此，欲求無亡得乎？」見諸侯大臣侈靡之物，皆遺焚之。

〔一〕孟昶宮中物 類説卷一九輯三朝聖政録「孟」上有「閱」字。

12 太祖初即位，頗好畋獵，嘗因獵墜馬，怒，自拔佩刀刺馬殺之。既而嘆曰：「我耽於逸樂，乘危走險，自取顛越，馬何罪焉？」自是遂不復獵。

13 開寶九年〔一〕，羣臣請上太祖尊號曰應天廣運一统太平聖文神武明道至德仁孝皇帝，上曰：「幽燕未定，何謂一統？」遂却其奏。

〔一〕開寶九年 「九」原作「元」，據長編卷一七開寶九年二月己亥條、宋會要輯稿帝系一之三改。

14 太祖嘗謂左右曰：「朕每因宴會，乘懽至醉，經宿，未嘗不自悔也。」

15 太祖親征澤、潞，中書舍人趙逢憚涉山險，稱墜馬傷足，止於懷州〔一〕。及師還，當草制，復稱疾，上怒，謂宰相曰：「逢人臣，乃敢如此！」遂貶房州司户。

〔一〕止於懷州 「懷」原作「澤」，據宋史卷二七〇趙逢傳改。

16 太祖遣曹彬伐江南，臨行謂之曰：「克之還，必以使相爲賞。」彬平江南而還，上曰：「今方隅未平者尚多，汝爲使相，品位極矣，豈肯復力戰邪！且徐之，更爲我取太原。」因密賜錢五十萬。彬怏怏而退，至家，見布錢滿室，乃歎曰：「好官亦不過多得錢耳，何必使相也。」太祖重惜爵位，不肯妄與人如此。孔子稱：「惟器與名，不可以假人，君之所司也。」〔一〕

〔一〕君之所司也　「君」上原衍「人」字，據聚珍本、左傳成公二年刪。

17 太祖嘗彈雀於後園，有羣臣稱有急事請見，太祖亟見之，其所奏乃常事耳。上怒，詰其故，對曰：「臣以爲尚急於彈雀。」上愈怒，舉柱斧柄撞其口，墮兩齒，其人徐俯拾齒置懷中。上罵曰：「汝懷齒欲訟我邪？」對曰：「臣不能訟陛下，自當有史官書之。」上悅，賜金帛慰勞之。

18 太祖幸西京，將徙都，羣臣不欲留。時節度使李懷忠乘間諫曰〔一〕：「東京有汴渠之漕，坐致江淮之粟四五千萬〔二〕，以贍百萬之軍，陛下居此，將安取之？且府庫、重兵皆在東京，陛下誰與此處乎？」上乃還。右皆出石介三朝聖政錄

〔一〕時節度使李懷忠乘間諫曰　「時節度使」類苑卷一六李懷忠作「時有節度使」。

〔二〕坐致江淮之粟　「致」原作「至」，據李藏本、學海本及類苑改。

19 潞州節度使李筠謀反，其長子涕泣切諫，不聽，使其長子入朝，且詗朝廷動静。太祖迎謂曰：「太子，汝何故來？」其子以頭擊地，曰：「此何言，必有讒人搆臣父耳！」上曰：「吾亦聞汝數諫争，老賊不汝聽耳。汝父使汝來者，不復顧惜，使吾殺之耳〔一〕。吾今殺汝何爲？汝歸語汝父：我未爲天子時，任自爲之；我既爲天子，汝獨不能少讓之邪？」其子歸，具以白筠。

筠謀反〔二〕。有僧素爲人所信嚮，筠乃召見，密謂之曰：「吾軍府用不足，欲借師之名以足之。吾爲師作維那，教化錢糧各三十萬，且寄我倉庫，事畢之日中分之。」僧許諾。乃令僧積薪，坐其上，尅日自焚。筠爲穿地道於其下，令通府中，曰：「至日走歸府中耳。」筠乃與夫人先往，傾家財盡施之。於是，遠近争以錢糧餽之，四方輻輳，倉庫不能容。旬日六十萬俱足。筠乃塞地道，焚僧殺之，盡取其錢糧，遂反。引軍出澤州。

車駕自往征之，山路險狹多石〔三〕，不可行。上自於馬上抱數石，羣臣、六軍皆負石，即日開成大道。筠戰敗於境上，走入澤州。圍而克之，斬筠，遂屠澤州。進至潞州，其子開城降，赦之。閻士良云

〔一〕使吾殺之耳　「使吾」類苑卷七八潞州李筠作「欲」字。

〔二〕箚謀反　類苑作「箚反」；學海本作「箚欲謀反」，長編卷一建隆元年四月癸未條作「箚謀反愈急」。

〔三〕山路險狹多石　「險」類苑作「隘」。

20 太祖初登極時，杜太后尚康寧，常與上議軍國事，猶呼趙普爲書記，嘗撫勞之曰：「趙書記且爲盡心，吾兒未更事也。」太祖寵待趙韓王如左右手。御史中丞雷德驤劾奏趙普强市人第宅〔一〕，聚斂財賄，上怒，叱之曰〔二〕：「鼎鐺尚有耳，汝不聞趙普吾之社稷臣乎？」命左右曳於庭數匝，徐使復冠，召升殿，曰：「今後不宜爾，且赦汝，勿令外人知也。」

〔一〕劾奏趙普强市人第宅　類苑卷六趙韓王、五朝言行録卷一之一「普」上無「趙」字。

〔二〕叱之曰　「之」字原脱，據類苑、五朝言行録及長編卷九開寶元年十月甲戌條補。

21 昭憲太后聰明有智度，嘗與太祖參決大政，及疾篤，太祖侍藥餌，不離左右。太后曰：「汝自知所以得天下乎？」太祖曰：「此皆祖考與太后之餘慶也。」太后笑曰：「不然，正由柴氏使幼兒主天下耳。」因勅戒太祖曰〔一〕：「汝萬歲後，當以次傳之二弟〔二〕，則并汝之子亦獲安耳。」太祖頓首泣曰：「敢不如母教！」太后因召趙普於榻前，爲約誓書，普於紙尾自署名云：「臣普書。」藏之金匱，命謹密宮人掌之。及太宗即位，趙普爲盧多遜所譖，出守河陽〔三〕，日夕憂不測。上一旦發金匱，得書，大寤，遂遣使急召之，普惶恐，爲遺書與家人別而後行。既至，復爲相。

〔一〕敕戒太祖　「敕戒」原作「敷戒」，據李藏本、學海本改。
〔二〕當以次傳之二弟　「以」字原脱，據五朝言行録卷一之一補。
〔三〕出守河陽　「守」原作「爲」，據五朝言行録改。

22 趙普嘗欲除某人爲某官，不合太祖意，不用；明日，普復奏之，又不用；明日，又奏之，太祖怒，取其奏壞裂投地，普顏色自若，徐拾奏歸，補綴；明日，復進之，上乃寤，用之。其後果稱職，得其力。

23 太祖時，嘗有羣臣立功，當遷官。上素嫌其人，不與，趙普堅以爲請。上怒曰：「朕固不爲遷官，將若何？」普曰：「刑以懲惡，賞以酧功，古今之通道也。且刑賞者，天下之刑賞，非陛下之刑賞也，豈得以喜怒專之？」上怒甚，起，普亦隨之；上入宮，普立於宮門〔一〕，久之不去。上寤，乃可其奏。右皆趙興宗云

〔一〕普立於宫門　「於」字原脱，據類苑卷一六趙韓王二、長編卷一四開寶六年八月甲辰條、五朝言行録卷一之一補。

24 太祖既得天下，誅李筠、李重進，召趙普問曰〔一〕：「天下自唐季以來，數十年間，帝王凡易十姓〔二〕，兵革不息，蒼生塗地，其故何也？吾欲息天下之兵，爲國家建長久之計，其道何如？」普曰：「陛下之言及此，天地人神之福也〔三〕。唐季以來，戰鬭不息，國家不安者，其故非他，節鎮太重，君弱臣强而已矣。今所以治之，無他奇巧也，惟稍奪其權，制其錢穀，收其精兵，則天下自安矣。」語未畢，上曰：「卿勿復言，吾已諭矣。」

頃之，上因晚朝，與故人石守信、王審琦等飲酒，酒酣，上屏左右謂曰：「我非爾曹之力不得至此，念爾之德無有窮已。然爲天子亦大艱難，殊不若爲節度使之樂〔四〕，吾今終夕未嘗敢安枕而卧也〔五〕。」守信等皆曰：「何故？」上曰：「是不難知之，居此位者，誰不欲爲之？」守信等皆惶恐起，頓首曰〔六〕：「陛下何爲出此言？今天命已定，誰敢復有異心？」上曰：「不然。汝曹雖無心，其如汝麾下之人欲富貴者何〔七〕！一旦以黄袍加汝之身，汝雖欲不爲，不可得也。」皆頓首涕泣曰：「臣等愚不及此，唯陛下哀憐，指示以可生之塗。」上曰：「人生如白駒之過隙，所謂好富貴者〔八〕，不過欲多積金銀〔九〕，厚自娱樂，使子孫無貧乏耳。汝曹何不釋去兵權，擇便好田宅市之，爲子孫立永久之業；多置歌兒舞女，日飲酒相懽，以終其天年。君臣之間，兩無猜嫌，上下相安，不亦善乎！」皆再拜謝曰：「陛下念臣及此，所謂生死而肉骨也。」明日，皆稱疾，請解軍權。上許之，皆以散官就第，所以慰撫賜賚之甚厚，與結婚姻，更置易制者，使主親軍。

其後，又置轉運使、通判，使主諸道錢穀〔一〇〕，收選天下精兵以備宿衛，而諸功臣亦以善終，子孫富貴，迄今不絶。曏非趙韓王謀慮深長，太祖聰明果斷〔一一〕，天下何以治平？至今班白之老不覩干戈〔一二〕，聖賢之見何其遠哉！普爲人陰刻，當其用事時，以睚眦中傷人甚多〔一三〕，然其子孫至今享福禄〔一四〕，國初大臣鮮能及者，得非安天下之謀，其功大乎〔一五〕！始平公云

〔一〕召趙普問曰　「趙」字原脱，據長編卷二建隆二年七月庚午條、五朝言行録卷一之一補。

〔二〕帝王凡易十姓　「十姓」長編作「八姓」。

〔三〕天地人神之福也　「人神」原倒，據長編、五朝言行録改。

〔四〕爲節度使之樂　「爲」下原衍「郡」字，據長編、五朝言行録删。

〔五〕安枕而卧也　「枕」原作「寢」，據同上書改。

〔六〕皆惶恐起頓首曰　「惶恐起」三字原脱，據五朝言行録補。

〔七〕其如汝麾下之人　「汝」字原脱，據李藏本、學海本及五朝言行録補。

〔八〕所謂好富貴者　「謂」長編、五朝言行録作「爲」。

〔九〕不過欲多積金銀　「銀」，同上書作「錢」。

〔一〇〕使主諸道錢穀　「使」字原脱，據五朝言行録補。

〔一一〕太祖聰明果斷　「聰明」二字原脱，據同上書補。

〔一二〕班白之老不覩干戈　「班」，同上書作「戴」。

〔一三〕以睚眦中傷人甚多　「眦」下原衍「自」字，據李藏本、學海本及五朝言行録删。

〔一四〕至今享福禄　「禄」字原脱，據五朝言行録補。

〔一五〕得非安天下之謀其功大乎　「乎」原作「矣」，學海本作「耶」，據五朝言行録改。

25 太祖既納韓王之謀，數遣使者分詣諸道，選擇精兵。凡其才力伎藝有過人者，皆收補禁軍，聚之京師，以備宿衞。厚其糧賜，居常躬自按閱訓練，皆一以當百。諸鎮皆自知兵力精鋭非京師之敵，莫敢有異心者，由我太祖能强幹弱支，致治於未亂故也〔一〕。

始平公云

〔一〕致治於未亂故也　「致」李藏本、聚珍本及五朝言行録卷一之一作「制」。

26 太祖征河東，圍太原，久之不拔，宿衛之士皆自奮告曰〔一〕：「蕞爾小城而久不拔者，士不致力故也。臣等請自往力攻，必取之。」上止之曰〔二〕：「吾蒐簡訓練汝曹，比至於成，心盡力竭矣〔三〕。汝曹天下精兵之髓，而吾之股肱牙爪也，吾寧不得太原，豈可糜滅汝曹於此城之下哉！」遂引兵而還。軍士聞之，無不感激，往往有出涕者。

〔一〕皆自奮告曰　「自奮」原倒，據類苑卷一改。

〔二〕上止之曰　「上」字原脱，據顧苑補；學海本、聚珍本作「固」。

〔三〕心盡力竭矣　「盡力」二字原倒，「竭」字原脱，據類苑正補。

27 初，梁太祖因宣武府署修之爲建昌宮〔一〕，晉改命曰大寧宮，周世宗復加營繕，猶未盡如王者之制。太祖始命改營之，一如洛陽宮之制〔二〕。既成，太祖坐正殿，令洞開諸門直望之，謂左右曰：「此如我心，小有邪曲〔三〕，人皆見之。」

〔一〕宣武府署修之爲建昌宮　「署」類苑卷一作「第」。

〔二〕一如洛陽宫之制　「一」字原脱，據學海本及類苑補。

〔三〕小有邪曲　「小」李藏本、長編卷九開寶元年正月乙巳條、古今事文類聚續集卷五及宋史卷三太祖本紀三均作「少」。

28 太祖征李筠，河東遣其宰相衛融將兵助筠，融兵敗，生獲之。上面責其助亂，因謂曰：「朕今赦汝，汝能爲我用乎？」對曰：「臣家四十口，皆受劉氏温衣飽食，何忍負之！陛下雖不殺臣〔一〕，臣終不爲陛下用，得間則走河東耳。」上怒，命以鐵檛檛其首〔二〕，曳出。融曰：「人誰不死？得死君事，臣之福也。」上曰：「忠臣也！」召之於御座前，傅以良藥，賜襲衣、金帶及鞍勒，拜太府卿。

〔一〕陛下雖不殺臣　「陛下」二字原脱，據學海本及類苑卷一補。

〔二〕命以鐵檛檛其首　下一「檛」字原脱，據學海本及類苑補。

29 王師平江南，徐鉉從李煜入朝，太祖讓之，以其不早勸李煜降也。鉉曰：「臣在江南，備位大臣，國亡不能止，罪當死，尚何所言！」上悦，撫之曰：「卿誠忠臣，事我當如事李氏也。」

30 太祖聞國子監集諸生講書，喜，遣使賜之酒果，曰：「今之武臣，亦當使其讀經書，欲其知爲治之道也。」

31 太祖聰明豁達，知人善任使，擢用英俊，不問資級。察内外官有一材一行可取者，密爲籍記之〔一〕。每一官缺，則披籍選用焉。是以下無遺材，人思自效。右皆出三朝訓鑑圖

〔一〕密爲籍記之 「籍記」二字原倒，據學海本改。

32 太祖微時與董遵誨有隙，及即位，召而用之，使守通遠軍。通遠軍者，今環州是也。其母因亂没胡中，上因契丹厚以金帛贖而與之，遵誨涕泣，恨無死所。党項羌掠回鶻貢物，遵誨寄聲誚讓之，羌懼，即遣使謝，歸其所掠。

33 太祖使郭進守西土，每遣戍卒，上輒戒曰：「有罪，我尚能赦汝，郭進殺汝矣，不可犯也。」有部下軍校告其謀反者，上詰問其故，軍校辭窮，服曰：「進御下嚴，臣不勝忿怨，故誣之耳。」上命執以與進，令自誅之，進釋不問，使禦河東寇，曰：「汝有功則我奏遷汝官，敗則降河東，勿復來也。」軍校往死戰，果立功而還。

34 張永德，周祖之壻也。爲鄧州節度使，有軍士告其謀反，太祖械送之，永德笞之

十下而已。右皆始平公云

35 張美爲滄州節度使，民有上書告美强取其女爲妾〔一〕，及受取民財四千緡〔二〕。太祖召上書者諭之曰：「汝滄州，昔張美未來時，民間安否？」對曰：「不安。」曰：「既來則何如？」對曰：「既來，則無復兵寇。」帝曰：「然則張美全汝滄州百姓之命，其賜大矣，雖取汝女，汝安得怨？今汝欲貶此人，殺此人，吾何愛焉，但愛汝滄州之人耳。吾今戒敕美，美宜不復敢〔三〕。汝女直錢幾何？」對曰：「直錢伍百緡。」帝即命官給美所取民錢，并其女直，而遣之。乃召美母，告以美所爲，母叩頭謝罪，曰：「妾在闕下，不知也。」乃賜其母錢萬緡，令遺美，使還所略民家，謂之曰〔四〕：「語汝兒，乏錢欲錢〔五〕，當從我求，無爲取於民也；善遇民女，歲時贈遺其家，數慰撫之。」美惶恐，折節爲廉謹。頃之，以政績聞。美在滄州十年，故世謂之滄州張氏。龐安道云

〔一〕民有上書告美强取其女爲妾　「民」字原脱，據李藏本、學海本及長編卷八乾德五年三月戊戌條補。

〔二〕受取民財四千緡　長編「緡」下有「者」字。

〔三〕美宜不復敢　「敢」原作「取」，據李藏本、學海本及長編改。

〔四〕令遺美使還所略民家謂之曰　「使」至「之」八字原脱，據長編補。

〔五〕乏錢欲錢　「乏錢」原作「汝」，據長編改。

36 周渭，連州人。湖南與廣南戰，渭爲廣南所虜，其妻莫氏并二子留在家。渭仕廣南有官禄矣。太祖平廣南，得渭，喜，以爲平廣南得一人耳。後以爲侍御史、廣南轉運使〔一〕。渭久已改娶〔二〕，使人訪其故妻，先與之别二十七年矣。妻固不嫁，育二子皆長。渭欲復迎之，妻曰：「君既有室，我不可復往。且吾有婦孫〔三〕，居此久，不可去。」渭爲具奏，詔特爵爲縣君；并其二子，渭皆爲奏官。張公錫云

〔一〕廣南轉運使　「轉運使」長編卷一八太平興國二年歲末及宋史卷三〇四周渭傳作「轉運副使」。

〔二〕渭久已改娶　「渭」字原脱，據李藏本、學海本補。

〔三〕吾有婦孫　「有」長編作「與」。

37 周渭爲白馬縣主簿，大吏有罪，渭輒斬之，太祖奇其材，擢爲贊善大夫。後通判興州事，有外寨軍校縱其士卒暴犯居民，渭往責而斬之，衆莫敢動。上聞益壯之，詔褒稱焉。出聖政録

38王明爲鄢陵縣令，公廉愛民。是時天下新定，法禁尚寬，吏多受民賂遺，歲時皆有常數，民亦習之，不知其非。明爲鄢陵令，民以故事有所獻饋，明曰：「令不用錢，可人致數束薪蒭水際，令欲得之。」民不諭其意。數日，積薪蒭至數十萬，明取以築堤道，民無水患〔一〕。太祖聞之，即擢明知廣州。

〔一〕民無水患　「民」學海本、聚珍本作「明年」。

39君倚曰：太祖初晏駕，時已四鼓，孝章宋后使内侍都知王繼隆召秦王德芳〔一〕，繼隆以太祖傳位晉王之志素定，乃不詣德芳，而以親事一人徑趨開封府召晉王。見醫官賈德玄先坐於府門〔二〕，問其故，德玄曰：「去夜二鼓，有呼我門者，曰『晉王召』，出視則無人，如是者三。吾恐晉王有疾，故來。」繼隆異之，乃告以故，叩門，與之俱入見王，且召之。王大驚，猶豫不敢行，曰：「吾當與家人議之。」入久不出，繼隆趣之，曰：「事久將爲他人有矣。」遂與王雪中步行至宮門〔三〕，呼而入。繼隆使王且止其直廬，曰：「王且待於此，繼隆當先入言之。」德玄曰：「便應直前，何待之有？」遂與俱進。至寢殿，宋后聞繼隆至，問曰：「德芳來邪？」繼隆曰：「晉王至矣。」后見王，愕然，遽呼「官家」，曰：「吾母子之命，皆託官家〔四〕。」王泣曰：「共保富貴，無憂也。」德玄後爲班行，性貪，故官不甚達，然太宗亦優容之。

〔一〕王繼隆召秦王德芳　「王繼隆」長編卷一七開寶九年十月癸丑條作「王繼恩」，李燾在此條下自注云：「此據司馬光記聞，誤以王繼恩爲繼隆，程德玄爲賈德玄，今依國史改定。」

〔二〕賈德玄先坐於府門　「先」字原脱，據長編及治蹟統類卷二補。

〔三〕遂與王雪中步行至宮門　「行」字原脱，據聚珍本、太平治蹟統類卷二補；長編「遂」上有「時大雪」三字，「王」下有「於」字。

〔四〕皆託官家　長編「託」下有「於」字。

40 太祖時，宮人不滿三百人，猶以爲多，因久雨不止，故又出其數十人〔一〕。

〔一〕故又出其數十人　「故」、「其」二字原脱，據李藏本、學海本補。

41 太祖嘗曰：「貴家子弟，唯知飲酒彈琵琶耳，安知民間疾苦！」由是詔：「凡以資蔭出身者，皆先使之監當場務，未得親民。」

42 太祖嘗謂秦王侍講曰：「帝王之子，當務讀經書，知治亂之大體，不必學作文章，無所用也。」

43 太祖性節儉，寢殿設布緣葦簾〔一〕，嘗出麻屨布衫以示左右〔二〕，曰：「此吾故時所服也。」右出聖政録

〔一〕布緣葦簾　「葦」原作「幃」，據類苑卷一及類説卷一九輯三朝聖政録改。

〔二〕嘗出麻屨布衫以示左右　類説、類苑所引聖政録「衫」作「裳」，「以示」作「賜」。

44 太祖欲使符彦卿典兵，趙韓王屢諫，以謂彦卿名位已盛〔一〕，不可復委以兵柄，上不聽。宣已出，韓王復懷之請見，上迎謂之曰：「豈非以符彦卿事邪？」對曰：「非也。」因別以事奏，既罷〔二〕，乃出彦卿宣進之。上曰：「果然。宣何以復在卿所？」韓王曰：「臣託以處分之語有未備者〔三〕，復留之，惟陛下深思利害，勿爲後悔〔四〕。」上曰：「卿苦疑彦卿，何也？朕待彦卿至厚，彦卿能負朕邪〔五〕？」韓王曰：「陛下何以能負周世宗〔六〕？」上默然，遂中止〔七〕。藍元震云

〔一〕以謂彦卿名位已盛　「謂」五朝言行録卷一之一、長編卷四乾德元年二月丙戌條作「爲」。

〔二〕因別以事奏既罷　「以」、「既」二字原脱，「事奏」原倒，據五朝言行録、長編補正。

〔三〕處分之語有未備者　「有」字原脱，據長編補。

〔四〕勿爲後悔　「悔」原作「患」，據五朝言行録、長編改。

〔五〕彦卿能負朕邪　「邪」原作「也」，據同上書改。

〔六〕何以能負周世宗　「能」字原脱，據同上書補。

〔七〕遂中止　「遂」上長編有「事」字。

45 太祖事世宗於澶州，曹彬爲世宗親吏，掌茶酒，太祖嘗從之求酒〔一〕，彬曰〔二〕：「此官酒，不敢相與。」自沽酒以飲太祖。及即位〔三〕，常語及世宗舊吏，曰：「不欺其主者，獨曹彬耳。」由是委以腹心，使監征蜀之軍。堯夫云

〔一〕從之求酒　「酒」字原脱，據五朝言行録卷一之二補。

〔二〕彬曰　「彬」字原脱，據同上書補。

〔三〕及即位　「及」字原脱，據同上書補。

46 太祖時，宋白知舉疑爲陶穀，多受金銀，取捨不公，恐牓出羣議沸騰，迺先具姓名以白上，欲託上指以自重。上怒曰：「吾委汝知舉，取捨汝當自決，何爲白我？我安能知其可否？若牓出别致人言，當斫汝頭以謝衆。」白大懼而悉改其牓，使協公議而出之。

涑水記聞卷第二

47 呂蒙正相公不喜記人過。初參知政事，入朝堂，有朝士於簾内指之曰：「是小子亦參政邪？」〔一〕蒙正佯爲不聞而過之。其同列怒之〔二〕，令詰其官位姓名，蒙正遽止之。罷朝，同列猶不能平，悔不窮問，蒙正曰：「若一知其姓名，則終身不能復忘，固不如毋知也〔三〕。且不問之〔四〕，何損？」時皆服其量。

〔一〕是小子亦參政邪　「參」下原衍「知」字，據李藏本、學海本、類苑卷一三呂蒙正、五朝言行録卷一之六删。

〔二〕同列怒之　「之」字原脱，據類苑及古今事文類聚别集卷一六補。

〔三〕不如毋知也　「毋」原作「無」，據五朝言行録、古今事文類聚及宋史卷二六五呂蒙正傳改。

〔四〕且不問之　「且」字原脱，據五朝言行録補。

48 太宗末〔一〕，關中羣盗有馬四十疋，常有怨於富平人，志必屠之，驅略農人，使荷畚鍤隨之，曰：「吾克富平，必夷其城郭。」富平人恐，羣詣荆姚見同州巡檢侯舍人告急。舍人素有威名，率衆伏於邑北，羣盜聞之，捨富平不攻而去。舍人引兵於邑西邀之，令士皆傅弩，戒勿妄發〔二〕，曰：「賊皆有甲，不可射；射其馬，馬無具裝，又劫掠所得，非素習戰也，射之必將驚潰。」既而，合戰，衆弩俱發，賊馬果驚躍散走，縱兵擊之，俘斬略盡。餘黨散入他州，巡檢獲之，自以爲功，送詣州邑。盜固稱：「我非此巡檢所獲，乃侯舍人所獲也。」巡檢怒，自詣獄責之，曰：「爾非我所獲而何？」盜曰：「我昔與君遇於某地，君是時何不擒我邪？我又與君遇於某地，君是時棄兵而走，何不擒我邪？我爲侯舍人所破，狼狽失據，爲君所得，此所謂敗軍之卒，舉帚可撲，豈君智力所能獨辦邪？」巡檢慙而退。公云

〔一〕太宗末　類苑卷七八侯舍人「末」下有「年」字。

〔二〕勿妄發　類苑「勿」下有「得」字。

49 至道中，國家征夏虜，調發陝西芻粟隨軍至靈武，陝西騷動，民皆逃匿，賦役不肯供給。有詔：「督運者皆得便宜從事〔一〕，不牽常法。」吏治率皆峻急，而京兆府通判水部員外郎楊譚〔二〕、大理寺丞林特尤甚。長安人歌之曰：「楊譚見手先教鏁，林特逢

頭便索枷。」長安多大豪及有蔭户，尤不可號令。有見任知某州妻清河縣君者，不肯運糧，譚録而杖之，於是民莫敢不趨令。譚、特令民每驢負若干，每人擔若干，仍齎糧若干，官爲封之，須出塞乃聽食，怨嗟之聲滿道。既而京兆最爲先辦，民無逃棄者，諸州皆稽留不能辦，比事畢〔三〕，人畜死者什八九〔四〕。由是人始復稱之。二人以是得顯官：譚終諫議大夫，特至尚書、三司使。公云

〔一〕皆得便宜從事　「得」類苑卷二三楊譚林特作「聽」。

〔二〕楊譚　「譚」宋史卷三〇七楊覃傳、卷二八三林特傳均作「覃」。

〔三〕比事畢　「畢」類苑作「訖」。

〔四〕人畜死者　類苑「畜」下有「皆」字。

50 李順作亂於蜀，詔以參知政事趙昌言監護諸將討之。至鳳州〔一〕，是時寇準知州事〔二〕，密上言：「趙昌言素有重名，又無子息，不可征蜀，授以利柄。」太宗得疏大驚，曰：「朝廷皆無忠臣，言莫及此。賴有寇準憂國家耳〔三〕。」乃詔昌言行所至即止，專以軍事付王昭宣〔四〕，罷知政事〔五〕，以工部侍郎知鳳翔府，召寇準參知政事。昌言自鳳翔歷秦、陝、永興三州，入爲御史中丞。

真宗即位，咸平五年，翰林學士王欽若、直館洪湛知貢舉。京師豪族有奏名至及第者，既而其家分居爭財，出其錢簿，有若干貫遺知舉洪學士。上怒，下御史臺窮治，連及王欽若〔六〕，亦有所受。是時欽若被眷遇，上大怒，以爲昌言操意巇險，誣陷大臣，昌言自户部尚書兼御史中丞貶安州司馬。自是不獲省録十餘年，更屢赦〔七〕，量移放還。至祥符中，乃復敍爲户部侍郎。西祀恩，遷吏部侍郎卒。公云

〔一〕至鳳州　「至」字原脱，「州」原作「翔」，據長編卷三六淳化五年九月甲寅條注引記聞補改。

〔二〕是時寇準知州事　「事」字原脱，據長編補。

〔三〕賴有寇準憂國家耳　「有」原作「以」，據李藏本、學海本及長編改。

〔四〕王昭宣　原作「王紹宣」，類苑卷七四趙昌言作「王韶且」，長編作「王繼恩」，疑「紹宣」乃「昭宣」之誤，王繼恩時官爲昭宣使也，據改。

〔五〕罷知政事　長編及宋史卷二六七趙昌言傳無「知」字。

〔六〕連及王欽若　類苑「連」上有「事」字。

〔七〕更屢赦　「屢」類苑作「累」。

51 李順反，太宗命參知政事趙昌言爲元帥。昌言爲人辯智，於上前指畫破賊之策，上悦之，恩遇甚厚。既行，時有峩眉山僧茂貞以術得幸，謂上曰：「昌言折頞〔一〕，貌有反相，不宜委以蜀事。」上悔之，遽遣使者追止其行，以兵付諸將，留少兵，令昌言駐鳳州爲後援。事平，罷參知政事，知鳳翔府。王原叔云

〔一〕昌言折頞　「頞」原作「額」，據學海本及長編卷三六淳化五年九月甲寅條改。

52 錢若水爲同州推官，知州性褊急，數以胷臆決事，不當。若水固争不能得，輒曰：「當奉陪贖銅耳〔一〕。」已而〔二〕，果爲朝廷及上司所駁，州官皆以贖論。知州愧謝，已而復然。前後如此數矣。

有富民家小女奴逃亡，不知所之，奴父母訟於州，命録事參軍鞫之。録事嘗貸錢於富民，不獲，乃劾富民父子數人共殺女奴，棄屍水中，遂失其屍。或爲元謀，或從而加功，罪皆應死。富民不勝榜楚，自誣服。具上，州官審覆，無反異，皆以爲得實。若水獨疑之，留其獄，數日不決。録事詣若水廳事〔三〕，詬之曰：「若受富民錢，欲出其死罪邪？」若水笑謝曰：「今數人當死，豈可不少留熟觀其獄詞邪？」留之且旬日，知州屢趣之，不得，上下皆怪之。

若水一旦詣州，屏人言曰：「若水所以留其獄者，密使人訪求女奴，今得之矣。」知州驚曰：「安在？」若水因密使人送女奴於知州所。知州乃垂簾引女奴父母問曰：「汝今見汝女，識之乎？」對曰：「安有不識也？」因從簾中推出示之，父母泣曰：「是也。」乃引富民父子，悉破械縱之。其人號泣不肯去，曰：「微使君之賜，則某滅族矣！」知州曰：「推官之賜也，非我也。」其人趣詣若水廳事〔四〕，若水閉門拒之，曰：「知州自求得之，我何與焉？」其人不得入，繞垣而哭，傾家貲以飯僧，爲若水祈福。

知州以若水雪寃死者數人，欲爲之奏論其功，若水固辭，曰：「若水但求獄事正，人不寃死耳，論功非其本心也。且朝廷若以此爲若水功，當置録事於何地邪？」知州歎服曰：「如此尤不可及矣。」録事詣若水叩頭愧謝〔五〕，若水曰：「獄情難知，偶有過誤，何謝也？」於是遠近翕然稱之。未幾，太宗聞之，驟加進擢，自幕職半歲中爲知制誥，二年中爲樞密副使。公云

〔一〕奉陪贖銅耳　「奉陪」二字原倒，據類苑卷二二錢若水、五朝言行録卷二之二改。

〔二〕已而　「已」原作「既」，據長編卷三一淳化元年十月乙巳條及類苑、五朝言行録改。

〔三〕廳事　「事」字原脱，據同上書補。

〔四〕趣詣若水廳事　「事」字原脱，據學海本及同上書補。

〔五〕詣若水叩頭愧謝　「水」下原衍「廳」字，據類苑、五朝言行録、長編删。

53 李繼隆與轉運使盧之翰有隙，欲陷之罪，乃檄轉運司，期八月出塞，令辦芻粟。轉運司調發方集，繼隆復爲檄言：「據陰陽人狀〔一〕，國家八月不利出師，當更取十月。」轉運司遂散芻粟〔二〕。既而復爲檄云：「得保塞胡偵候狀，言賊且入塞，當以時進軍〔三〕，芻粟即日取辦。」是時，民輸輓者適散，倉卒不可復集，繼隆遂奏轉運司乏軍興〔四〕。太宗大怒，立召中使一人，付三函，令乘驛騎取轉運使盧之翰、竇玭及某人首。丞相吕端、樞密使柴禹錫皆不敢言，惟樞密副使錢若水争之，請先推驗，有狀然後行法。上大怒，拂衣起入禁中。二府皆罷，若水獨留廷中不去。上既食，久之，使人偵視廷中有何人，報云：「有細瘦而長者，尚立焉。」上出詰之〔五〕，曰：「爾以同州推官再朞爲樞密副使，朕所以擢任爾者，以爾爲賢〔六〕，爾乃不才如是邪？尚留此安俟〔七〕？」對曰：「陛下不知臣無狀〔八〕，使得待罪二府〔九〕，臣當竭其愚慮，不避死亡，補益陛下，以報厚恩。李繼隆外戚，貴重莫比，今陛下據其一幅奏書，誅三轉運使，雖有罪，天下何由知之？鞫驗事狀明白，乃加誅，亦何晚焉〔一〇〕？獻可替否，死以守之，臣之常分。臣未獲死，固不敢退〔一一〕。」上意解，乃召呂端等，奏請如若水議，先令責狀，許之，三人皆黜爲行軍副使。既而虜欲入塞事皆虚誕〔一二〕，繼隆坐罷招討〔一三〕，知秦州。

王居日云

〔一〕據陰陽人狀　「據」字原脱，據類苑卷一七錢若水、五朝言行録卷二之二補。

〔二〕轉運司遂散芻粟　「司」字原脱，據聚珍本及類苑、五朝言行録補。

〔三〕以時進軍　「軍」原作「兵」，據類苑、五朝言行録改。

〔四〕乏軍興　「興」字原脱，據聚珍本及五朝言行録補。

〔五〕上出詰之　「詰」原作「語」，據李藏本、學海本及類苑、五朝言行録改。

〔六〕以爾爲賢　「以爾」二字原脱，據五朝言行録補。

〔七〕尚留此安俟　「俟」原作「侯」，據類苑、五朝言行録改。

〔八〕無狀　「狀」原作「能」，據同上書改。

〔九〕使得待罪二府　「得」字原脱，據學海本及類苑、五朝言行録補。

〔一〇〕乃加誅亦何晚焉　類苑、五朝言行録「加」上無「乃」字。

〔一一〕固不敢退　「固」原作「故」，據同上書改。

〔一二〕事皆虚誕　「誕」字原脱，據五朝言行録補。

〔一三〕坐罷招討　「坐罷」二字原脱，據類苑、五朝言行録補。

54 曹侍中將薨，真宗親臨視之〔一〕，問以後事，對曰：「臣無事可言。」固問之，對曰：「臣二子璨與瑋〔二〕，材器有取，臣若内舉，皆堪爲將。」上問其優劣，對曰：「璨不如瑋。」已而果然。

瑋知秦州，嘗出巡城，以城上遮箭板太高，召主者令下之。主者對曰：「舊如此久矣。」瑋怒曰：「舊固不可改邪？」命牽出斬之。僚佐以主者老將，諳兵事，罪小，宜可赦，皆諫瑋，瑋不聽，卒誅之。軍中懾伏。

西蕃犯塞，候騎報虜將至，瑋方飲啗自若。頃之，報虜去城數里，乃起貫戴，以帛纏身，令數人引之，身停不動。上馬出城，望見虜陣有僧奔馬往來於陣前檢校，瑋問左右曰：「彼布陣乃用僧邪？」對曰：「不然。此虜之貴人也。」瑋問軍中誰善射者，衆言李超，瑋即呼超指示之，曰：「汝能取彼否？」對曰：「憑太保威靈，願得十五騎裹送至虜陣前，可以取之。」瑋以百騎與之，敕曰：「不獲而返，當死。」遂進至虜陣前，騎左右開，超射之，一發而斃。於是，虜鳴笳，嘯而遁。瑋以大軍乘之，虜衆大敗，出塞窮追，俘斬萬計，改邊鑿濠。西蕃由是慴服〔三〕，至今不敢犯塞，每言及瑋，

則加手於額〔四〕，呼之爲父云。全昭云

〔一〕真宗親臨視之　「真宗」原作「神功」，五朝言行録卷三之五作「太宗」，今據學海本、李藏本改。

〔二〕璨與瑋　「璨」、「瑋」原作「燁」、「煒」，據李藏本、學海本及五朝言行録改，下同。

〔三〕西蕃由是慴服　「蕃」原作「邊」，據類苑卷五五李煒、五朝言行録改。

〔四〕加手於額　「額」原作「項」，五朝言行録作「頂」，今據李藏本、學海本及類苑改。

55 瑋在秦州〔一〕，有士卒十餘人〔二〕，叛赴虜中。軍吏來告，瑋方與客弈棋，不應；軍吏亟言之，瑋怒，叱之曰：「吾固遣之去，汝再三顯言邪！」虜聞之，亟歸告其將，盡殺之。伯康云

〔一〕瑋在秦州　「瑋」原作「煒」，據李藏本、學海本及五朝言行録卷三之五改，下同。

〔二〕有士卒十餘人　「人」字原脱，據五朝言行録及類苑卷五五李煒補。

56 曹侍中彬爲人仁愛多恕，平數國，未嘗妄斬人〔一〕。嘗知徐州，有吏犯罪，既立案，逾年然後杖之，人皆不曉其旨，彬曰：「吾聞此人新娶婦，若杖之，彼其舅姑必以

婦爲不利而惡之，朝夕笞罵，使不能自存。吾故緩其事，而法亦不赦也。」其用志如此。張錫云

〔一〕未嘗妄斬人　「人」字原脱，據李藏本、學海本及類苑卷一三曹侍中、五朝言行録卷一之二改。

57楊徽之，建州浦城人。少好學，善屬文，有志節。是時福建屬江南，江南亦置進士科以延士大夫，徽之耻之，乃間道詣中朝應舉，夜浮江津。周世宗時及第，爲拾遺。是時，太祖已爲時望所歸，徽之上書言之。及太祖即位，將殺徽之，太宗時爲晉王，力救之，曰：「此周室忠臣也，不可殺。」其後左遷爲峨眉令，十餘年不得調。太宗即位，始召之，用爲太子諭德、侍講，官至兵部侍郎，卒，贈僕射。徽之性介特，人罕能入其意者，雖親子弟，不肖不爲奏任爲官，平生獨奏外孫宋綬、族人自誠及某三人而已。綬後歷清顯，至參知政事。自誠，徽之疎族也，徙居建昌。自誠子偉，仕至翰林學士；從父弟儀，今爲祕閣校理。黄希云

58光禄卿王濟，刑部詳覆官〔一〕，屢上封事。是時，諸道置提舉茶鹽酒税一官，朝廷因令訪察民間事、吏之能否，甚重其選。會京西道闕官〔二〕，太宗問左右：「刑部有好

言者〔三〕，爲誰？」左右以濟對，上即以授之。

〔一〕刑部詳覆官　長編卷三二淳化元年十二月末「刑」上有「爲」字。

〔二〕京西道闕官　「官」字原脱，據類苑卷六王光禄補。

〔三〕刑部有好言者　長編「言」下有「事」字。

59 魏廷式爲益州路轉運使，入奏事，太宗令以事先詣中書，廷式曰：「臣乘傳來三千七百里之外，所奏事固望陛下宸斷決之，非爲宰相來也，奈何詣中書？」上悦，即非時出見之，賜錢五十萬〔一〕，遣還官。

〔一〕賜錢五十萬　「十」原作「千」，據學海本改。

60 兖王宫翊善姚坦好直諫。王嘗作假山，所費甚廣，既成，召宫屬置酒共觀之〔一〕，衆皆褒歎其美，坦獨俛首不視。王强使視之，坦曰：「但見血山耳，安得假山？」王驚問其故，坦曰：「坦在田舍時，見州縣督税，上下相驅峻急，里胥臨門，捕人父子兄弟，送縣鞭笞，血流滿身，愁苦不聊生。此假山皆民租賦所爲〔二〕，非血山而何？」是時太宗亦爲假山，亟命毁之。

王每有過失，坦未嘗不盡言規正。宮中自王以下皆不喜，左右乃教王詐稱疾不朝。太宗日使醫視之，逾月不瘳，上甚憂之，召王乳母入宮，問王疾增損狀，乳母曰：「王本無疾，徒以翊善姚坦檢束，王起居曾不得自便，王不樂，故成疾耳。」上怒曰：「吾選端士爲王僚屬者，固爲輔佐王爲善耳。今王不能用規諫，而又詐疾，欲使朕逐去正人以自便，何可得也。且王年少，未知出此，必爾輩爲之謀耳。」因命捽至後園，杖之數十。召坦慰諭之曰：「卿居王宮，爲羣小所嫉〔三〕，大爲不易。卿但能如此，毋患讒言，朕必不聽。」

〔一〕宮屬置酒共觀之　「宮」李藏本、學海本作「官」；類苑卷二作「其」，長編卷三五淳化五年二月己酉條作「僚」。

〔二〕皆民租賦所爲　「賦」類苑及宋史卷二七七姚坦傳作「税」。

〔三〕爲羣小所嫉　「爲」上宋史姚坦傳有「能以正」三字。

61 田錫好直諫，太宗或時不能堪，錫從容奏曰：「陛下日往月來，養成聖性。」上悦，益重之。右出聖政録

62 王禹偁字元之，濟州人，少善屬文，舉進士及第，爲大理評事、知長洲縣。太宗

聞其名，召爲右正言、直史館，纔周歲，遂知制誥。禹偁性剛狷，數忤權貴，宦官尤惡之。上累命執政召至中書戒諭之，禹偁終不能改。禹偁爲翰林學士，上優待之，同列莫與比。上嘗曰：「當今文章，惟王禹偁獨步耳。」

63 王元之之子嘉祐爲館職〔一〕，平時若愚騃，獨寇萊公知之，喜與之語。萊公知開封府，一旦問嘉祐曰：「外人謂劣丈云何？」嘉祐曰：「外人皆云丈人旦夕入相。」萊公曰：「於吾子意何如？」嘉祐曰：「以愚觀之，丈人不若未爲相爲善，相則譽望損矣。」萊公曰：「何故？」嘉祐曰：「自古賢相，所以能建功業、澤生民者，其君臣相得，皆如魚之有水，故言聽計從，而功名俱美。今丈人負天下重望，相則中外有太平之責焉，丈人之於明主，能若魚之有水乎？此嘉祐所以恐譽望之損也。」萊公喜，起執其手曰：「元之雖文章冠天下，至於深識遠慮，殆不能勝吾子也。」始平公云

〔一〕王元之之子嘉祐　「王元之」三字原脱，學海本作「王禹偁」，今據五朝言行録卷四之二補；「嘉祐」原作「嘉言」，據長編卷五五咸平六年十一月己亥條、宋史卷二九三王禹偁傳及五朝言行録改，下同。

64 保安軍奏獲李繼遷母，太宗甚喜。是時寇準爲樞密副使，呂端爲宰相，上獨召準

與之謀。準退〔一〕，自宰相幕次前過不入，端使人邀入幕中，曰：「曏者主上召君何爲？」準曰：「議邊事耳。」端曰：「陛下戒君勿分言於端乎？」準曰：「不然。」端曰：「若邊鄙常事〔二〕，樞密院之職，端不敢與知；若軍國大計，端備位宰相，不可以莫之知也。」準以獲繼遷母告，端曰：「君何以處之？」準曰：「準欲斬於保安軍北門之外，以戒凶逆〔三〕。」端曰：「陛下以爲何如？」準曰：「陛下以爲然，令準之密院行文書耳。」端曰：「必若此，非計之得者也〔四〕。願君少緩其事，文書勿亟下，端將覆奏之〔五〕。」即召閤門吏，使奏「宰臣呂端請對」。上召入之，端見，具道準言，且曰：「昔項羽得太公，欲烹之，漢高祖曰：『願遺我一盃羹。』夫舉大事者，固不顧其親，況繼遷胡夷悖逆之人哉！且陛下今日殺繼遷之母，繼遷可擒乎？若不然，徒樹怨讎而益堅其叛心耳〔六〕。」上曰：「然則奈何？」端曰：「以臣之愚，謂宜置於延州〔七〕，使善養視之，以招徠繼遷，雖不能即降，終可以繫其心，而母死生之命在我矣。」上撫髀稱善，曰：「微卿，幾誤我事。」即用端策。其母後疾死於延州，繼遷尋亦死，其子竟納款請命〔八〕。張宗益云

〔一〕準退　「準」字原脱，據長編卷二五雍熙元年九月末、五朝言行録卷二之一及宋史卷二八一呂端傳補。

〔二〕邊鄙常事　「常」字原脱，據長編、五朝言行録及聚珍本補。

〔三〕準欲斬於保安軍北門之外以戒凶逆　以上十五字原作「云云」，據長編、五朝言行録、宋史改。

〔四〕非計之得者也　「者」字原脱，據李藏本、學海本及五朝言行録補。

〔五〕端將覆奏之　「覆」原作「發」，據李藏本、學海本及長編、五朝言行録改。

〔六〕益堅其叛心耳　「益」字原脱，據長編、五朝言行録補。

〔七〕謂宜置於延州　「謂」原作「見」，據同上書改。

〔八〕其子竟納款請命　「款」字原脱，據同上書補；學海本「子」下有「德明」二字。

65 魏王德昭，太祖之長子，從太宗征幽州，軍中夜驚〔一〕，不知上所在，衆議有謀立王者，會知上處乃止。上微聞，銜之，不言〔二〕。時上以北征不利，久不行河東之賞，議者皆以爲不可，王乘間入言之，上大怒，曰：「待汝自爲之，未晚也〔三〕！」王皇恐還宮，謂左右曰：「帶刀乎？」左右辭以禁中不敢帶。王因入茶果閤門〔四〕，拒之，取割果刀自剄。上聞之，驚悔，往抱其尸，大哭曰：「癡兒，何至此邪！」王宜父云

〔一〕軍中夜驚　長編卷二〇太平興國四年八月甲戌條、宋史卷二四四燕王德昭傳「中」下有

「嘗」字。

〔二〕不言　「言」同上書作「悦」。

〔三〕未晚也　同上書「未」上有「賞」字。

〔四〕入茶果閤門　長編無「門」字，「果」作「酒」。

66 蘇王元偓，太祖遺腹子，太宗子養之。楊樂道云

67 太宗時，寇準爲員外郎，奏事忤上旨〔一〕，上拂衣起〔二〕，欲入禁中，準手引上衣，令上復坐〔三〕，决其事然後退。上由是嘉之。

〔一〕奏事忤上旨　「奏事」二字原脱，據五朝言行録卷四之二補。

〔二〕上拂衣起　「上」字原脱，據同上書補。

〔三〕令上復坐　「上」字原脱，據同上書補。

68 太宗器重準，嘗曰：「朕得寇準，猶唐文皇之得魏鄭公也。」準爲虞部員外郎，言事，召對稱旨。太宗謂宰相曰：「朕欲擢用寇準，當授以何官？」宰相請用爲開封府推官，上怒曰：「此官豈可以待準者邪？」宰相請用爲樞密直學士，上沉思良久，

曰：「且使爲此官可也！」陸子云

69 李穆字孟雍，陽武人。幼沉謹，温厚好學〔一〕，聞酸棗王昭素先生善易，往師之。昭素喜其開敏，謂人曰：「觀李生材能器度，他日必爲卿相。」昭素先時著易論三十三篇，秘不傳人，至是盡以授穆，穆由是知名。舉進士，翰林學士徐台符知貢舉，擢之上第，除郢州軍事判官，遷汝州防禦判官。周世宗即位，求文學之士，或薦穆，擢拜右拾遺〔二〕。

太祖登極，遷殿中侍御史，屢奉使僞國。平蜀之初，通判洋州，又通判陜州，坐有罪，復免一官。久之，召爲中允，尋以左拾遺知制誥。

太宗即位，累遷至中書舍人。宰相盧多遜得罪，穆坐與之同年登進士第，降授司封員外郎。上惜其材，尋命之考校貢院。及御試進士，上見其顔色憔悴，憐之，復以爲中書舍人，職任皆如故。尋命知開封府事，有能名，遂擢參知政事。穆性至孝，母病累年，惡暑而畏風，穆身自扶持起居〔三〕，能適其志，或通夕不寐，未嘗有倦惰之色。母卒，哀毁過人。朝命起復，固辭，不得已，視事，然終不飲酒食肉，未終喪而卒，年五十七。上甚惜之，謂宰相曰：「李穆，國之良臣，奄爾淪没，非穆之不幸，乃國之不幸也。」贈工部尚書。出穆行狀

〔一〕温厚好學　「温」，類苑卷六李尚書作「忠」。

〔二〕擢拜右拾遺　「右」原作「左」，據類苑及宋史卷二六三李穆傳改。

〔三〕身自扶持起居　「持」，類苑作「侍」。

70 錢氏在兩浙，置知機務如知樞密院，通儒院學士如翰林學士。唐子方云

71 崔仁冀事錢俶〔一〕，首建歸朝之策。吳越丞相沈虎子者，錢氏骨鯁臣也。俶爲朝廷攻拔常州，虎子諫曰：「江南，國之藩蔽。今大王自撤其藩蔽，將何以衛社稷乎？」俶出虎子爲刺史，以仁冀代爲丞相。仁冀説俶曰：「主上英武，所向無敵，今天下事勢已可知。保族全民，策之上者也。」俶深然之。太祖時，自明州泛海入朝，太祖禮而遣之。太平興國三年〔二〕，仁冀復從俶入朝，盧多遜説上留之勿遣。俶朝禮畢，數日，欲去，不獲命，又不敢辭，君臣恐懼，莫知所爲。仁冀曰：「今朝廷意可知，大王不速納土，禍將至矣。」俶左右固争，以爲不可，仁冀厲聲曰：「今已在人掌握中，去國千里，唯有羽翼乃能飛去耳。」遂定策納兩浙地圖，請效土爲内臣。上一再辭讓，遂受之。改封俶淮海國王，俶子惟濬淮南道節度使兼侍中〔三〕，以仁冀爲副。俶辭，不行，更除鄧州。以仁冀爲鴻臚卿，久之卒不遷官，蓋太宗心亦薄之也。子方云

〔一〕崔仁冀　「崔」原作「周」，據長編卷一六開寶八年十二月丁卯條、宋史卷四八〇錢俶傳改。
〔二〕太平興國三年　原作「開寶九年」，據聚珍本、長編卷一九太平興國三年五月乙酉朔條改。
〔三〕俶子惟濬淮南道節度使兼侍中　以上十三字原作「南道節度大使」，據李藏本、學海本改。

72 孫何、丁謂舉進士第，未有名，翰林學士王禹偁見其文，大賞之，贈詩云：「三百年來文不振〔一〕，直從韓、柳到孫、丁。如今便好令修史，二子文章似六經。」二人由是名大振。

〔一〕三百年來文不振　「三」宋史卷二八三丁謂傳作「二」。

73 盧多遜父有高識，深惡多遜所爲，聞其與趙中令爲仇，曰：「彼元勳也，而小子毁之，禍必及我。得早死，不及見其敗，幸也。」竟以憂卒。未幾，多遜敗。富公云

74 韓王將營西宅，遣人於秦、隴市良材以萬數，盧多遜陰以白上，曰：「普身爲元宰，乃與商賈競利。」及宅成，韓王時爲西京留守，已病矣。詔詣闕，將行，乘小車一遊第中，遂如京師，至於捐館，不復再來矣。

75 張藏英，燕人，父爲人所殺，藏英尚幼，稍長，擒讎人，生臠割以祭其父，然後食其心肝。鄉人謂之「報讎張孝子」。契丹用爲蘆臺軍使。逃歸中國，從世宗征契丹。藏英請不用兵，先往説下瓦橋關。乃單騎往城下，呼曰：「汝識我乎？我張蘆臺也。」因陳世宗威德，曰：「非汝敵也〔一〕。不下，且見屠。」藏英素爲燕人所信重，契丹遂自北門遁去，城人開門請降。張文裕云

〔一〕非汝敵也　「非汝」聚珍本作「汝非」。

涑水記聞卷第三

76 太祖時，趙韓王普爲相，車駕因出，忽幸其第。時兩浙錢俶〔一〕，方遣使致書及海物十瓶於韓王，置在左廡下〔二〕。會車駕至，倉卒出迎，不及屏也。上顧見，問何物，韓王以實對。上曰：「此海物必佳。」即命啓之，皆滿貯瓜子金也。韓王皇恐，頓首謝曰：「臣未發書，實不知；若知之，當奏聞而却之。」上笑曰：「但取之，無慮。彼謂國家事皆由汝書生耳。」因命韓王謝而受之。韓王東京宅，皆用此金所修也。富公云

〔一〕兩浙錢俶　原作「兩浙王俶」，據類苑卷六趙韓王、五朝言行録卷一之一改。

〔二〕置在左廡下　「置」、「左」二字原脱，據五朝言行録、類苑及學海本補。

77 曹彬攻金陵，垂克，忽稱疾不視事。諸將皆來問疾，彬曰：「余之病非藥石所能愈〔一〕，惟須諸公共發誠心，自誓以克城之日不妄殺一人，則自愈矣〔二〕。」諸將許諾，共焚香爲誓。明日，稱愈〔三〕。及克金陵，城中皆安堵如故。曹翰克江州，忿其久不下，屠戮無遺。彬之子孫貴盛，至今不絶；翰卒未三十年，子孫有乞匄於海上者矣〔四〕。程

頤云

〔一〕非藥石所能愈　「能」字原脱，據聚珍本、宋史卷二五八曹彬傳補。

〔二〕則自愈矣　「則」字原脱，據李藏本、學海本、錦繡萬花谷前集卷一五及五朝言行録卷一之二補。

〔三〕稱愈　「稱」五朝言行録及宋史曹彬傳作「稍」。

〔四〕海上者矣　「上」原作「中」，據李藏本、學海本及五朝言行録改。

78 彬入金陵，李煜來見，彬給五百人，使爲之運宫中珍寶金帛，唯意所取，曰：「明日皆籍爲官物，不可復得矣。」時煜方以亡國憂憤，無意於蓄財，所取不多，故比諸降王獨貧。

彬克江南，入見，詣閤門進牓子云：「奉敕差往江南勾當公事回〔一〕。」時人美其不伐。

〔一〕奉敕差往江南　「奉」字原脱，據長編卷一七開寶九年二月庚戌條、宋史卷二五八曹彬傳補。

79 王禹偁，濟州人，生十餘歲，能屬文。太平興國八年，進士及第，補成武主簿，改大理評事、知長洲縣。太宗方獎拔文士，聞其名，召拜右拾遺、直史館，賜緋。故事，賜緋者給銀帶，上特命以文犀帶賜之。禹偁獻端拱箴以爲誡。尋以左司諫知制誥。上嘗稱之曰：「王禹偁文章，當今天下獨步。」

判大理寺，散騎常侍徐鉉爲妖巫道安所誣，謫官，禹偁上疏訟之，請反坐尼罪，由是貶商州團練副使，無禄，種蔬自給。徙解州團練副使。上思其才，復召爲左正言，仍命宰相以「剛直不容物」戒之。加直昭文館，以父老，求外補，出知單州，遭父喪，起復。至道初，召爲翰林學士，知通進司，多所封駁。孝章皇后崩，喪禮頗不備，禹偁上書論之，坐出知滁州，徙知揚州。出宋次道所爲神道碑

80 王禹偁爲諫官，上禦戎十策，大旨以謂〔一〕：外任人，內修德，則可以弭之。外則合兵勢以重將權，罷小臣詗邏邊事，行間諜以離其心，遣保忠、御卿率所部以張犄角〔二〕，下詔感勵邊人，取燕、薊舊疆〔三〕，蓋弔晉遺民，非貪其土地。內則省官以寬經費，抑文士以激武夫，信用大臣以資其謀，不貴虛名以戒無益，禁游惰以厚民力。端拱冬旱，禹偁上疏請節用、省役、薄賦、緩刑。出神道碑

〔一〕大旨以謂　「謂」原作「爲」，據類苑卷一六王元之二、五朝言行録卷九之二改。

〔二〕遺保忠御卿　學海本、聚珍本「保」上有「趙」字，「御」上有「折」字。

〔三〕取燕薊舊疆　宋史卷二九三王禹偁傳「取」上有「使知」二字。

81 真宗初即位，召王禹偁於揚州，復知制誥，修太宗實録。執政疑禹偁輕重其間，落職出知黄州。州境有二虎鬬，食其一，冬雷，羣雞夜鳴。禹偁上疏引洪範傳陳戒，且自劾。上以問司天官，對以守臣任其咎，上乃命移知蘄州〔一〕。尋召還朝，禹偁已卒。卒於咸平四年五月戊子。出宋次道所爲神道碑

〔一〕上乃命移知蘄州　「移」字原脱，據類苑卷七王元之二、五朝言行録卷九之二補。

82 太宗末，王禹偁上言，請明數繼遷罪狀，募諸胡殺之〔一〕。真宗即位，詔羣臣論事，禹偁上疏陳五事。一曰：謹邊防，通盟好。因嗣統之慶，赦繼遷罪，復與夏臺，彼必感恩内附，且使天下知屈己而爲人也。二曰：減冗兵，併冗吏，使山澤之饒稍流於下。開寶前，諸國未平，而財賦足，兵威强，由所畜之兵鋭而不衆，所用之將專而不疑，設官至簡而事皆舉。興國後，增員太冗〔二〕，宜皆經制之。三曰：難選舉，使入官不濫。先朝登第僅萬人，宜糾以舊制，還舉場於有司。吏部銓擇官〔三〕，亦非帝王躬親

之事，宜依格敕注擬。四曰：澄汰僧尼，使疲民無耗〔四〕。恐其驚駭，且罷度人〔五〕、修寺一二十載，容自銷鑠〔六〕，亦救弊之一端。五曰：親大臣，遠小人，使忠良謇諤之士，知進而不疑；姦憸傾巧之徒，知退而有懼。其後，潘羅支射死繼遷，平夏款附，卒如禹偁策；而歲限度僧尼之數，及病囚輕繫〔七〕，得養治於家，至今行之。

〔一〕募諸胡殺之　「諸」原作「衆」，據類苑卷一六王元之、五朝言行録卷九之二改。

〔二〕增員太冗　「員」原作「損」，據聚珍本改。

〔三〕吏部銓擇官　長編卷四二至道三年十二月甲寅條、宋文鑑卷四二「官」下有「材」字。

〔四〕使疲民無耗　「使」字原脱，據聚珍本及長編、宋文鑑補。

〔五〕恐其驚駭且罷度人　「恐其驚駭且」五字原脱，據五朝言行録補。

〔六〕容自銷鑠　「銷」字原脱，據聚珍本及類苑、五朝言行録補。

〔七〕病囚輕繫　「輕繫」原倒，據聚珍本及五朝言行録改。

83 太宗時，禹偁爲翰林學士，嘗草繼遷制，送馬五十疋以備濡潤，禹偁以狀不如式，却之。及出守滁州，閩人鄭褒徒步來謁〔一〕，禹偁愛其儒雅，及別〔二〕，爲買一馬。或言買馬虧價者，太宗曰：「彼能却繼遷五十馬，顧肯此虧價哉！」禹偁之卒，諫議大夫戚綸誄曰：「事上不回邪，居下不諂佞；見善若己有，疾惡過仇讎。」世以爲知言。

〔一〕徒步來謁　類苑卷七王元之三、五朝言行録卷九之二無「來」字；錦綉萬花谷前集卷一一作「徒步謁禹偁。」

〔二〕及別　「別」下原衍「去」字，據類苑、五朝言行録、錦繡萬花谷删。

84 祥符中，真宗觀書龍圖閣，得禹偁章奏，嘆美切直，因訪其後，宰相稱其子嘉言以進士第爲江都尉，即召對，擢大理評事。皇祐中，其曾孫汾第進士甲科，以免解例當降，仁宗閲其世次，曰：「此王禹偁孫也。」令無降等。面問其子孫仕者幾人，汾具以對。及汾改京官，又命優進其秩。出次道所撰碑

85 張洎爲舉人時，張佖在江南已通貴，洎每奉謁求見，稱從表姪孫；既及第，稱姪；稍貴，稱弟；及秉政，不復論中表，以庶僚遇之。佖怨洎入骨髓。國亡，俱仕中國。洎作錢俶諡議云：「亢而無悔〔一〕。」佖奏駁之，洎廣引經傳自辨，乃得解。事見國史

〔一〕亢而無悔　宋史卷二六七張洎傳作「亢龍無悔」。

86 張洎與陳喬皆爲江南相，金陵破，二人約効死於李煜之前。喬既死，洎白煜曰：「若俱死，中朝責陛下久不歸命之罪，誰與陛下辨之？臣請從陛下入朝。」遂不死。

太宗時，洎爲員外郎判考功，寇萊公判流内銓，年少倨貴，每入省，洎常立於省門，磬折候之。萊公悦，引與語，愛其辨博，遂薦於太宗。太宗欲用之，而聞潘佑因洎而死，薄其爲人。太宗好琴棋，琴棋待詔多江南人〔一〕，洎皆厚撫之。太宗嘗從容問佑之死於待詔，曰：「人言皆張洎譖之，何如？」待詔對曰：「李煜自忿佑言切直而殺之，非執政之罪也。」萊公又數爲上言洎學術該富，知識宏敏，上亦自愛其才，久之，遂與萊公皆參知政事。洎女嫁楊文公，驕倨不事姑，或效其姑語以爲笑，後終出之。由是兩家不相能，故文公修國史，爲洎傳，極言其短。

〔一〕琴棋待詔多江南人　「琴棋」二字原脱，據李藏本、學海本補。

87 王嗣宗，汾州人，太祖時舉進士，與趙昌言爭狀元於殿前，太祖乃命二人手搏，約勝者與之。昌言髮秃，嗣宗毆其幞頭墜地，趍前謝曰：「臣勝之！」上大笑，即以嗣宗爲狀元，昌言次之。

初爲秦州司理參軍，路沖知州事，常以公事忤沖意，怒，械繫之。會有獻新果一合者，沖召嗣宗謂曰：「汝爲我對一句詩，當脱汝械。」嗣宗請詩，沖曰：「嘉果更將新合合。」嗣宗應聲曰：「惡人須用大枷枷。」沖悦，即捨之。

太宗時，嗣宗以祕書丞知横州，上遣武德卒之嶺南〔一〕，詗察民間事。嗣宗執而杖之，械送闕下，因奏曰：「陛下不委任天下賢俊，而猥信此輩，以爲耳目，竊爲陛下不取。」上大怒，命械送嗣宗詣京師。既至，上怒解，嘉嗣宗直節，遷太常博士，通判澶州。

後知邠州事，州有狐王廟〔二〕，巫祝假之以惑百姓，歷年甚久，舉州信重。前後長吏皆先謁奠，乃敢視事。嗣宗毁其廟，熏其穴，得狐數十頭，盡殺之。韓欽聖云

〔一〕武德卒之嶺南　「卒」原作「辛」，據長編卷二二太平興國六年十一月甲辰條、宋史卷二八七王嗣宗傳改。

〔二〕州有狐王廟　「狐」字原脱，據類苑卷一七王嗣宗補。又，「狐王廟」，長編卷七五大中祥符四年正月辛巳條、宋史王嗣宗傳作「靈應公廟」。

88 張開封云：梅侍讀詢，晚年尤躁於禄位。嘗朝退，過閤門，見箱中有錦軸云：「胡則侍郎致仕告身。」同列取視之，詢遠避之而過，曰：「幣重而言甘，誘我也，何

以視爲？」時人多笑之。

89 孫器之云：詢年七十餘，又病足，常撫其足而詈之，曰：「是中有鬼，令我不至兩府者，汝也！」有所愛馬〔一〕，每夜令五人相代牽馬將之，不繫於柱，恐其縈絆傷之故也；又夜中數自出視之。嘗牽馬將乘，撫其鞍曰：「賤畜，我已薄命矣，汝豈無分被繡韉邪？」

〔一〕有所愛馬　「有所」原倒，據類苑卷六四梅侍讀改。

90 龔伯建云：詢與孫何、盛度、丁謂，真宗時俱在清貴。詢好潔衣服，裛以龍麝，其香數步襲人；何性落拓，衣服垢汙；度體充壯，居馬上，前如仰，後如俯；謂，吳人，面如刻削。時人爲之語曰〔一〕：「梅香，孫臭，盛肥，丁瘦。」

〔一〕爲之語曰　「之」字原脱，據李藏本、學海本補。

91 渝州曰：何性落拓而酷好古文。爲轉運使〔一〕，頗尚苛峻，州縣吏患之，乃求古碑字磨滅者紙本數廳〔二〕，釘於館中。何至則讀其碑，辨識文字，以爪搔髮垢而嗅之，遂往往至暮，不復省録文案云。

〔一〕爲轉運使　「使」原作「司」，據李藏本、學海本及類苑卷六四孫何改。

〔二〕紙本數廳　「廳」，李藏本、學海本作「聯」。

92 器之曰：何爲轉運使，令人負礓礫自隨，所至散之地，吏應對小失誤，則於地倒曳之。故從者憑依其威，妄爲寒暑，所至搔擾，人不稱賢。度雖肥，拜起輕健。爲翰林學士時，嘗自前殿將赴後殿〔一〕，宰相在其後〔二〕，度初不知，忽見，趨而避之，行百餘步，乃得直舍，隱於其中。翰林學士石中立見其喘甚，問之，度告其故，中立曰：「相公不問否？」度曰：「不問。」别去十餘步乃悟，罵曰：「奴乃以我爲牛也！」謂貌睢盱，若常寒餓者，而貴震天下，相者以爲真猴形云。

〔一〕將赴後殿　以上四字原作「出」，據類苑卷六四盛度改。

〔二〕宰相在其後　「其」字原脱，據同上書補。

93 中立性滑稽，嘗與同列觀南御園所畜獅子，主者云：「縣官日破肉五斤以飼之。」同列戲曰：「吾儕反不及此獅子邪？」中立曰：「然。吾輩官皆員外郎，敢望園中獅子乎？」衆大笑。借聲爲「園外狼」也。朝士上官關嘗諫之，曰：「公名位非輕，奈何談笑如此？」中立曰：「君自爲上官闞，借聲爲「鼻」字。何能知下官口？」及爲參知政事，或謂曰：「公爲兩府，談諧度可止矣。」中立取除書示之口〔一〕：「敕命我『可本官參知政事，餘如故』，奈何止也？」嘗墜馬，左右驚扶之，中立起曰：「賴爾『石』參政也，嚮若『瓦』參政，齏粉久矣！」中立爲參知政事，無他才能，時人或以鄭綮方之，未幾，罷爲資政殿學士，不復用，老於家。

〔一〕取除書示之曰　「之」原作「云」，據上下文意改。

94 先朝時，鎖廳舉進士者，時有一人，以爲奇異。試不中者，皆有責罰，爲私罪。其後，詔文官聽應兩舉，武官一舉，不中者不獲罰〔二〕。景祐四年，鎖廳人最盛，開封府投牒者至數百人，國子監及諸州者不在焉。是時，陳堯佐爲宰相，韓億爲樞密副使，既而解牓出，堯佐子博古爲解元，億子孫四人皆無落者。衆議喧然，作河滿子以嘲之，流聞達於禁中。殿中侍御史蕭定基時掌謄録，因奏事，上問河滿子之詞，定基因誦之。

先是，天章閣待制范仲淹坐言事，左遷饒州；王宮待制王宗道因奏事，自陳爲王府官二十年不遷，詔改除龍圖閣學士〔三〕。權三司使王博文言於上曰〔三〕：「臣老且死，不復得望兩府之門。」因涕下。上憐之，數日遂爲樞密副使。當時輕薄者取張祜詩，益其文以嘲之曰：「天章故國三千里，學士深宮二十年。殿院一聲河滿子，龍圖雙淚落君前。」於是，詔今後鎖廳應舉人與白衣別試，各十人中解三人〔四〕，在外者衆試於轉運司，恐其妨白衣解額故也。

慶曆中，又詔文武鎖廳試者不復限以舉數。故事，鎖廳及第注官者皆升一甲，今不復升之。

〔一〕不中者不獲罰　「獲」記纂淵海卷三七作「復責」。
〔二〕龍圖閣學士　「閣」下原衍「大」字，據李藏本、學海本及記纂淵海删。
〔三〕王博文言於上曰　「文」原作「聞」，據同上書改。
〔四〕各十人中解三人　「三」原作「二」，據李藏本、學海本及長編卷一二五寶元二年閏十二月庚申條改。

95 家静曰：景祐五年御試進士，上以時議之故，密詔陳博古、韓氏四子及兩家門下士范鎮、家静試卷皆不考。考官奏：「鎮、静實有文，久在場屋有名聲，非附兩家之勢得之。」乃聽考而降其等級。故事〔一〕，省元及第未有在第二甲者〔二〕，雖近下猶升之，省元及第二甲自鎮始。鎮字景仁，成都人，與兄鎡皆以辭賦著名。自吴育、歐陽脩爲省元，殿前唱第過三人，則疾聲自言〔三〕。鎮獨默然，時人以是賢之。静字子鎮，眉州人。

〔一〕故事　長編卷一二二寶元元年三月甲寅條「故事」上有「鎮禮部奏名第一」七字。

〔二〕在第二甲者　「者」字原脱，據同上書補。

〔三〕殿前唱第過三人則疾聲自言　「第」下原衍「三」字，據長編及宋史卷三三七范鎮傳删；又同上書「疾聲自言」作「抗聲自陳」。

96 廬州曾紹齊言〔一〕，其鄉里數十年之間，吏治簡易，民俗富樂。有女不肯以嫁官人，云恐其往他州縣，難相見也。嫁娶者，宗族競爲飲宴以相賀，四十日而止，傷今不然。

〔一〕廬州曾紹齊言　「曾」原誤作「僧」，據李藏本、學海本、聚珍本改。

97 慶曆五年正月一日，見任兩制以上官：同中書門下平章事賈昌朝、陳執中。樞密使、同中書門下平章事王貽永。參知政事工部侍郎丁度，給事中宋庠〔一〕。樞密副使諫議大夫龐籍，諫議大夫吳育。節度使、中書門下平章事軍知陳州章得象，軍知澶州王德用，軍北京留守夏竦，王貽永見上。尚書刑部晏殊。節度使軍知永興軍程琳。資政殿大學士知并州鄭戩。端明殿學士翰林學士承旨兼龍圖閣學士王堯臣，李淑。翰林學士王堯臣見上，判官院孫抃，同判楊察，三司使張方平。資政殿學士侍郎、西京留守張觀，給事中、知揚州韓琦，諫議大夫、知鄧州范仲淹〔二〕，知曹州任師中，南京留守王舉正，知鄆州富弼。翰林侍讀學士判農寺楊偕〔三〕，知青州葉清臣，判三班院柳植，知秦州梁適，知鄭州王拱辰，提舉京百司宋祁。龍圖閣學士王堯臣、宋祁並見上。樞密直學士知鎮州明鎬，知杭州蔣堂，知益州文彥博，知許州李昭述。龍圖閣直學士知蔡州孫祖德，知徐州張奎，給事中、知開封府張存、劉沆，知滑州張錫，田況居憂。御史中丞高若訥。尚書左丞知杭州徐衍。給事中知亳州高覿。諫議大夫知廣州魏瓘，知江寧李宥〔四〕。知制誥知滁州歐陽脩，國信使王琪，同判楊偉、彭乘〔五〕、趙槩，判流内銓錢明逸。天章閣待制知處州張昷之，知杭州方偕，知渭州程戡，知延州孫沔，知慶州沈邈，知河中府王子融，知蘇州滕宗諒、楊安國，陝西都轉運使夏安期，河北都轉運使魚周詢。前兩府致仕太傅張士遜，太子太師張耆〔六〕，太子太傅李迪，太子少傅李若谷〔七〕，太子少保任布〔八〕。前兩制致仕侍郎郎簡。

〔一〕給事中宋庠　「宋」原誤作「朱」，據聚珍本、宋史卷二一一宰輔年表改。

〔二〕知鄧州范仲淹　「鄧」宰輔編年録卷五、長編卷一五四慶曆五年正月乙酉條作「邠」。

〔三〕判農寺楊偕　「偕」原作「楷」，據宋史卷三〇〇楊偕傳改。

〔四〕知廣州魏瓘知江寧李宥　「知廣州」原作「慎甫」，「瓘」原作「權」，「知江寧」三字原脱，據李藏本、學海本改補。

〔五〕彭乘　「乘」原誤作「來」，據同上書改。
〔六〕太傅張士遜太子太師張耆　「傅」原誤作「子」，「太子太師」四字原脱，據同上書改補。
〔七〕太子太傅李迪太子少傅李若谷　原作「太子少保李若谷、李迪」，據同上書及宋史卷二九一李若谷傳改。
〔八〕太子少保任布　「太子」二字原脱，據聚珍本、宋史卷二八八任布傳補。

98 張安壽曰：吕申公夷簡平生朝會出入進止皆有常處，不差尺寸。慶曆中爲上相，首冠百僚起居，誤忘一拜而起，外間讙言吕相失儀。余時舉制科在京師，聞之，曰：「吕公爲相久，非不詳審者，今大朝會而失儀〔一〕，是天奪之魄，殆將亡矣。」後十四日，忽感風疾，遂致仕，以至不起。

〔一〕余時舉制科在京師聞之曰吕公爲相久非不詳審者今大朝會而失儀　以上二十八字原脱，據長編卷一三八慶曆二年冬末條補。又，長編原作「漢州人張紘時舉制科」云云，蓋「張紘」即此條之「張安壽」，故將「漢州人張紘」五字改作「余」字。

99 又曰：彭内翰乘往在三館，時嘗與釣魚宴。故事，天子未得魚，侍臣雖先得魚，不敢舉竿。是時上已得魚，左右以红絲網承之，侍坐者畢賀。已而，乘同列有得魚者，欲舉之，左右止之，曰：「侍中未得魚，學士未可舉也。」侍中者，曹鄆公利用也。乘固已怪之。頃之，宰輔有得魚者，左右以白網承之；及利用得魚，復用红網，利用亦不止之。乘出，謂人曰：「曹公權位如此，不以逼近自嫌，而安於僭禮，難以久矣。」無幾而敗。

100 景休曰：夏竦字子喬，父故錢氏臣，歸朝爲侍禁。竦幼學於姚鉉，使爲水賦，限以萬字。竦作三千字以示鉉，鉉怒不視，曰：「汝何不於水之前後左右廣言之，則多矣。」竦又益之，凡得六千字，以示鉉，鉉喜曰：「可教矣。」年十七，善屬文，爲時人所稱。舉進士，開封府解者以百數，竦爲第六，貢院奏名第四。會其父死於邊，竦以死事者子補奉職。貢院奏：「竦所試詩賦優於省元陳堯佐，以其幼，故抑之。來舉請免省試。」詔許之。竦以奉職行父喪，服終，换丹陽主簿，舉賢良方正及第，拜大理評事、通判台州，秩滿，遷光禄寺丞、直史館。頃之，奉詔修史，俄知制誥，時年二十七。

101 又曰：宋興以來，御試制科人無登第三等者，唯吴育第三等下，自餘皆四等上，並爲及第，降此則落之〔一〕。

〔一〕降此則落之　「之」字原脱，據類苑卷三九制科無登第三等者補。

102 魯平曰：宋初以來，至真宗方設制科，陳越、王曙爲之首。其後夏竦等數人皆以制科登第，既而中廢。今上即位，天聖六年始復置。其後，每開科場則置之，有官者舉賢良方正，無官者舉茂材異等，餘四科多不應。皆自投牒，獻所著文論，差官考校。中者召詣閣下，試論六首；又中選，則於殿廷試策一道，五千字以上。其中選者不過一二人，然數年之後即爲美官。慶曆六年，賈昌朝爲政，議欲廢之，吴育參知政事，與昌朝争論於上前，由是賈、吴有隙。乃詔自今後舉制科者，不聽自投牒，皆兩制舉乃得考校。

103 原叔曰：趙槩與歐陽脩同在史館〔一〕，及同修起居注，槩性重厚寡言，脩意輕之。及脩除知制誥，是時韓、范在中書，以槩爲不文，乃除天章閣待制，槩澹然不以屑意。及韓、范出，乃復除知制誥。會脩甥嫁爲脩從子晟妻，與人淫亂，事覺，語連及脩，脩時爲龍圖閣直學士〔二〕、河北都轉運使，疾韓、范者皆欲文致脩罪，云與甥亂。上怒，獄急，羣臣無敢言者，槩乃上書言：「脩以文學爲近臣，不可以閨房曖昧之事輕加汙衊。臣與脩蹤跡素疎，脩之待臣亦薄，所惜者朝廷大體耳。」書奏，上不悦，人皆爲之懼，槩亦澹然如平日。久之，脩終坐降爲知制誥〔三〕、知滁州，執政私曉譬槩令求出〔四〕，迺出知蘇州。遭喪去官，服闋，除翰林學士，槩復表讓，以歐陽脩先進，不可超越爲學士。奏雖不報，時論美之。

〔一〕同在史館　「史」字原脱，據類苑卷一三趙槩補。

〔二〕脩時爲龍圖閣直學士　「脩」字原脱，據類苑及三朝言行録卷三之二補。

〔三〕脩終坐降爲知制誥　「終」「知」二字原脱，據類苑、三朝言行録補。

〔四〕執政私曉譬槩令求出　「槩令」原倒，「出」原作「去」，據同上書改。

104 龐公曰：先帝時，龍圖閣待制皆更直祕閣下，夜召入禁中，訪以外事。近歲直者，唯中牒託疾而已。

105 李受曰：淳化中，趙韓王出鎮，太宗患中書權太重，且事衆〔一〕，宰相不能悉領理，向敏中時爲諫官，上言請分中書吏房置審官院，刑房置審刑院。初皆以兩制重臣領之，其審刑詳議官皆自臺諫館閣爲之。近歲用人頗輕，清流皆恥爲之。凡天下獄事有涉命官者，皆以具獄上請，先下審刑院，令詳議官投鈞分之，略觀大情，即日下大理寺；詳斷官復投鈞分之，抄其節目，以法處之，皆手自書槩定；復上審刑院，詳議官再觀之，重抄節目貼黃，六人通觀署定迺奏。其有不當，則駁下更正之。故大理寺常畏事審刑院如小屬吏。凡有事，審刑院用頭子下大理寺，大理寺用申狀。

〔一〕且事衆　「衆」長編卷三三淳化二年八月己卯注引記聞作「繁」。

106 原叔、不疑曰：陸參少好學，淳謹，獨與母居。鄰家失火，母急呼，參不應，蹴之墮牀下。良久，束帶，執燭而至，曰：「大人嚮者呼參，未束帶〔一〕，故不敢應。」及長，舉進士及第。嘗爲縣令，有劫盜繫甚急，參愍之，呼謂曰：「汝迫於飢寒爲是耳，非性不善也。」命緩其縛。一夕，逸之，吏急以白參，參命捕之〔二〕，歎曰：「我以仁惻緩汝〔三〕，汝乃忍負參如此，脫復捕得，胡顏見參？」又有訟田者，判其狀尾而授之，曰：「汝不見虞、芮之事乎？」訟者齎以示所司，皆不能解，復以見參，參又判其後曰：「嗟乎，一縣之人，曾無深於詩者！」人皆傳以爲笑。蔡文忠公以爲有淳古之風，薦之朝廷，官員外郎，遷史館檢討〔四〕，著蒙書十卷。

〔一〕未束帶　長編卷一一一明道元年十二月壬子條「未」上有「參」字。

〔二〕參命捕之　「參」字原脫，據李藏本、學海本補。

〔三〕我以仁惻緩汝　「以」字原脫，據長編補。

〔四〕遷史館檢討　「遷」字原脫，據李藏本、學海本補。

107 師道曰：張昇自知雜左遷知潤州〔一〕，司諫陳旭數言其梗直，宜在朝廷，上曰：「吾非不知昇賢，然言詞不擇輕重。」旭請其事，上曰：「頃論張堯佐事云：『陛下勤身克己，欲致太平，奈何以一婦人壞之乎！』」旭曰：「此乃忠直之言〔二〕，人臣所難也。」上曰：「昇又論楊懷敏云：『懷敏苟得志〔三〕，所爲不減劉季述。』何至於此？」旭曰：「昇志在去惡，言之不激，則聖意不回，亦不可深罪也。」皇祐二年，昇以天章閣待制代杜杞知慶州。

〔一〕張昇自知雜左遷知潤州　「昇」原誤作「昪」，據聚珍本、宋史卷三一八張昇傳改，下同。

〔二〕此乃忠直之言　「忠」字原脱，據長編卷一六五慶曆八年八月丁丑條及宋史張昇傳補。

〔三〕昇又論楊懷敏云懷敏苟得志　「昇」及「云懷敏」四字原均脱，據長編補。

108 又曰：杜杞字偉長，爲湖南轉運副使。五溪蠻反，杞以金帛官爵誘出之，因爲設燕，飲以漫陀羅酒，昏醉，盡殺之，凡數十人〔一〕。因立大宋平蠻碑，自擬馬伏波，上疏論功。朝廷劾其棄信專殺之狀，既而舍之。官至天章閣待制。

〔一〕凡數十人　「十」原作「千」，據學海本改。宋史卷三〇〇杜杞傳云「誅七十餘人」，長編卷一五五慶曆五年三月甲子注引仁宗實録云誘殺「六百餘人」。

109 皇城使宋安道，故名國昌，始以醫進，景祐初，累遷尚藥奉御〔一〕，職上藥。是時，尚、楊二美人方有寵，每夕並侍上寢，上體爲之弊，或累日不進食。中外憂懼，皆歸罪二美人。保慶楊太后亟以爲言，上未能去。入内内寺省都知閻文應日夕侍上，言之不已，上不勝煩，乃許〔二〕。文應即召氈車載之出，二美人涕泣，辭説云云，不肯行，文應搏其頰〔三〕，駡曰：「宫婢尚復何云〔四〕！」即載送别宫。明日，下詔以尚氏爲女冠，楊氏爲尼，立曹后。

〔一〕尚藥奉御　「尚藥」原倒作「藥尚」，李藏本、學海本作「藥局」，今據宋史卷一六四職官志改。

〔二〕乃許　「許」長編卷一一五景祐元年八月壬申條作「頷之」。

〔三〕搏其頰　「搏」原誤作「摶」，據長編改。

〔四〕尚復何云　「云」長編作「言」。

110 道粹曰：景祐初，内寵頗盛，上體多疾。司諫滕宗諒上疏曰：「陛下日居深宫，留連荒宴，臨朝則多羸形倦色〔一〕，決事如不掛聖懷。」坐是出知信州。

〔一〕多羸形倦色　「羸」字原脱，據長編卷一一五景祐元年八月乙酉條補。

111又曰：吕申公當國〔一〕，見上體不安，故擢允讓管勾宗正司〔二〕，宗室聽换西班官，皆申公之策也。故時，自借職十遷至諸司副使，及换西班官，自率府副率四遷即爲遥郡刺史〔三〕，俸禄十倍於舊，國用益廣〔四〕，至今爲患〔五〕。

〔一〕吕申公當國　「當國」二字原脱，據長編卷一一七景祐二年十一月丙午注引記聞補。

〔二〕管勾宗正司　「宗正司」三字原脱，據長編補。

〔三〕即爲遥郡刺史　「即」字原脱，據長編補。

〔四〕國用益廣　「用」原作「再」，據李藏本及長編改。

〔五〕至今爲患　「至」原作「於」，據長編改。

112又曰：范諷性倜儻，好直節〔一〕，不拘細行。自在場屋，與鞠詠、滕宗諒遊，已有軒輊之名；及爲中丞，力擠張士遜，援吕夷簡〔二〕，意夷簡引己至二府。夷簡忌其剛伉，久之不敢薦引，諷憤激求出。知兖州，將行，謂上曰：「陛下朝無忠臣，一旦紀綱大壞，然始召臣〔三〕，將無益矣！」夷簡愈惡之，故尋被譴謫。

〔一〕好直節　「直」長編卷一一五景祐元年七月乙未條作「奇」。

〔二〕援吕夷簡　長編「夷簡」下有「入相」二字。

〔三〕然始召臣　「始」長編作「後」。

113 呂相在中書，奏令參知政事宋綬編次中書總例〔一〕，謂人曰：「自吾有此例，使一庸夫執之，皆可以爲相矣〔二〕。」

〔一〕編次中書總例　「次中書總」四字原脱，據五朝言行録卷六之一並參長編卷一一七景祐二年九月己酉條補。

〔二〕皆可以爲相矣　「以」字原脱，據五朝言行録補。

涑水記聞卷第四

114 叔禮爲余言：昔通判定州，佐王德用。是時契丹主在燕京，朝廷發兵屯定州者幾六萬人，皆寓居逆旅及民家，闐塞城市，未嘗有一人敢諠譁暴横者。將校相戒曰：「吾輩各當務斂士卒，勿令擾我菩薩。」一旦，倉中給軍糧，軍士以所給米黑，諠譁紛擾，監官懼，逃匿。有四卒以黑米見德用，德用曰：「汝從我，當自入倉視之。」乃往召專副問曰：「昨日我不令汝給二分黑米、八分白米乎？」曰：「然。」「然則汝何不先給白米後給黑米？此輩見所得米腐黑，以爲所給盡如是，故諠譁耳。」專副對曰：「然。某之罪也。」德用叱從者杖專副，人二十。又呼四卒謂曰：「黑米亦公家物，不給與汝曹，當棄之乎？汝何敢乃爾諠譁！」四卒相顧曰：「向者不知有八分白米故耳。某等死罪。」德用又叱從者，亦人杖之二十。召指揮使罵曰：「衙官，汝何敢如此〔一〕，欲求決配乎？」指揮使百拜流汗，乃捨之。倉中肅然，僚佐皆服其能處事。

〔一〕德用又叱從者亦人杖之二十召指揮使罵曰衙官汝何敢如此　自「從者」至「何敢」十九字原脱，據長編卷一三六慶曆二年五月丙寅條補。

115 翰林學士曾公曰〔一〕：景祐末，河東地震，京師正月雷。上憂災異，深自貶損。祕書丞、國子監直講林瑀上言：「災異有常數〔二〕，不足憂。」又依附周易，推衍五行陰陽之變，爲書上之〔三〕。上素好術數，觀瑀書異之，欲爲遷官，參知政事程琳以爲不可，乃賜緋章服。瑀時兼諸王宮教授，琳因言：「瑀所挾多圖緯之言〔四〕，不宜與宗室遊。」乃罷宮職。上每讀瑀書，有不解者，輒令御藥院批問，瑀因是得由御藥院關説於上，大抵皆諂諛之辭，緣飾以陰陽。上大好之。會天章閣侍講闕〔五〕，講官李淑等薦史館檢討王洙，事在中書，未行。一旦，内以瑀充侍講。是時，吕夷簡雖惡瑀，欲探觀上意用瑀堅否，乃曰：「瑀，上所用；洙，臣下所薦耳。不若並進二名，更請上擇之。」衆以爲然。明日，以洙、瑀名進，上曰：「王洙何如？」夷簡對曰：「博學，明於經術。」上曰：「吾以命林瑀矣，若何？」夷簡因請並用二人，乃俱拜天章閣侍講。

瑀侍上數年，專以術數悦上意。又言布衣徐復善易，召至闕下，拜官不受。瑀與撰周易天文會元圖上之，言自古聖帝即位，皆乾卦御年，若漢高祖、太祖皇帝亦然。上以其言問御史中丞賈昌朝，對曰：「臣所不習。」瑀與昌朝辨於上前，由是與昌朝不協。上問瑀：「太宗即位之年直何卦？」瑀對非乾卦。又問真宗，亦然〔六〕。上由是不樂，益厭瑀之迂誕。昌朝因劾奏：「瑀爲儒士，不師聖人之言，專挾邪説，罔惑上聽，不可在近侍。」有詔落侍講、通判歙州〔七〕。後知成州，坐事失官〔八〕，遂廢於世。

〔一〕翰林學士曾公曰　「學士」、「曰」三字原脱，據李藏本、學海本補。
〔二〕災異有常數　長編卷一二七康定元年五月庚辰條「異」下有「皆」字。
〔三〕推衍五行陰陽之變爲書上之　原作「推衍五行陰陽之言上之」，今據長編改。
〔四〕多圖緯之言　「多」原作「當」，據李藏本、學海本及長編改。
〔五〕天章閣侍講　「侍講」原作「待制」，據長編及下文改。
〔六〕亦然　長編卷一三五慶曆二年二月丙戌條作「對亦然」。
〔七〕通判歙州　「歙」長編卷一三五作「饒」。
〔八〕坐事失官　「事」字原脱，據李藏本、學海本補。

116 傳求曰〔一〕：皇祐二年，詔陝西揀閲諸軍及新保捷，年五十以上，若短小不及格四指者〔二〕，皆免爲民。議者紛然，以爲邊事未可知〔三〕，不宜減兵。又云，停卒一旦失衣糧，歸鄉閭間，必相聚爲盜賊。緣邊諸將争之尤甚。是時文公執政〔四〕，龐公爲樞密使，固執行之不疑〔五〕。是歲陝西所免新保捷凡三萬五千餘人〔六〕，皆歡呼返其家；其未免者尚五萬餘人，皆悲涕，恨己不得去。求曰：陝西緣邊計一歲費七十貫錢養一保捷，是歲邊費凡減二百四十五萬貫，陝西之民由是稍蘇。

〔一〕傅求曰　「求」類苑卷二三文潞公、五朝言行録卷八之一、長編卷一六七皇祐元年十二月壬戌條作「永」。
〔二〕短小不及格四指者　類苑、五朝言行録無「小」字。
〔三〕未可知　「可」原作「有」，據李藏本、學海本及類苑、五朝言行録、長編改。
〔四〕文公執政　五朝言行録「公」下有「爲」字。
〔五〕固執行之不疑　「固」原作「因」，據李藏本、學海本及類苑、五朝言行録改。
〔六〕凡三萬五千餘人　「餘人」原倒，據類苑、五朝言行録及長編改。

117 之美曰：慶曆初，永叔、安道、王素俱除諫官，君謨以詩賀曰：「御筆新除三諫官，喧然朝野競相歡〔一〕。當年流落丹心在，自古忠良得路難。必有謨猷裨帝右〔二〕，直須風采動朝端。世間萬事俱塵土，留取功名久遠看。」三人以其詩薦於上，尋亦除諫官。

〔一〕喧然　「然」類苑卷三九三諫官詩作「騰」。
〔二〕必有謨猷裨帝右　「右」原作「力」，據三朝言行録卷四之二改。

118張侍郎曰：陳執中以前兩府知青州，兼青、齊一路安撫使。轉運使沈邈、陳述古之徒輕之，數以事侵執中，言率民錢數萬貫修青州城〔一〕，民間苦之。集賢校理李昭遘上言執中之短，詔以昭遘疏示之，執中慙恚，上疏求江淮小郡，詔不許。

會賊王倫起沂州，入青州境，執中謂青、齊捉賊傅永吉曰：「沂州君所部也，今賊發部中，又不能獲，君罪大矣。」永吉懼，請以所部兵追之，自詭必得。賊自青、徐歷楚、泗、真、揚，入蘄、黄，永吉自後緩兵驅之。賊聞後有兵，不敢頓舍，比至蘄、黄，疲弊不能進，黨與稍散，永吉掩擊盡獲之。上聞之，嘉永吉以爲能，超遷閤門通事舍人，又遷閤門使。入見，許升殿，上稱美永吉獲倫之功，永吉對曰：「臣非能有所成也，皆陳執中授臣節度，臣奉行之，幸有成耳。」因極言陳執中之美。上益多永吉之讓，而賢執中。因問永吉曰：「執中在青州凡幾時？」對曰：「數歲矣〔二〕。」未幾，上謂宰相曰：「陳執中在青州久，可召之。」遂詔以執中爲參知政事。於是諫官蔡襄、孫甫等争上言：「執中剛愎不才，若任以政，天下不幸。」上不聽。諫官争不止，上乃命中使賫敕告即青州授之，且諭意曰：「朕欲用卿，舉朝皆以爲不可，朕不惑人言，力用卿耳。」明日，諫官復上殿，上作色逆謂之曰：「豈非論陳執中邪？朕已召久矣。」諫官乃不敢復言。中使至青州，諭上旨，執中涕泣謝恩。

既至中書，是時杜衍、章得象爲相，賈昌朝與執中參知政事，凡議論，執中多與之立異。蔡襄、孫甫所言既不用，因求出。事下中書，甫本衍所舉用，於是中書共爲奏云：「今諫院闕人，乞且留二人供職。」既奏，上頷之。退歸，即召吏出劄子，令襄、甫且如舊供職。衍及得象既署，吏執劄子詣執中，執中不肯署，曰：「曏者上無明旨，當復奏，何得遽令如此？」吏還白衍，衍取劄子壞焚之，執中遂上奏云：「衍黨顧二人，苟欲令其在諫署〔三〕，欺罔擅權。及臣覺其情，遂取劄子焚之以滅迹，懷姦不忠。」明日，衍左遷尚書左丞，出知兗州，仍即日發遣，賈昌朝爲相，蔡襄知福州，孫甫知鄧州。頃之，得象亦出知陳州〔四〕，執中遂爲相。

〔一〕言率民錢數萬貫　「民錢」二字原脱，據三朝言行録卷四之二、長編卷一五一慶曆四年八月辛丑條補。

〔二〕數歲矣　「矣」原作「耳」，據李藏本、學海本改。

〔三〕苟欲令其在諫署　「令」字原脱，據李藏本、學海本及三朝言行録補。

〔四〕得象亦出知陳州　「亦」字原脱，據三朝言行録補。

119 又曰：執中之爲相也，葉清臣爲翰林學士，草其制詞，少所褒美。慶曆六年夏，清臣以翰林侍讀學士自揚州移知邠州，過京師，袖麻詞草於上前自陳，曰：「臣代王言，不敢虛美，當執中爲相，才德實無可言，執中以是怨臣，故盛夏自揚州移臣邠州，水陸數千里。臣誠無罪，唯陛下哀之。」因改知澶州。至官未逾月，改知青州。明年夏，資政殿學士程琳自知永興軍府移青州〔一〕，執中復奏移清臣，自青州移永興軍。清臣官時爲户部郎中，上命遷諫議大夫，執中曰：「故事，兩制自中行郎中遷左右司郎中。今遷諫議大夫太優，乞且令兼龍圖閣學士。」上許之。故事，新除知永興軍府者，當有錫賚，執中復曰：「清臣近已得賜。」遂不與。清臣愈恨，過京師，復於上前力言執中之短，上疏及口陳者不可勝數，辭龍圖閣學士不受。上命與之錫賚，亦不受。既而，終赴長安〔二〕，上遇執中亦如故。或曰：「往者執中自諫官左遷，乘舟東下，清臣自兩浙罷官歸，道中相遇，爭泊舟之地，遂相忿詈，坐是有隙〔三〕，所由來久矣。」

〔一〕知永興軍府移青州　長編卷一五七慶曆五年十一月庚子注引記聞無「府」字，下同。

〔二〕終赴長安　「終」原作「給」，據長編改。

〔三〕坐是有隙　「坐」原作「由」，據長編改。

120 又曰：天章閣待制張昷之爲河北都轉運使，保州界河巡檢兵士常以中貴人領之，與州抗衡，多齟齬不相平，州常下之。其士卒驕悍，糧賜優厚，雖不出巡徼，常廩口食。通判石待舉以爲虚費，申轉運使罷之，士卒怨怒，遂作亂，殺知州、通判等，梟待舉首於木上，每旦射之，箭不能容，則拔去更射。推都監爲主，不從，即以槍刺之，洞心，刃出於背。又脅監押韋貴[一]，貴曰：「必若此，能用吾言乃可。」衆許之，遂立貴爲主。貴以言諭之，令勿動倉庫及妄殺人，且説之以歸順朝廷，衆頗聽之。

會朝廷遣知制誥田况齎詔諭之，况遣人於城下遥與賊語，出詔示之，賊終狐疑不聽，稍近城則射之，不能得其要領。有殿直郭逵者[二]，徑逾壕詣城下，謂賊曰：「我班行也，汝下索，我欲登城就汝語。」賊乃下索，即援之登城，謂賊曰：「我班行也，豈不自愛，苟非誠信，肯至此乎？朝廷知汝非樂爲亂，由官吏遇汝不以理，使汝至此。今赦汝罪，又以禄秩賞汝，使兩制大臣奉詔書來諭汝，汝尚疑之，豈有詔書而不信邪？兩制大臣而爲妄誕邪[三]？」辭氣雄辨，賊皆相顧動色，曰：「果如此，更使一二人登城。」即復下索，召其所知數人登城，賊於是信之，争投兵下城降[四]，即日開門。大軍入，收後服者一指揮而坑之[五]，餘皆勿問。殿直加閤門祗候。

〔一〕又脅監押韋貴　「脅」李藏本、學海本作「推」。

〔二〕有殿直郭逵者　「郭逵」二字原脱，據長編卷一五一慶曆四年八月甲寅條補。

〔三〕而爲妄誕邪　「妄」字原脱，據李藏本，學海本及長編補。

〔四〕下城降　「降」下長編有「者二千餘人」五字。

〔五〕收後服者一指揮而坑之　「而」字原脱，據李藏本、學海本及長編補。

121 保州城未下之時，有中貴人楊懷敏與張昷之不協，在軍中密奏云：「賊於城上呼云：『得張昷之首，我當降。』願賜昷之首以示賊，宜可降〔一〕。」上從之，遣中使奉劍往，即軍中斬昷之首以示賊。是時參知政事富弼宣撫河北，遇之，亟遣中使復還〔二〕，且奏曰：「賊初無此言，是必怨讎者爲之；藉令有之，若以叛卒之故斷都轉運使頭〔三〕，此後政令何由得行？」上乃解。昷之落職知虢州。

〔一〕宜可降　「降」原作「得」，據長編卷一五二慶曆四年九月壬戌注引記聞改。

〔二〕亟遣中使復還　「亟」原作「即」，據長編改。

〔三〕若以叛卒之故　「叛」原作「一」，據長編改。

122 王逵者〔一〕，屯田郎中李曇僕夫也。事曇久，親信之。既而去曇應募兵，以選入捧日軍，凡十餘年。會曇以子學妖術妄言事，父子械繫御史臺獄。上怒甚，治獄方急，曇平生親友無一人敢餉問之者〔二〕，逵旦夕守臺門不離〔三〕，給飲食、候信問者四十餘日。曇坐貶南恩州别駕，仍即時監防出城，諸子皆流嶺外。逵追哭送之，防者遏之，逵曰：「我主人也，豈得不送之乎？」曇河朔人，不習嶺南水土，其從者皆辭去，曰：「某不能從君之死鄉也。」數日，曇感恚自死，旁無家人，逵使母守其屍，出爲之治喪事，朝夕哭如親父子，見者皆爲流涕。殯曇於城南佛舍然后去。

嗚呼！逵賤隸也，非知有古忠臣烈士之行，又非矯迹求令名以取禄仕也，獨能發於天性至誠，不顧罪戾，以救其故主之急，於終始無倦如此，豈不賢哉！嗟乎，彼所得於曇不過一飯一衣而已；今世之士大夫，因人之力，或致位公卿，已而故人臨不測之患，屏手側足，戾目窺之，猶懼其禍之延及己也，若畏猛火，遠避去之，或從而擠之以自脱，敢望其優恤振救邪！彼雖巍然衣冠類君子哉，稽其行事，則此僕夫必羞之。

〔一〕王逵者　「逵」原作「達」，據類苑卷五四王逵、古今事文類聚後集卷一七、古今合璧事類備要卷五四改，下同。

〔二〕無一人敢餉問之者　「一」字原脱，據同上書補。

〔三〕旦夕守臺門不離　「旦」原作「日」，據同上書改。

123王景曰："晉鹽之利，唐氏以來可以半天下之賦〔一〕。神功以此法令嚴峻〔二〕，民不敢私煮煉，官鹽大售。真廟以降，益緩刑罰，寬聚斂，私鹽多，官利日耗〔三〕。章獻時，景爲選人，始建通商之策，大臣陳堯咨等多謂不便。章獻力欲行之，廷謂大臣曰："聞外間多苦惡鹽〔四〕，信否？"對曰："唯御膳及宫中鹽善耳，外間皆是土鹽〔五〕。"章獻曰："不然。御膳亦多土鹽，不可食。欲爲通商，則何如？"大臣皆以爲："必如是，縣官所耗，失利甚多。"章獻曰："雖棄數千萬亦可〔六〕，耗之何害？"大臣乃不敢復言。於是命盛度與三司詳定〔七〕，卒行其法。詔下，蒲、解之民皆作感聖恩齋〔八〕。慶曆初，范傑復建議："官自運鹽，於諸州賣之。"八年，范祥又請："令民入錢於邊，給鈔請鹽。"朝廷從之，擢祥爲陝西提刑。

〔一〕唐氏以來可以半天下之賦　長編卷一〇九天聖八年十月丙申條"氏"作"代"，"可以"作"幾"。

〔二〕神功以此法令嚴峻　"功"原作"武"，據李藏本、學海本改。

〔三〕官利日耗　長編"利"作"課"，"耗"作"虧"。

〔四〕聞外間多苦惡鹽　"間"字原脱，據長編及下文補。

〔五〕外間皆是土鹽　"是"長編作"食"。

〔六〕雖棄數千萬亦可　「亦可」二字原脱，據長編補。

〔七〕與三司詳定　長編「定」下有「利害」二字。

〔八〕蒲解之民　「蒲解」原作「滄解」，據長編改；學海本、李藏本作「各郡」。

124 又曰：太宗初築塘泊〔一〕，非以限幽薊之民，蓋欲斷虜入寇之路，使出一塗，見易制耳。及楊懷敏爲水則〔二〕，乃言可以限絶北胡，隄塞其北而稍注水益之，漫衍而南，侵溺民田，無有限極。其間不合處又三四十里，而圖畫密相〔三〕。比以朝廷有澶淵之役，胡自梁門、遂城之間，積薪土爲甬道而來，曾不留行。又況冰凍，及自西山或不合處過，足以明其無益矣。去歲河決商胡，河朔水災所以甚於往前者，以河流入塘泊，堰有缺處，懷敏補之，水不能北流則愈南浸也。

〔一〕太宗初築塘泊　「築」原作「磨」，據李藏本、學海本改。

〔二〕楊懷敏爲水則　「水」原作「之」，據學海本、聚珍本、長編卷一一七景祐二年十月癸酉條、宋史卷九五河渠志改。

〔三〕圖畫密相　「相」下疑有脱誤。

125 梁寔曰：杜杞在廣南，誘宜州蠻數十人〔一〕，飲以漫陀羅酒，醉而殺之，以書詫於寔父，自比馬援，曰：「此不足以爲吾功，力能辦西北，顧未得施耳。」是時，言事者争言杞爲國家行不信於蠻夷，獲小亡大，朝廷詰杞上所殺蠻數，爲即其洞中誅之邪？以金帛召致邪？杞不能對。亦有陰爲之助者，故得不坐。然杞自虞部員外郎數年位至兩制。

〔一〕誘宜州蠻數十人　「十」原作「千」，參上卷一〇八條改正。長編卷一五五慶曆五年三月甲子條據國史杜杞傳云「誅七十餘人」，長編注中引仁宗實録云「誘其黨六百餘人」，均不云「數千人」也。

126 孫奭字宗古，博平人。幼好學，博通書傳，善講説。太宗端拱中九經及第，再調大理評事，充國子監直講。太宗幸國子監，詔奭説尚書説命三篇。奭年少位下，然音讀詳潤，帝稱善，因嘆曰：「天以良弼賚商，朕獨不得邪？」因以切勵輔臣，賜奭緋章服。累遷都官員外郎，侍諸王講，賜紫章服。

真宗即位，令中書門下諭奭欲任以他官，奭對不敢辭，乃罷諸王侍講。頃之，自職方員外郎除工部郎中，充龍圖閣待制。會真宗幸亳州，謁太清宫，奭上言切諫，真宗不納，遂爲解疑論以示羣臣。俄知密州，轉左諫議大夫、知河陽，還爲給事中。奭以父年九十，乞解官侍養，詔知兗州。

上即位，召還，以工部侍郎爲翰林侍讀學士，預修先朝實録。丁父憂，起復舊官，久之，改兵部侍郎兼龍圖閣學士。奭每上前説經，及亂君亡國之事，反復申繹〔一〕，未嘗避諱，因以規諷。又掇五經切治道者，爲五十篇，號經典徽言，上之。畫無逸爲圖，乞施便坐，爲觀鑑之助〔二〕。時莊獻明肅皇太后每五日一御殿〔三〕，與上同聽政，奭因言：「古帝王朝朝暮夕，未有曠日不朝；陛下宜每日御殿，以覽萬機。」奏留中不報。然上與太后雅愛重之〔四〕，每進見，常加禮。

久之，上表致仕，上與太后御承明殿委曲敦諭，不聽所請。因詔與龍圖閣學士馮元講老子三章，禮部尚書晏殊進讀唐史，各賜帛二百疋。改工部尚書、知兗州，特宴太清樓，近臣皆預。俄出御飛白書賜羣臣，中書門下、樞密院大字一軸，諸學士以下小字各二軸，惟奭與太子少傅致仕晁迥大小兼賜焉；並詔羣臣賦詩〔五〕。翌日，奭入謝承明殿，上令講老子三章，賜襲衣、金帶、銀鞍勒馬。及行，賜宴於瑞聖園，上賦詩餞行，並詔近臣賦詩，士大夫以爲榮。耕籍恩，改禮部尚書〔六〕。是歲，累表聽致仕。病甚，戒其子不納婢妾，曰：「無令我死婦人之手。」年七十有四〔七〕，謚曰宣。

奭舉動方重，議論有根柢，不肯詭隨雷同。真宗已封禪，符瑞屢降，羣臣皆歌誦盛德，獨奭正言諫争，毅然有古人風采。精力於學，同定論語、爾雅、孝經正義〔八〕，請以孟軻書鏤板，復鄭氏所注月令。初，五日郊，從祀神不設席，尊不施冪；七祠時享，獻神齋福，止用一尊，不設三登，登歌不雍徹；冬至攝祀昊天上帝，外級止七十位〔九〕；享先農〔一〇〕，在祈穀之前；上丁釋奠無三獻；宗廟不備二舞。奭皆言其謬闕，並從增改云。又建言：禮家六天帝，止是天之六名，實則一帝；今位號重複，不合典禮。冬至宜罷五帝，雩祀設五帝，不設昊天帝位。乞與羣臣議定。時習禮者少，又憚改作，其議不行。撰崇祀録〔一一〕、樂記圖、五經節解、五服年月，傳於時。三子：瑶，虞部員外郎；琪，衛尉寺丞，早卒；瑜，殿中丞。

〔一〕反復申繹　「繹」原作「譯」，據類苑卷一一孫宣公及五朝言行録卷九之三改。
〔二〕爲觀鑑之助　「觀」五朝言行録作「勸」。
〔三〕莊獻明肅皇太后　「莊」聚珍本及類苑作「章」。
〔四〕然上與太后雅愛重之　「然」字原脱，據五朝言行録及宋史卷四三一孫奭傳補。
〔五〕並詔羣臣賦詩　「詔」原作「召」，據李藏本、學海本及類苑、宋史孫奭傳改。
〔六〕改禮部尚書　「尚書」原作「侍郎」，據上文及宋史孫奭傳改。

〔七〕年七十有四　「四」原誤作「司」，據李藏本、學海本改。

〔八〕精力於學同定論語爾雅孝經正義　「於學同」原作「乎固」，據五朝言行録改。

〔九〕止七十位　「七十」，學海本及宋史孫奭傳作「十七」；又宋史孫奭傳「位」下有「而不以星晨從」六字。

〔一〇〕享先農　「享」原作「祀」，據李藏本、學海本及類苑改。

〔一一〕崇祀録　「崇」原作「宗」，據同上書改。

127 伯京曰：馮元、孫奭俱以儒素稱。馮進士，奭諸科及第。奭數上疏直諫。真宗末，侍東宫。天聖初，皆爲侍讀學士。十年，奭固請老〔一〕，詔不許，奭請不已，乃遷禮部尚書、知兗州。上宴太清樓下以餞之。又詔兩制、三館餞於祕閣。奭已辭，亟行，詔追餞席於瑞聖園。先是，宴兩制者〔二〕，中丞不預；王隨時爲中丞，恥之，曰：「朝廷盛事也，吾不可以不預。」上疏請行，詔許之。上又賜御詩、御書以寵之。卒於兗州。

元性微吝，判國子監，公讌，自以其家所賜酒充事，而取其直以歸〔三〕，人以此少之〔四〕。無子，死之日，家貲鉅萬。

〔一〕奭固請老　「固」原作「因」，據類苑卷六馮元孫奭、宋史卷四三一孫奭傳改。

〔二〕宴兩制者　「宴」原作「言」，據類苑改。
〔三〕取其直以歸　「其」字原脱，據類苑補。
〔四〕人以此少之　「人」字原脱，據學海本、聚珍本補。

128 子高曰：故事，直學士以上皆服金帶。孫奭羸老，不勝其重，詔特聽服犀帶而賜以金帶。

129 張景晦之曰〔一〕：十一月，夏虜寇承平砦，都轄許懷德却之，寇曰：「來月見延州城下。」范雍洶懼，請濟師。俾俠士三百，平以環慶署兼鄜延，雍領之。

十二月，以甲萬五千來，留半月所，寇無聞。

正月初，還屯華池〔二〕，寇又聲言由保安來。雍俾懷德壁承平，部署元孫、鈐轄德和屯保安以禦之。李奠驕貪，士憤之。十七日，寇聲言取金明砦〔三〕，奠介以俟，逮亥不至，釋而寢。十八日四鼓，寇奄至，士叛，俘奠，奠孥騁入延，延兵合三千，雍駴，失據。表交臣名乎苦，〔四〕遂堙闉，介婦執陴。十九日，寇及城下。前是，雍聞寇且至，亟呼平，平至自華池赴難。會大雪，平兼行過保安，元孫、德和以其甲巡，是夕宿白巾，未知寇及郭。二十日五鼓，平合吏議進師，裨將郭遵曰：「吾未識寇深淺而暫進，必敗；請先止此，偵而進。」平叱曰：「吾謂豎子驍決，乃爾怯沮吾軍！」遂呼馬乘去。士未徧食，踐雪行數十里。寇僞爲雍使，督平進，且曰：「寇已至，道隘，宜單騎引衆。」平信之。寇稍翦取，亡數指揮，乃寤。遂屯五龍川，據高自守。二十一日，寇以羸兵先犯之，遵陷陣搏戰〔五〕，俘馘而返。已而再至，平軍少利。比晚復至，爲兩翼以擠之。德和乃以數千人南遁，平軍遂敗，寇圍而薙之，遵等死。二十二日旦，平、元孫以殘甲數千自固，寇以渠令召之，皆乘馬而往。虜騎及榆林，民逃者過河中。二十三日，寇撤城下兵去。德和至鄜州，奏「平率衆降賊，己完數千兵僅免。」雍以實狀聞，乃斬德和腰，賞平、元孫家。

初，雍辟計用章自副，李康伯監安撫兵，鈐轄守懃疾之。城之圍也，用章欲棄延保鄜，康伯垂涕，守懃皆叱之。圍解，守懃欲白二人，雍使先之，遂奏詔用章杖流〔六〕，康伯竄，雍以太常卿守安州。

〔一〕張景晦之　「景」原作「還」，李藏本、學海本作「述」，張述字紹明，張景字晦之，則「還」乃「景」之誤，據改。

〔二〕還屯華池　「池」原作「沼」，據宋史卷八七地理志改，下同。

〔三〕寇聲言取金明砦　「言」、「砦」二字原脫，據李藏本、學海本補。

〔四〕袁交臣名乎苦　李藏本作「袁交臣名乎若」，亦費解，疑有脱誤。

〔五〕陷陣搏戰　「搏」原作「碓」，據李藏本、學海本改。

〔六〕奉詔用章杖流　「奉」原作「大」，據李藏本、學海本改。

130 又曰：九月，寇屯□寺，聲言入寇〔一〕。十月一日〔二〕，沿使部署葛懷敏〔三〕、鈐轄李知和以甲七萬出屯瓦亭，裨將劉賀以胡三萬從行。留且半月，寇攻平定，平定守郭固、鎮戎守曹英〔四〕，皆來請援。十三日〔五〕，進屯鎮戎，知和善郭固，請救之，懷敏未應。知和請暨英先進，曰：「君禄盈車〔六〕，今能媮安，我不能也。」十五日〔七〕，遂以甲進。寇以羸觜餌之，知和告勝相繼，軍中心躍。十七日〔八〕，知和過平定十里，爲寇所窘，來告〔九〕，懷敏遂以大軍赴之。適至平定，知和已敗還。軍中擾寇繼至，趙珣以數千騎旁出，欲邀之，寇乃退。自是，寇每夕出軍後呼噪〔一〇〕，軍中閉聲滅火，旦輒斂去。糧道絶，軍餒十日〔一一〕。懷敏諸將皆欲還走，珣曰：「來塗寇必有伏，若自籠竿往，彼無險，且非所意。」自昏議至四鼓，不決，珣憤，欲斮指，衆解之，因罷。比明，中軍已行，衆從之。寇躡其後，爲方陣而行。及茸上〔一二〕，寇分爲二道，自兩旁截之，中軍絶爲三。中軍殲，前軍脱者十二三，後軍自籠竿，盡免。懷敏、知和殪，珣虜。沿閉城自固〔一三〕。游騎及潘原，大掠而去。沿左遷待制、知虢州。

〔一〕聲言入寇　「言」字原脱，據長編卷一三七慶曆二年閏九月癸巳注引記聞補。

〔二〕十月一日　「十月」原作「十一月」，據李藏本、學海本及長編改。

〔三〕沿使部署葛懷敏　「使」原作「邊」，據長編改。

〔四〕曹英　「英」原作「瑛」，據長編、宋史卷二八九葛懷敏傳改，下同。

〔五〕十三日　「三」字原脱，據長編補。

〔六〕君禄盈車　「車」下原衍「人」字，據長編删。

〔七〕十五日　「五」字原脱，據西夏書事卷一六補。

〔八〕十七日　「七」字原脱，據長編補。

〔九〕來告　「來」原作「東」，據同上書改。

〔一〇〕出軍後呼噪　「後」原作「從」，據李藏本、學海本及長編改。

〔一一〕軍餒十日　「軍」字原脱，據長編補。

〔一二〕及茾上　「茾」，長編作「溝」。

〔一三〕沿閉城自固　「沿」原作「以」，據長編改。

131 西鄙用兵，許公當國，增兵四十萬。及文公爲相，罷公爲樞密使，減陝西保捷八萬。

132 儂智高破嶺南十四州，狄青平之。事在朔記〔一〕。

〔一〕狄青平之事在朔記　以上八字原脱，據李藏本、學海本補。

133 文公罷三蕃接伴，不使侵擾河北，虜使大悦。

134 趙抃上言，陳相不學亡術，温成葬多過制度；翰林學士頓置七員。措置顛倒，劉湜自江寧移廣州不改待制，向傳式自南京移江寧遷龍直；吴充、鞠真卿按舉禮生代署事，禮生贖銅，充、真卿出知軍。引用邪佞〔一〕，崔嶧非次除給事中〔二〕，嶧治執中獄依違，以酬私恩；寄嬖人於周豫之家，舉豫爲館職。招延卜祝〔三〕，執中之門，未嘗禮一賢才，所與語者，苗達、劉抃、劉希叟之徒〔四〕；所預坐者，普元、李寧、程惟象之輩。處台鼎之重，測候災變，意將奚爲？私讎嫌隙〔五〕，邵必知常州誤決徒刑，既自舉覺〔六〕，又更赦宥，去官遷官〔七〕，執中以宿嫌，自開封府推官降充邵武軍監當；汀州石民英勘入使臣贓罪，決配廣南牢城，本家訴雪，悉是虚枉，只降民英差遣。排斥良善〔八〕，吕景初、馬遵、吴中復彈奏梁適，適既得罪，景初亦有行將及我之語〔九〕；馮京言刁約、吴充、鞠真卿無罪，充等尋押出門，京亦然。很愎任情，迎兒方年十三〔一〇〕，用嬖人張氏之言，累行笞撻，窮冬髹縛，絶其飲食，幽囚至死；海棠爲張氏所捶，遍身瘡痕，自縊而死；又一女僕，髠髮，自經而死。一月之内，三事繼發。前後所殺，亦聞不少。既已興獄，尋自罷之〔一一〕。家聲狼籍帷薄渾淆，信任胥吏，貴族宗姻，不免飢寒。等八事。

〔一〕引用邪佞　「引」字原脱，據三朝言行録卷五之二及長編卷一七八至和二年二月庚子條改。

〔二〕崔嶧非次除給事中　「嶧」原作「澤」，據趙清獻公文集卷六奏疏乞罷免陳執中及長編改，下同。

〔三〕招延卜祝　此事原列爲第八，並其注置於最後，今據三朝言行録、趙清獻集、長編列爲第四事。

〔四〕劉希叟之徒　「劉」字原脱，「希」原作「義」，據趙清獻集、長編補改。

〔五〕私讎嫌隙　「私」上原衍「酬」字，「讎嫌」二字原脱，據三朝言行録、趙清獻集、長編刪補。

〔六〕既自舉覺　「舉覺」原倒，據趙清獻集、長編改。

〔七〕去官遷官　原倒爲「遷官去官」，據同上書改。

〔八〕排斥良善　「良善」原倒，據同上書改。

〔九〕行將及我之語　「行」字原脱，「語」原作「言」，據同上書補改。

〔一〇〕迎兒方年十三　「三」原作「二」，據同上書改。

〔一一〕尋自罷之　「自罷」原作「白罪」，據同上書改。

涑水記聞卷第五

135 明道二年四月己未，吕夷簡罷爲武勝軍節度使、同平章事、判陳州。或曰：莊獻初崩〔一〕，上與吕夷簡謀，以夏竦等皆莊獻太后之黨，悉罷之。退告郭后，郭后曰：「夷簡獨不附太后邪？但多機巧、善應變耳。」由是并夷簡罷之。是日，夷簡押班，聞唱其名，大駭，不知其故。夷簡素與内侍副都知閻文應等相結〔二〕，使爲中詗，久之，乃知事由郭后。夷簡由是惡郭后。

〔一〕或曰莊獻初崩　以上六字原脱，據五朝言行録卷九之五補。

〔二〕閻文應等　「等」字原脱，據五朝言行録補。

136 十月戊午，張士遜罷，吕夷簡復入相。上以張士遜等在相位多不稱職，復思吕夷簡。會士遜上莊獻太后謚，還，過樞密使楊崇勳飲酒，致班慰失時。十月戊午，罷士遜爲左僕射，崇勳爲河陽節度使、同平章事，復以夷簡爲門下侍郎兼吏部尚書、平章事。

137 初，莊獻太后稱制，郭后恃太后勢，頗驕橫，後宮多爲太后所禁遏，不得進。太后崩，上始得自縱。適美人尚氏、楊氏尤得幸。尚氏父自所由除殿直〔一〕，賞賜無算，恩寵傾京師。郭后妬，屢與之忿爭。尚氏嘗於上前有侵后不遜語，后不勝忿，起批其頰，上自起救之，后誤查上頸〔二〕，上大怒。閻文應勸上以爪痕示執政大臣而謀之。上以示吕夷簡，且告之故，夷簡因密勸上廢后。上疑之，夷簡曰：「光武，漢之明主也，郭后止以怨懟坐廢，況傷乘輿乎？廢之未損聖德。」上未許，外人籍籍〔三〕，頗有聞之者。左司諫、祕閣校理范仲淹因登對極陳其不可，且曰：「宜早息此議，不可使有聞於外也。」夷簡將廢后，奏請敕有司無得受臺諫章奏。

十二月乙卯，稱皇后請入道，賜號「淨妃」，居別宮。右諫議大夫、權御史中丞孔道輔怪閤門不受章奏〔四〕，遣吏詗之，始知其事奏請未降詔書〔五〕。丙辰，與范仲淹帥諸臺諫詣閤門請對，閤門不爲奏。道輔等欲自宣祐門入趣内東門〔六〕，宣祐監官宦者闔扉拒之。道輔拊門銅鐶大呼曰：「皇后被廢，奈何不聽我曹入諫？」宦者奏之，須臾，有旨：「令臺諫欲有所言，宜詣中書附奏。」道輔等悉詣中書，論辨諠譁。夷簡曰：「廢后自有典故。」仲淹曰：「相公不過引漢光武勸上耳。此漢光武失德，又何足法邪？自餘廢后，皆昏君所爲。主上躬堯、舜之資，而相公更勸之效昏君所爲乎？」夷簡拱立，曰：「兹事明日諸君更自登對力陳之。」道輔等退，夷簡即爲熟狀，貶黜道輔等。故事，中丞罷，須有告詞。至是，直以敕除之。道輔等始還家，敕尋至，遣人押出城，仍下詔云云〔七〕。

〔一〕殿直　原倒，據五朝言行録卷九之五改。

〔二〕后誤查上頸　「頸」原作「頭」，據李藏本、學海本及五朝言行録改。

〔三〕外人籍籍　「籍籍」二字原脱，據同上書補。

〔四〕右諫議大夫　「右」原作「有」，據五朝言行録及宋史卷二九七孔道輔傳改。

〔五〕始知其事奏請未降詔書　「請」字原脱，據五朝言行録補。

〔六〕道輔等欲自宣祐門入趣内東門　「等」字原脱，據五朝言行録補。

〔七〕遣人押出城仍下詔云云　「城」原作「門」，「云云」原作「曰」，據五朝言行録改。

138 十一月戊子，故后郭氏薨。后之獲罪也，上直以一時之忿，且爲吕夷簡、閻文應所譖〔一〕，故廢之。既而悔之。后出居瑶華宫，章惠太后亦逐楊、尚二美人，而立曹后。久之，上遊後園，見郭后故肩輿，悽然傷之〔二〕，作慶金枝詞，遣小黄門賜之，且曰：「當復召汝〔三〕。」夷簡、文應聞之，大懼。會后有小疾，文應使醫官故以藥發其疾。疾甚，未絶，文應以不救聞，遽以棺斂之。王伯庸時爲諫官，上言：「郭后未卒，數日先具棺器，請推按其起居狀。」上不從，但以后禮葬於佛舍而已〔四〕。

〔一〕且爲吕夷簡閻文應所譖　「譖」原作「贊」，據李藏本、學海本、長編卷一一七景祐二年十一月戊子條改。

〔二〕遊後園見郭后故肩輿悽然傷之　以上十三字原脱，據李藏本、學海本及五朝言行録卷九之五補。

〔三〕且曰當復召汝　以上六字原脱，據同上書補。

〔四〕王伯庸……葬於佛舍而已　以上三十九字原作「詔復葬以禮」，據學海本、聚珍本及五朝言行録改。

139 始平公自鄆徙并，過京師，謁上。是時〔一〕，上新用文、富爲相，自以爲得人〔二〕，謂公曰：「朕新用二相，如何？」公曰：「二臣皆朝廷高選，陛下拔而用之，甚副天下之望。」上曰：「誠如卿言。文彦博猶多私，至於富弼，萬口同詞，皆云賢相也〔三〕。」始平公曰：「文彦博，臣頃與之同在中書，詳知其所爲，實無所私，但惡之者毁之耳。況前者被謗而出，今當愈畏慎矣。富弼頃爲樞密副使，未執大政，朝士大夫未有與之爲怨者，故交口譽之，冀其進用，而已有所利焉。若富弼以陛下之爵禄樹私恩，則非忠臣，何足賢也；若一以公議槩之，則向之譽者將轉而爲謗矣〔四〕。此陛下所宜深察也。且陛下既知二臣之賢而用之，則當信之堅，任之久，然後可以責成功；若以一人之言進之，未幾又以一人之言疑之，臣恐太平之功未易可致也。」上曰：「卿言是也。」

〔一〕是時　「是」字原脱，據類苑卷一五始平公、五朝言行録卷八之一補。

〔二〕自以爲得人　「以」字原脱，據李藏本及類苑、五朝言行録補。

〔三〕皆云賢相也　「云」原作「曰」，據同上書改。

〔四〕轉而爲謗矣　「而」字原脱，據類苑、五朝言行録補。

140 狄青平邕州還除州〔一〕。事在朔記。

〔一〕此條學海本脱，疑有脱誤。可參本書卷四第一三二條。

141 拽利王旺榮、天都王剛浪唛者〔一〕，皆元昊妻之昆弟也，與元昊族人嵬名山等四人爲謨寧令，共掌軍國之政，而剛浪唛勇健有智謀，尤用事。种世衡知青澗城，白始平公，遣土僧王嵩遺剛浪唛書及銀龜，曰：「曏者得書，知有善意，欲背僭僞，歸款朝廷，甚善。事宜早發，狐疑變生。」欲以間之。於是元昊因嵩而使剛浪唛麾下教練使李文貴詣世衡所，陽爲不喻，曰：「前者使人以書來，何意也？豈欲和親邪？」公以其言妄，止文貴於青澗城。

後數月，元昊寇涇原，葛懷敏戰没。會梁適使契丹，契丹主謂適曰：「元昊欲歸款南朝而未敢，若南朝以優禮懷來之，彼必洗心自新矣。」於是密詔公招懷元昊：元昊苟肯稱臣，雖仍其僭稱亦不害；若改稱單于可汗，則固大善。公以爲若此間使人往説之，則元昊益驕，不可與言，乃自青澗城召李文貴，謂之曰：「汝之先王及今王之初，奉事朝廷，皆不失臣節；汝曹忽無故妄加之名，使汝王不得爲朝廷臣〔二〕，紛紛至今，使彼此之民肝腦塗地，皆汝羣下之過也。汝犯邊之初，以國家久承平，民不習戰，故屢以汝勝；今邊民亦習戰，汝之屢勝豈可常邪？我國家富有天下，雖偏師小衄，未至大損；汝兵一敗，社稷可憂矣。天之立天子者，將使溥愛四海之民而安定之，非欲殘彼而取快也。汝歸語汝主：若誠能悔過從善〔三〕，降號稱臣，歸款朝廷，以息彼此之民，朝廷所以待汝者，禮數賞賜必優於前矣。」文貴頓首曰：「此固西人日夜之願也。龍圖能爲言之朝廷，使彼此息兵，其誰不受賜！」公乃厚待而遣之。

頃之，文貴復以剛浪唛等遺公書來言和親之意，用鄰國抗敵之禮，公上之。朝廷爲還書草，稱剛浪唛等爲太尉，使公報之。公曰：「方今抑其僭名，而稱其臣已爲三公，則元昊豈肯降屈邪？不若稱其胡中官謨寧令，非中國之所諭，無傷也。」朝廷善而從之。剛浪唛又以書來，欲仍其僭稱，而稱臣款。公不復奏，即日答之，曰：「此非邊臣之所敢知也。若名號稍正，則議易合耳。」於是元昊使伊州刺史賀從勖上書，稱「男邦泥定國兀卒曩霄上書父大宋皇帝」。從勖至京師，朝廷復遣邵良佐、張子奭等往復議定名號，及每歲所賜之物，及他盟約，使稱臣作誓表上之，朝廷册命爲夏國主〔四〕。

先是，元昊嬖尼生子，甚愛之。剛浪唛恐其廢立。會元昊妻拽利氏子寧令娶剛浪唛女爲妻，剛浪唛謀於成婚之夕邀元昊至其帳，伏兵殺之。未發，其黨有告之者，元昊圍拽利氏，盡滅族。

〔一〕拽利王旺榮天都王剛浪唛者　原作「拽利剛浪唛其弟曰天都王者」，據學海本改。

〔二〕使汝王不得爲朝廷臣　「王」李藏本、學海本作「主」；「臣」字原脱，據同上書補。

〔三〕悔過從善　「從」原作「復」，據同上書改。

〔四〕朝廷册命爲夏國主　「主」原作「王」，據夏敬觀校本、温國文正司馬公文集卷七六太子太保龐公墓誌銘、宋史卷四八五夏國傳上改。

142李戎訟世衡擅用官物〔一〕，奏劾。公正其官，奏世衡披荆棘，謹守法度吏耳〔二〕。移環州，泣别。子古上彦遠書，除天興尉。

〔一〕此條至卷六真宗不以親亂法計四十五條，周藏本原脱，改以李藏本爲底本。

〔二〕謹守法度吏耳　「度」下原衍「庸」字，據學海本删。

143文公爲相，龐公爲樞密使，以國用不足，同議省兵。於是揀放爲民者六萬餘人，減其衣糧之半者二萬餘人。衆議紛然，以爲不可，施昌言、李昭亮尤甚，皆言：「衣食於官久，不願爲農，又皆習弓刀，一旦散之閭閻，必皆爲盗賊。」上亦疑之，以問二公，二公曰〔一〕：「今公私困竭，上下遑遑，其故非他，正由畜養冗兵太多故也。今不省去，無由蘇息。萬一果有聚爲盗賊者，二臣請以死當之。」既而，昭亮又奏：「兵人揀放所以如是多者，大抵皆縮頸曲膕，詐爲短小，以欺官司耳。」公乃言：「兵人苟不樂歸農，何爲詐欺如此？」上意乃決，邊儲由是稍蘇。後數年，王德用爲樞密使，許懷德爲殿前都指揮使〔二〕，復奏選廂軍以補禁軍，增數萬人。

〔一〕二公曰　「二」字原脱，據類苑卷一四文潞公二及五朝言行録卷八之一補。

〔二〕許懷德　「許」原誤作「計」，據學海本及類苑、五朝言行録改。

144狄青既破儂智高，平邕州，上甚喜，欲以爲樞密使、同平章事。宰相龐籍曰：「昔太祖時，慕容延釗將兵，一舉得荆南、湖南之地，方數千里，兵不血刃，不過遷官、加爵邑、賜金帛，不用爲樞密使也。曹彬平江南，禽李煜〔一〕，欲求使相，太祖不與，曰：『今西有河東，北有幽州〔二〕，汝爲使相，那肯復爲朕死戰邪！』賜錢二十萬貫而已。祖宗重名器如山嶽，輕金帛如糞壤，此陛下所當法也〔三〕。今青奉陛下威靈，殄戮兇醜，克稱聖心，誠可褒賞，然方於延釗與彬之功，則不逮遠矣。若遂用爲樞密使、同平章事〔四〕，則青名位極矣，寇盗之警不可前知，萬一他日青更立大功，欲以何官賞之哉？且樞密使高若訥無過，若之何罷之？不若且爲之移鎮，加檢校官，賜之金帛，亦足以酬青之功矣。」上曰：「向者諫官御史言：若訥舉胡恢書石經，恢狂險無行；又若訥前導者毆人致死，可謂無過乎？」龐公曰：「今之庶僚舉選人充京官〔五〕，未遷官者猶不坐，況若訥大臣，舉恢以本官書石經，未嘗有所遷也，奈何以此解其樞務哉？若訥居馬上，前導去之里餘，不幸毆人致死〔六〕，若訥尋執之以付開封府正其法〔七〕，若訥何罪哉？且諫官御史上言之時，陛下既以赦若訥不問矣，今乃追舉以爲罪，無乃不可乎？」參知政事梁適曰：「王則止據貝州一城，文彥博攻而拔之，還爲宰相；儂智高擾亂廣南兩路，青討平之，爲樞密使何足爲過哉？」籍曰：「貝州之賞，當時論者已嫌其太重。然彥博爲參知政事，若宰相有缺，次補亦當爲之，況有功乎？又國朝文臣爲宰相，出入無常；武臣爲樞密使，非有大罪不可罷也。且臣不欲使青爲樞密使者，非徒爲國家惜名器，亦欲保全青之功名耳〔八〕。青起於行伍，驟擢爲樞密副使，中外洶洶，以爲朝廷未有此比。今青立大功，言者方息，若又賞之太過，是復召衆言也。」爭之累日，上乃從之，曰：「然則更與其諸子官，何如？」籍曰：「昔衛青有功，四子皆封侯，此固有前世之比，無傷也。」於是以青爲護國軍節度使、河中尹，加檢校太傅，諸子皆超遷數官，賞賜金帛甚厚。後數日，兩府奏事，上顧籍笑曰：「卿前日商量除狄青官，深合事宜，可謂深遠之慮矣。」

是時，適意以若訥爲樞密使，位在己上，宰相有缺，若訥當次補；青武臣，雖爲樞密使，不妨己塗轍，故於上前争之。既不能得，退甚不懌，乃密爲奏，言狄青功大，賞之太薄，無以勸後；又密令人以上前之語告青；又使人語内侍省押班石全斌〔九〕，使於禁中自訟其功，及言青與孫沔褒賞太薄〔一〇〕，適許爲外助〔一一〕。上既日日聞之，不能無信。頃之，兩府進對，上忽謂籍曰〔一二〕：「平南之功，前者賞之太薄〔一三〕，今以狄青爲樞密使，孫沔爲樞密副使，石全斌先給觀察使俸，更俟一年〔一四〕，除觀察使，高若訥優遷一官，加近上學士〔一五〕，置之經筵。」又言張堯佐亦除宣徽使，聲色俱厲。籍錯愕，對曰：「容臣等退至中書商議，明日再奏。」上曰：「勿往中書，只於殿門閤内議之，朕坐於此以俟之也。」若訥時爲户部侍郎，籍乃與同列議於閤内，以若訥爲尚書左丞，加觀文殿學士兼侍讀，其餘皆如聖旨。入奏之，上容色乃和，遂下詔行之。

〔一〕禽李煜　「禽」字原脱，據長編卷一七四皇祐五年五月乙巳條補。

〔二〕西有河東北有幽州　長編「河東」作「汾晉」，「幽州」作「幽薊」。

〔三〕所當法也　「也」字原脱，據長編補。

〔四〕若遂用爲樞密使　「若」字原脱，據長編補。

〔五〕舉選人充京官　「京」字原脱，據長編補。

〔六〕毆人致死　「致」原作「至」，據懷辛齋藏本及長編改。

〔七〕開封府正其法　「府」字原脱，據長編補。

〔八〕功名耳　「名」字原脱，據同上書補。

〔九〕又使人語内侍省押班石全斌　「人」字原脱，據同上書補。

〔一〇〕及言青與孫沔　「青」字原脱，據同上書補。

〔一一〕適許爲外助　「適」字原脱，據同上書補。

〔一二〕兩府進對上忽謂籍曰　原作「上忽對兩府謂籍曰」，據同上書改。

〔一三〕前者賞之太薄　「者」原作「日」，據同上書改。

〔一四〕更俟一年　「俟」原作「候」，據同上書改。

〔一五〕加近上學士　「近」原作「遷」，據同上書改。

145 始平公自定州歸朝〔一〕，既入見，退詣中書，白執政以求致仕。執政曰：「康寧如是，又主上意方厚〔二〕，而求去如此之堅，何也？」始平公曰：「若待筋力不支、人主厭棄，然後去，乃不得已也，豈得爲止足哉〔三〕？」因退歸私第，堅卧不起。自青州至是，三年凡七上表，其劄子不可勝數〔四〕，朝廷乃許之，以太保致仕。是時論者皆謂公精力充壯〔五〕，必未肯決去，至是乃服。

〔一〕自定州歸朝　「自」字原脱，據類苑卷八富文忠四、長編卷一九一嘉祐五年五月甲午條補。

〔二〕主上意方厚　温國文正司馬公文集卷七六太子太保龐公墓誌銘「意」上有「注」字。

〔三〕豈得爲止足哉　「爲」下原衍「知」字，據類苑、長編删。

〔四〕不可勝數　「可」字原脱，據類苑、長編補。

〔五〕精力充壯　「充」，類苑作「克」。

146 嘉祐違豫　嘉祐元年正月甲寅朔，上御大慶殿，立仗朝會。前夕，大雪，至壓宮架折。上在禁庭，跣禱於天。及旦而霽〔一〕，百官就列。既捲簾，上暴感風眩，冠冕欹側，左右復下簾。或以指抉上口出涎，乃小愈；復捲簾，趣行禮而罷。

戊午，宴契丹使者於紫宸殿，平章事文彥博奉觴詣御榻上壽，上顧曰：「不樂邪？」彥博知上有疾，猝愕無以對〔二〕。然尚能終宴。己未，契丹使者入辭，置酒紫宸殿，使者入至庭中，上疾呼曰：「趣召使者升殿，朕幾不相見！」語言無次。左右知上疾作，遽扶入禁中。文彥博遣人以上旨諭契丹使者，云昨夕宮中飲酒過多〔三〕，今日不能親臨宴〔四〕，遣大臣就驛賜宴，仍授國書。

彥博與兩府俟於殿閤，久之，召內侍都知史志聰、鄧保吉等，問上至禁中起居狀，志聰等對以禁中事嚴密〔五〕，不敢泄。彥博怒，叱之曰：「主上暴得疾，繫社稷之安危，惟君輩得出入禁闥〔六〕，豈可不令宰相知天子起居，欲何爲邪？自今疾勢稍有增損〔七〕，必一一見白。」仍命直省官引至中書，取軍令狀。志聰等素謹愿〔八〕，及夕，諸宮門白下鑰，志聰曰：「汝曹自白宰相，我不任受其軍令。」

庚申〔九〕，兩府詣內東門小殿門起居〔一〇〕。上自禁中大呼而出曰：「皇后與張茂則謀大逆！」語極紛錯。宮人扶侍者皆隨上而出，謂宰相曰：「相公且爲天子肆赦消災〔一一〕。」兩府退，始議下赦。茂則，內侍也，上素不之喜〔一二〕，聞上語即自縊，左右救解，得不死。文彥博召茂則責之曰：「天子有疾，譫言耳〔一三〕，汝何遽如是？汝若死，使中宮何所自容邪？」戒令常侍上左右〔一四〕，毋得輒離。曹后以是亦不敢輒近上左右。諸女皆幼，福康公主最長〔一五〕，時已病心，初不知上之有疾，更無至親在上側者，惟十閤宮人侍奉而已。上既不能省事〔一六〕，兩府但相與議定，稱詔行之。兩府謀以上躬不寧，欲留宿宮中而無名。辛酉，文彥博建議設醮祈福於大慶殿，兩府晝夜焚香，設幄宿於殿之西廡〔一七〕。史志聰等曰：「故事，兩府無留宿殿中者。」彥博曰：「今何論故事也？」

壬戌，上疾小間，暫出御崇政殿以安衆心。癸亥，賜在京諸軍特支錢〔一八〕。兩府求詣寢殿見上〔一九〕，史志聰等難之，平章事富弼責之，志聰等不敢違。是日，兩府始入福寧殿卧內奏事，兩制近臣日詣內東門問起居〔二〇〕，百官五日一入。

甲子，赦天下。知開封府王素夜叩宮門，求見執政白事。文彥博曰：「此際宮門何可夜開？」詰旦，素入白有禁卒告都虞候欲爲變者〔二一〕，執政欲收捕按治〔二二〕，彥博曰：「如此，則張皇驚衆。」乃召殿前都指揮使許懷德問曰〔二三〕：「都虞候某甲者，何如人？」懷德曰：「在軍職中最爲謹良。」彥博曰：「可保乎？」曰：「可保。」彥博曰：「然則此卒有怨於彼，誣之耳。當亟誅之以靖衆〔二四〕。」衆以爲然。彥博乃請平章事劉沆判狀尾，斬於軍門。及上疾愈，沆譖彥博於上曰：「陛下違豫時，彥博擅斬告反者。」彥博以沆判呈上，上意乃解。

先是，富弼用朝士李仲昌策，自澶州商胡河穿六漯渠，入横隴故道。北京留守賈昌朝素惡弼，陰結内侍右班副都知武繼隆，令司天官二人候兩府聚處，於大慶殿庭執狀抗言：「國家不當穿河於北方，致上體不安。」文彥博知其意有所在，顧未有以制也〔二五〕。後數日，二人又上言請皇后同聽政，亦繼隆所教也。史志聰等以其狀白執政〔二六〕，彥博視而懷之，不以示同列，有喜色〔二七〕。同列問，不以告。既而，召二人詰之曰〔二八〕：「汝今日有所言乎？」對曰：「然。」彥博曰：「天文變異，汝職所當言也〔二九〕，何得輒預國家大事？汝罪當族！」二人懼，色變。彥博曰：「觀汝直狂愚耳，未欲治汝罪，自今無得復爾。」二人退，彥博乃以狀示同列，同列皆憤怒曰〔三〇〕：「奴敢爾妄言，何不斬之？」彥博曰：「斬之則事彰灼，中宫不安。」衆皆曰：「善。」既而議遣司天官定六漯於京師方位，彥博復遣二人往〔三一〕。武繼隆白請留之，彥博曰：「彼不敢輒妄言，有人教之耳。」繼隆默不敢對。二人至六漯，恐治前罪，乃更言六漯在東北，非正北，無害也。

戊辰以後，上神思寖清寧，然終不語，羣臣奏事，大抵首肯而已。壬申，罷醮，兩府始分番歸第，不歸者各宿於其府〔三二〕。

二月癸未朔，甲申，詔惟兩府近臣日候問於内東門〔三三〕，餘悉罷之。甲辰，上始御延和殿，自省府官以上及宗室皆入參。丙午，百官奏賀康復。

〔一〕及旦而霽　「而」字原脱，據長編卷一八二嘉祐元年正月甲寅朔條、三朝言行録卷三之一補。

〔二〕猝愕無以對　「以」字原脱，據長編補。

〔三〕昨夕宫中飲酒過多　「夕」原作「日」，據長編、三朝言行録改。

〔四〕今日不能親臨宴　「日」字原脱，據三朝言行録補。

〔五〕志聰等對以禁中事嚴密　「等」字原脱，據長編、三朝言行録補。

〔六〕君輩得出入禁闥　「輩」字原脱，據同上書補。

〔七〕稍有增損　「稍」長編、三朝言行録作「小」。

〔八〕志聰等素謹愿　長編卷一八二嘉祐元年正月己未條「愿」下有「皆聽命」三字。

〔九〕庚申　「申」原作「辰」，據長編卷一八二嘉祐元年正月庚申條改。

〔一〇〕内東門小殿門起居　「内」字原脱，據長編補。

〔一一〕肆赦消災　「肆」原作「賜」，據聚珍本及長編改。
〔一二〕上素不之喜　「之」字原脱，據長編補。
〔一三〕譫言耳　「言」，同上書作「語」。
〔一四〕戒令常侍上左右　「戒」字原脱，據同上書補。
〔一五〕諸女皆幼福康公主最長　「女皆幼福康公」原作「宫」，據同上書改。
〔一六〕上既不能省事　「上」字原脱，據同上書補。
〔一七〕設幄宿於殿之西廡　「宿」字原脱，據長編卷一八二嘉祐元年正月辛酉條及三朝言行録補。
〔一八〕特支錢　「特」原作「月」，據長編卷一八二嘉祐元年正月癸亥條改。
〔一九〕兩府求詣寢殿見上　「求」下原衍「請」字，「寢」字原脱，據長編及三朝言行録删補。
〔二〇〕問起居　「問」字原脱，據長編補。
〔二一〕有禁卒告都虞候欲爲變者　「禁」字原脱，據長編、三朝言行録、宋史卷三一三文彦博傳補。
〔二二〕收捕按治　「按」原作「搜」，據長編、三朝言行録改。
〔二三〕問曰　「問」下原衍「之」字，據同上書删。
〔二四〕誅之以靖衆　「之」字原脱，據長編、三朝言行録及宋史文彦博傳補。

〔二五〕顧未有以制也　「顧」字原脱，據長編卷一八四嘉祐元年十一月甲辰條並參宋史文彦博傳改。

〔二六〕以其狀白執政　「執政」原作「宰執」，據長編、三朝言行録、宋史文彦博傳及上文改。

〔二七〕有喜色　原脱，據同上書補。

〔二八〕召二人詰之曰　「之」原作「而」，據同上書改。

〔二九〕汝職所當言也　「所」字原脱，據同上書補。

〔三〇〕同列皆憤怒曰　「同列」二字原脱，據同上書補。

〔三一〕復遣二人往　「往」字原脱，據同上書補。

〔三二〕不歸者各宿於其府　「不歸」、「於」三字原脱，「其」下原衍「二」字，據長編卷一八二嘉祐元年正月壬申條及三朝言行録補删。

〔三三〕日候問於内東門　「日」字原脱，據長編卷一八二嘉祐元年二月甲申條補。

147 貢父曰：章獻劉后本蜀人，善播鼗。蜀人宫美攜之入京〔一〕。美以鍛銀爲業，時真宗爲皇太子，尹開封，美因鍛得見，太子語之曰：「蜀婦人多材慧，汝爲我求一蜀姬。」美因納后於太子，見之，大悦，寵幸專房。太子乳母惡之。太宗嘗問乳母：「太子近日容貌癯瘠，左右有何人？」乳母以后對，上命去之。太子不得已，置於殿侍張耆之家。耆避嫌，爲之不敢下直。未幾，太宗宴駕，太子即帝位，復召入宮。

〔一〕宮美攜之入京　「宮」宋史卷二四二章獻明肅劉皇后傳作「龔」。

148 劉貢父曰：真宗將立劉后，參知政事趙安仁以爲劉后寒微，不可以母天下，不如沈德妃出於相門。上雖不樂，而以其守正，無以罪也。他日，上從容與王冀公論方今大臣誰最爲長者，冀公欲擠安仁，乃譽之曰：「無若趙安仁。」上曰：「何以言之？」冀公曰：「安仁昔爲故相沈義倫所知〔一〕，至今不忘舊德，常欲報之。」上默然。明日，安仁遂罷政事〔二〕。

〔一〕昔爲故相沈義倫所知　「昔」原作「者」，據聚珍本、長編卷七八大中祥符五年九月戊子條改。

〔二〕安仁遂罷政事　「罷」原作「致」，據長編改。

149 王旦太尉薦寇萊公爲相〔一〕。萊公數短太尉於上前，而太尉專稱其長。上一日謂太尉曰：「卿雖稱其美，彼專談卿惡。」太尉曰：「理固當然〔二〕。臣在相位久，政事闕失必多。準對陛下無所隱，益見其忠直，此臣所以重準也〔三〕。」上由是益賢太尉。初，萊公在藩鎮〔四〕，嘗因生日搆山棚大宴〔五〕，又服用僭侈〔六〕，爲人所奏。上怒甚，謂太尉曰：「寇準每事欲效朕，可乎？」太尉徐對曰：「準誠賢能〔七〕，無如騃何！」上意遽解，曰：「然。此止是騃耳。」遂不問。及太尉疾亟，上問以後事，唯對以宜早召寇準爲相云〔八〕。袁默云〔九〕

〔一〕王旦太尉　類苑卷一三王文正二、五朝言行録卷二之四無「旦」字。
〔二〕理固當然　「固」字原脱，據同上書補。
〔三〕臣在相位久……此臣所以重準也　「臣在相位久」至「此」二十四字原脱，據類苑、五朝言行録及長編卷八四大中祥符八年四月壬戌條、宋史卷二八二王旦傳補。
〔四〕初萊公在藩鎮　「初」字原脱，據五朝言行録補。
〔五〕搆山棚大宴　「搆」，類苑、五朝言行録及宋史王旦傳作「造」。
〔六〕又服用僭侈　「服」原作「財」，據同上書改。
〔七〕準誠賢能　「賢」字原脱，據同上書補。
〔八〕唯對以宜早召寇準爲相云　「宜早」原倒，「云」字原脱，據類苑正改補。
〔九〕袁默云　「默」原作「黜」，據學海本、聚珍本改。

150 錢資元曰：真宗末，王冀公每奏事，或懷數奏，出其一二，其餘皆匿之，既退，以己意稱聖旨行之〔一〕。嘗與馬知節俱奏事上前，冀公將退，知節目之曰：「懷中奏何不盡出之？」

〔一〕以己意稱聖旨行之　「己」字原脱，據五朝言行録卷三之四補。

151 張乖崖常稱：「使寇公治蜀，未必如詠；至於澶淵一擲，詠亦不敢爲也〔一〕。」深歎服之。富公云

〔一〕詠亦不敢爲也　「亦」字原脱，據五朝言行録卷四之二補。

152 邢惇，雍丘人〔一〕，以學術稱於鄉曲〔二〕，家居不仕。真宗末，以布衣召對，問以治道，惇不對。上問其故，惇曰：「陛下東封西祀，皆已畢矣，臣復何言？」上悦〔三〕，除試四門助教，遣歸。惇衣服居處，一如平日，鄉人不覺其有官也。既卒，人乃見其敕與廢紙同束置屋梁間〔四〕。滕元發云

〔一〕雍丘人　「丘」原誤「州」，據類苑卷四二邢惇、長編卷八二大中祥符七年二月庚申條改。

〔二〕稱於鄉曲　「於」字原脱，據同上書補。

〔三〕上悦　「悦」原作「曰」，據同上書改。

〔四〕人乃見其敕與廢紙同束置屋梁間　「乃」、「置」二字原脱，據同上書補。

涑水記聞卷第六

153 馮拯，河南人，其父爲趙韓王守第舍。拯年少時，韓王見之，問此爲誰，其父對曰：「某男也。」韓王奇其狀貌，曰：「此子何不使之讀書？」其父遂使之就學。數年，舉進士，韓王爲之延譽，遂及第。太宗時，拯上言請立太子，太宗怒，謫之嶺南。久之，以右正言通判廣州事。其同官爲太常博士，署位常在拯下。寇萊公素惡拯，會覃恩，拯遷虞部員外郎，其同官遷屯田員外郎。其同官以拯素剛，讓居其下，萊公見奏狀，怒，下書詰之，曰：「虞部署位乃在屯田之上，於法何據？趣以狀對。」於是，拯密奏言：「寇準以私憾專抑挫臣。吕端畏怯，不敢與争；張洎又準所引用，朝廷之事一決於準。威福自任，縱恣不公，皆如此。」比上省章奏，大怒，萊公由是出知褒州。上又責讓吕端、張洎，二人皆頓首曰：「準在中書，臣等備員而已。」真宗即位，拯遂被用至宰相。今上即位，發丁朱崖罪，竄之南荒，拯之力也〔一〕。拯無文學，而性伉直，自奉養奢靡，官至侍中〔二〕。聶之美云

〔一〕今上即位發丁朱崖罪竄之南荒拯之力也　「丁」原作「下」，據學海本改。然丁謂因得馮拯

救援而僅竄朱崖，此謂「發丁朱崖罪，竄之南荒」，亦相牴牾，疑有脱誤。

〔二〕官至侍中　「侍中」原作「侍郎」，據宋史卷二八五馮拯傳改。

154 种放以處士召見，拜諫官〔一〕，真宗待以殊禮，名動海内。後謁歸終南山，恃恩驕倨甚。王嗣宗時知長安，放至〔二〕，通判以下羣拜謁，放小俛垂手接之而已，嗣宗内不平。放召其諸姪出拜嗣宗〔三〕，嗣宗坐受之。放怒〔四〕，嗣宗曰：「曏者通判以下拜君，君扶之而已；此白丁耳，嗣宗狀元及第，名位不輕，胡爲不得坐受其拜？」放曰：「君以手搏得狀元耳〔五〕，何足道也！」嗣宗怒，遂上疏言：「放實空疎，才識無以踰人，專飾詐巧，盜虚名。陛下尊禮放，擢爲顯官，臣恐天下竊笑〔六〕，益長澆僞之風。且陛下召魏野，野閉門避匿，而放陰結權貴以自薦達。」因抉擿言放陰事數條。上雖兩不之問〔七〕，而待放之意寖衰。齊州進士李冠嘗獻嗣宗詩曰：「終南處士聲名滅〔八〕，邠土妖狐窟穴空。」公云

〔一〕拜諫官　「諫」字原脱，據五朝言行録卷十之一補。

〔二〕放至　「放」字原脱，據類苑卷三六王嗣宗及五朝言行録補。

〔三〕出拜嗣宗　「出」上原衍「至」字，據同上書删。

〔四〕放怒　「怒」原作「怨」，據同上書改。
〔五〕以手搏得狀元耳　「得」字原脱，據同上書補。
〔六〕天下竊笑　「笑」原作「盗」，據同上書改。
〔七〕上雖兩不之問　「兩」字原脱，據同上書補。
〔八〕終南處士聲名滅　「滅」原作「減」，據類苑改。

155 王嗣宗不信鬼神，疾病，家人爲之焚紙錢祈禱，嗣宗聞之，笑曰：「何等鬼神〔一〕，敢問王嗣宗取枉法贓邪？」魏舜卿云

〔一〕何等鬼神　「神」，類苑卷六七鬼取枉法贓作「物」。

156 嗣宗性忌刻，多與人相忤。世傳嗣宗家有恩讎簿，已報者則勾之。晚年交遊，皆入讎簿。宋次道云

157 林特本廣南攝官，以勤爲吏職，又善以辭色承上接下，官至尚書三司使、修昭應宮副使。是時，丁朱崖爲修宮使，特一日三見〔一〕，亦三拜之。與吏卒語，皆煦煦撫慰

之，由是人皆樂爲盡力，事無不齊集。精力過人，常通夕坐而假寢，未嘗解衣就枕。郝元規云

〔一〕特一日三見 「特」原作「時」，據聚珍本改。

158 周王，母章穆皇后也，真宗在藩邸時生。景德中，從幸永安，還，得疾，薨，時年十歲許。章穆悲感成疾，明年亦崩。宋次道云

159 李允則知雄州十八年。初，朝廷與契丹和親，約不修河北城隍，允則欲展雄州城〔一〕，乃置銀器五百兩於城北神祠中。或曰：「城北孤迥，請多以人守之。」允則不許。數日，契丹數十騎盜取之，允則大怒，移牒涿州捕賊，因且急築其城。契丹内慚，不敢止也。允則爲長吏，於市中下馬往富民家，軍營與婦女笑語無所間，然富民犯罪未嘗少寬假。契丹中機密事，動息皆知之，當時邊臣無有及者。董沔云

〔一〕欲展雄州城 「雄」字原脱，據類苑卷一四李允則補。

160 真宗不豫，寇萊公與内侍省都知周懷政密言於上，請傳位皇太子，上自稱太上皇，上許之，自皇后以下皆不與知。既而月餘無所聞。二月二日，上幸後苑，命後宫挑

生菜，左右皆散去。懷政伺上獨處，密懷小刀至上所，涕泣言曰：「臣前言社稷大計，陛下已許臣等，而月餘不决，何也？臣請剖心以明忠款。」因以刀劃其胸，僵仆於地，流血淋漓。上大驚，因是疾復作〔一〕，左右扶輿入禁中。皇后命收懷政下獄，按問其狀。又於宫中索得萊公奏言傳位事，乃命親軍校楊崇勳密告云：「寇準、周懷政等謀廢上、立太子。」遂誅懷政而貶萊公。

〔一〕疾復作　「復」字原脱，據五朝言行録卷四之二、長編卷九六天禧四年七月甲戌條補。

161 寇萊公之貶雷州也，丁晉公遣中使齎敕往授之〔一〕，以錦囊貯劍，揭於馬前。既至，萊公方與郡官宴飲〔二〕，驛吏言狀〔三〕，萊公遣郡官出逆之。中使避不見，入傳舍中，久之不出〔四〕。問其所以來之故，不答。上下皆皇恐，不知所爲。萊公神色自若，使人謂之曰：「朝廷若賜準死，願見敕書。」中使不得已，乃以敕授之〔五〕。萊公乃從録事參軍借緑衫着之，短靴至膝，拜受敕於庭〔六〕，升階復宴飲，至暮而罷。

〔一〕遣中使齎敕往授之　「中」字原脱，據類苑卷一四寇萊公、五朝言行録卷四之二補。

〔二〕郡官宴飲　「郡」原作「羣」，據五朝言行録及古今事文類聚别集卷一六改。下同。

〔三〕驛吏言狀　「吏」原作「使」，據類苑、五朝言行録改。

〔四〕久之不出　「之」字原脱，據五朝言行録並參類苑補。

〔五〕乃以敕授之　「授」原作「示」，據類苑、五朝言行録改。

〔六〕拜受敕於庭　五朝言行録無「敕」字。

162 真宗晚年不豫，嘗對宰相盛怒曰：「昨夜皇后以下皆云，劉氏獨置朕於宫中〔一〕。」衆知上眊亂誤言，皆不應。李迪曰：「果如是，何不以法治之？」良久，上寤，曰：「無是事也。」章獻在帷下聞之〔二〕，由是惡迪。初，自給事中、參知政事除工部尚書、平章事，既而貶官，十餘年，歷諸侍郎，景祐初，復以工部尚書入相。陸子履云

〔一〕劉氏獨置朕於宫中　「劉」上原衍「蜀」字，「獨」字原脱，據五朝言行録卷五之二及錦繡萬花谷前集卷九、長編卷九六天禧四年十一月戊辰條删補。

〔二〕帷下　「帷」原作「幄」，據五朝言行録改。

163 宫美以鍛銀爲業，納鄰倡婦劉氏爲妻，善播鼗。既而家貧，復售之。張耆時爲襄王宫指使，言於王，得召入宫，大有寵。王乳母秦國夫人性嚴整，惡之，固令王斥去。王不得已，置於張耆家，以銀五挺與之，使築館居於外。徐使人請於秦國夫人，乃許復

召入宮。美由是得爲開封府通引官〔一〕，給事王宮。及王即帝位，劉氏爲美人，以其無宗族，更以美爲弟，改姓劉云。樂道父與張耆俱爲襄王宮指使，故得詳耳。

〔一〕得爲開封府通引官　「通引官」原作「通判官」，據懷辛齋藏本改。

164 胡順之爲浮梁縣令，民臧有金者，素豪横，不肯出租，畜犬數十頭〔一〕，里正近其門輒噬之。繞垣密植橘柚，人不可入。每歲里正常代之輸租，前縣令不肯禁。順之至官，里正白其事，順之怒曰：「汝輩嫉其富，欲使順之與爲仇耳〔二〕。安有王民不肯輸租者邪？第往督之。」及期，里正白不能督，順之使手力繼之，又白不能；又使押司録事繼之，又白不能，順之悵然曰：「然則此租必使令自督邪？」乃命里正聚槀〔三〕，自抵其居，以槀塞門而焚之〔四〕。臧氏人皆逃逸，順之悉令掩捕，驅至縣，其家男子年十六以上盡痛杖之。乃召謂曰：「胡順之無道，既焚爾宅，又杖爾父子兄弟，爾可速詣府自訟矣〔五〕。」臧氏皆懾服，無敢詣府者。自是臧氏租常爲一縣先。

府嘗遣教練使詣縣，順之聞之，曰：「是固欲來煩擾我也。」乃微使人隨之，陰記其入驛舍及受驛吏供給之物。既至，入謁，色甚倨，順之延與坐，徐謂曰：「教練何官邪？」曰：「本州職員耳。」曰：「應入驛乎？」教練使踧踖曰：「道中無邸店，暫止驛中耳。」又曰：「應受驛吏供給乎？」曰：「道中無芻糧，故受之〔六〕。」又曰：「應與命官坐乎？」教練使趣下謝罪。順之乃收械繫獄，置闇室中，以糞十甕環其側〔七〕。教練使不勝其苦，因順之過獄，呼曰：「令何不問我罪？」順之笑謝曰：「教練幸勿訝也，今方多事，未暇問也〔八〕。」繫十日，然後杖之二十，教練使不服，曰：「我職員也，有罪當受杖於州。」順之笑曰：「教練久爲職員，殊不知法，杖罪不送州邪〔九〕？」卒杖之。自是府吏無敢擾縣者。州雖惡之〔一〇〕，然亦不能罪也。後爲青州幕僚〔一一〕，發麻氏罪，破其家，皆順之之力。真宗聞其名，召至京師，除著作佐郎、洪州僉判。順之爲人深刻無恩，至洪州，未幾，病目，惡明，常以物帛包封乃能出，若日光所爍，則慘痛徹骨。由是去官，家於洪州，專以無賴把持長短，憑陵細民，殖産至富。後以覃恩遷祕書丞，又上言得失。章獻太后臨朝，特遷太常博士；又以覃恩遷屯田員外，卒於洪州。順之進士及第，頗善屬文。馮廣淵云

〔一〕數十頭　「十」字原脱，據類苑卷二三胡順之、長編卷九五天禧四年四月丙申條補。

〔二〕欲使順之與爲仇耳　「順」字原脱，據長編補；「與」字原亦脱，據類苑補。

〔三〕乃命里正　「命」原作「令」，據類苑、長編改。

〔四〕塞門而焚之　「塞」原作「寨」，據同上書改。

〔五〕自訟矣　「訟」原作「訴」，據同上書改。

〔六〕故受之　「之」字原脱，據同上書補。

〔七〕以糞十甕環其側　「十甕」二字原脱，據同上書補。

〔八〕未暇問也　「問」原作「論」，據同上書改。

〔九〕殊不知法杖罪不送州邪　「邪」原作「也」，據同上書改。

〔一〇〕州雖惡之　「州」字原脱，據同上書補。

〔一一〕後爲青州幕僚　「爲」原作「有」，據同上書改。

165 青州臨淄麻氏，其先五代末嘗爲本州録事參軍。節度使廣納貨賂，皆令麻氏主之，積至巨萬。既而，節度使被召赴闕，不及取而卒，麻氏盡有其財，由是富冠四方。真宗景德初，契丹寇澶淵，其游兵至臨淄，麻氏率莊夫千餘人據堡自守，鄉里賴之全濟者甚衆。至今基址尚存，謂之麻氏寨。虜退，麻氏斂器械盡輸官，留十二三以衛其家。麻温舒兄弟皆舉進士，館閣美官。家既富饒，宗族横於齊。有孤姪懦弱，麻氏家長恐分其財，幽餓殺之。事覺，姜遵爲轉運使〔一二〕，欲樹名聲，因索其家，獲兵器及玉圖書小印，因奏麻氏大富，縱横臨淄，齊人懾服，私畜兵，刻玉寶，將圖不軌。於是麻氏或死

或流，子孫有官者皆貶奪，籍没家財不可勝紀。麻氏由是遂衰。孟翺云

〔一〕姜遵　「遵」原作「尊」，據長編卷九五天禧四年四月丙申條及宋史卷二八八姜遵傳改。

166 真宗時，京師民家子有與人鬭者，其母追而呼之，不從〔一〕，母顛躓而死〔二〕。會疎決，法官處其罪當笞。上曰：「母言不從〔三〕，違犯教令，當徒二年，何謂笞也？」羣臣無不驚服。張錫云

〔一〕不從　「從」原作「止」，據類苑卷三改。

〔二〕母顛躓而死　「而死」二字原倒，據同上書改。

〔三〕母言不從　「言」原作「呼」，「從」原作「止」，據同上書並參宋刑統卷二四改。

167 永興軍上言朱能得天書，真宗自拜迎入宫。孫奭知河陽，上疏切諫，以爲天且無言，安得有書？天下皆知朱能所爲，惟上一人不知耳，乞斬朱能以謝天下。其辭有云：「得來唯自於朱能，崇信只聞於陛下。」其質直如此，上亦不之責〔一〕。頃之，朱能果敗。

〔一〕上亦不之責　「之」字原脱，據五朝言行録卷九之三補。

168 真宗將西祀，龍圖閣待制孫奭上疏切諫〔一〕，以爲西祀有十不可，陛下不過欲效秦皇、漢武刻石頌德、誇耀後世耳。其辭有云：「昔秦多繇役，而劉、項起於徒中；唐不恤民，而黄巢因於飢歲。今陛下好行幸，數賦斂，安知天下無劉、項、黄巢乎？」上乃自製辨疑論以解之，仍遣中使慰諭焉。奭子瑜，字叔禮，云：「其表千餘言，叔禮能口誦之。」予從求其本再三，不肯出也。

〔一〕上疏切諫　「疏」原作「書」，據懷辛齋藏本、聚珍本、五朝言行録卷九之三改。

169 景德初，契丹入寇。是時，寇準、畢士安爲相，士安以疾留京師，準從車駕幸澶淵。王欽若陰言於上，請幸金陵，以避其鋭；陳堯叟請幸蜀。上以問準，時欽若、堯叟在旁，準心知二人所爲，陽爲不知曰：「誰爲陛下畫此策者？罪可斬也。今虜勢憑陵，陛下當率勵衆心，進前禦敵，以衛社稷，奈何欲委棄宗廟、遠之楚、蜀邪？且以今日之勢，鑾輿回軫一步，則四方瓦解〔一〕，萬衆雲散，虜乘其勢〔二〕，楚、蜀可得至邪？」上寤〔三〕，乃止。二人由是怨準。

〔一〕則四方瓦解　「四方瓦解」四字原脱，據五朝言行録卷四之二補。

〔二〕萬衆雲散虜乘其勢　「散」原作「集」，「虜乘其勢」四字原脱，據同上書改補。

〔三〕上瘖　「瘖」字原脱，據同上書補。

170 上在澶淵南城〔一〕，殿前都指揮使高瓊固請幸河北，曰：「陛下不幸北城，北城百姓如喪考妣。」馮拯在旁呵之曰：「高瓊何得無禮〔二〕！」瓊怒曰：「君以文章爲二府大臣，今虜騎充斥如此，猶責瓊無禮，君何不賦一詩詠退虜騎邪〔三〕？」上乃幸北城，至浮橋，猶駐輦未進，瓊以所執檛築輦夫背〔四〕，曰：「何不亟行！今已至此，尚何疑焉？」上乃命進輦。既至，登北城門樓，張黄龍旗，城下將士皆呼萬歲，氣勢百倍。會虜大將撻覽中弩死，虜衆遂退。他日，上命寇準召瓊詣中書，戒之曰：「卿本武臣，勿强學儒士作經書語也。」

〔一〕上在澶淵南城　「城」字原脱，據五朝言行録卷四之三補。

〔二〕高瓊何得無禮　「高瓊」二字原脱，據同上書補。

〔三〕賦一詩詠退虜騎邪　「詠」原作「以」，「騎」字原脱，據長編卷五八景德元年十一月丙子條及五朝言行録改補。

〔四〕以所執檛築輦夫背　「檛築」原作「撾箠」，據同上書改。

171寇準從車駕在澶淵，每夕與楊億飲博謳歌，諧謔諠呼〔一〕，常達旦；或就寢，則鼾息如雷〔二〕。上使人覘知之，喜曰：「得渠如此，吾復何憂〔三〕！」

虜兵既退，來求和親，詔劉仁範往議之，仁範以疾辭，乃命曹利用代之。利用與之約，歲給金繒二十萬，虜嫌其少。利用復還奏之，上曰：「百萬以下，皆可許也〔四〕。」利用辭去，準召利用至幄次，語之曰〔五〕：「雖有敕旨，汝往，所許毋得過三十萬，過三十萬勿來見準〔六〕，準將斬汝。」利用股栗。再至虜帳〔七〕，果以三十萬成約而還。

車駕還自澶淵，畢士安迎於半道，既入京師，士安罷相，寇準代爲首相。

〔一〕飲博謳歌諧謔諠呼　「飲博」原作「痛飲」，「呼」原作「譁」，據五朝言行録卷四之二並參合璧事類後集卷八寇準鼻息如雷删補改正。

〔二〕或就寢則鼾息如雷　以上八字原脱，據同上書補。

〔三〕吾復何憂　「復」字原脱，「憂」下原衍「矣」字，據同上書删補。

〔四〕皆可許也　「可」字原脱，據五朝言行録補。

〔五〕語之曰　「語之」原作「與語」，據類苑卷一四寇萊公二、長編卷五八景德元年十二月丁亥條及五朝言行録改。

〔六〕過三十萬勿來見準　「三十萬」原作「則」，「來」字原脱，據同上書改補。

〔七〕利用股栗再至虜帳　「股栗再」三字原脱，據五朝言行録補。

172 上以澶淵之功〔一〕，待準至厚，羣臣無以爲比，數稱其功，王欽若疾之。久之，數承間言於上曰：「澶淵之役，準以陛下爲孤注〔二〕，與虜博耳。苟非勝虜，則爲虜所勝，非爲陛下畫萬全計也〔三〕。且城下之盟，古人恥之；今虜衆悖逆，侵逼畿甸，準爲宰相，不能殄滅兇醜，卒爲城下之盟以免，又足稱乎？」上由是寖疏之。頃之，準罷而天書事起〔四〕。

〔一〕上以澶淵之功　「上」字原脱，據五朝言行録卷四之二補。

〔二〕準以陛下爲孤注　「孤注」同上書作「投瓊」。

〔三〕畫萬全計也　「畫」字原脱，據同上書補。

〔四〕頃之準罷而天書事起　以上九字原脱，據同上書補。

173 王旦久疾不愈〔一〕，上命肩輿入禁中，使其子雍與直省吏扶之〔二〕，見於延和殿。勞勉數四，因命曰：「卿今疾亟，萬一有不諱，使朕以天下事付之誰乎〔三〕？」旦謝曰：「知臣莫若君，惟明主擇之。」再三問，不對。是時張詠、馬亮皆爲尚書〔四〕。上曰：「張詠如何？」不對。又曰：「馬亮如何？」不對。上曰：「試以卿意言之。」旦强起舉笏曰：「以臣之愚，莫若寇準。」上憮然，有間，曰：「準性剛褊，卿更思其次。」旦曰：「他人，臣所不知也。臣病困，不任久侍。」遂辭退。旦薨歲餘，上卒用準爲相。直省吏今尚存，親爲元震言之。前數事皆元震聞其先人所言也〔五〕，元震先人爲内侍省都知〔六〕。右皆藍元震云

〔一〕王旦久疾不愈　「久疾」原倒，據類苑卷一二王文正三、五朝言行録卷二之四改。

〔二〕使其子雍與直省吏扶之　「與」，類苑作「侍輿」。

〔三〕天下事付之誰乎　「事」上原衍「之」字，據類苑、五朝言行録及長編卷八四大中祥符八年四月壬戌條、宋史卷二八二王旦傳删。

〔四〕是時張詠馬亮皆爲尚書　以上十字原脱，據同上書補。

〔五〕聞其先人所言也　「人」字原脱，據下句文意補。

〔六〕元震先人爲内侍省都知　「元」、「内」二字原脱，據上句文意及宋史卷四六七藍繼宗傳補。

174 真宗晚年不豫，寇準得罪，丁謂、李迪同爲相，以其事進呈，上命除準小處知州。謂退，署其紙尾曰：「奉聖旨：除遠小處知州。」迪曰：「曏者聖旨無『遠』

字。」謂曰：「與君面奉德音，君欲擅改聖旨以庇準邪？」由是二人鬭鬩，更相論奏。上命翰林學士錢惟演草制，罷謂政事，惟演遂出迪而留謂。外人先聞其事，制出，無不愕然，上亦不復省也。元震及李子儀云

175 真宗時，王文正旦爲相，賓客雖滿座，無敢以私干之者。既退，旦察其可與言者及素知名者，使吏問其居處。數月之後，召與語，從容久之，詢訪四方利病，或使疏其所言而獻之，觀其才之所長，密籍記其名。他日，其人復來，則謝絶不復見也。每有差除，旦先密疏三四人姓名請於上，上所用者，輒以筆點其首，同列皆莫之知。明日，於堂中議其事，同列争欲有所引用，旦曰：「當用某人。」同列争之莫能得。及奏入，未嘗不獲可。同列雖疾之，莫能間也。丁謂數毁旦於上，上益親厚之。

176 曹瑋久在秦州，累章求代〔一〕。上問旦誰可代瑋者，旦薦樞密直學士李及，上即以及知秦州。衆議皆謂及雖謹厚有行檢〔二〕，非守邊之才〔三〕，不足以繼瑋。楊億以衆言告旦，旦不答〔四〕。及至秦州，將吏心亦輕之。會有屯駐禁軍〔五〕，白晝掣婦人銀釵於市中〔六〕，吏執以聞。及方坐觀書，召之使前，略加詰問，其人服罪，及不復下吏，亟命斬之，復觀書如故〔七〕。將吏皆驚服〔八〕。不日，聲譽達於京師。億聞之，復見旦，具道其事，謂旦曰：「向者相公初用及，外廷之議皆恐及不勝其任〔九〕；今及材器乃如

此〔一〇〕，信乎相公知人之明也。」旦笑曰：「外廷之議，何其易得也。夫以禁軍戍邊，白晝爲盜於市，主將斬之，事之常也，烏足以爲異政乎？旦之用及者，其意非爲此也〔一一〕。夫以曹瑋知秦州七年，羌人讋服，邊境之事，瑋處之已盡其宜矣。使他人往，必矜其聰明，多所變置，敗壞瑋之成績。旦所以用及者，但以及重厚，必能謹守瑋之規摹而已矣。」億由是益服旦之識度。張宗益云

〔一〕累章求代　「章」字原脱，據類苑卷五七王文正四及五朝言行録卷九之四補。

〔二〕有行檢　「檢」字原脱，據同上書補；長編卷八八大中祥符九年十一月壬子條作「有操行」。

〔三〕非守邊之才　「才」原作「臣」，據同上書改。

〔四〕旦不答　「旦」字原脱，據同上書補。

〔五〕禁軍　「軍」原作「兵」，據同上書改。

〔六〕掣婦人銀釵於市中　「掣」原作「奪」，據同上書改。

〔七〕復觀書如故　「復」字原脱，據同上書補。

〔八〕皆驚服　「服」字原脱，據同上書補。

〔九〕皆恐及不勝其任　「恐」原作「謂」，據同上書改。

〔一〇〕今及材器乃如此　「今及」原倒，據同上書改。

〔一一〕非爲此也　「爲」長編作「在」。

177 真宗既與契丹和親，王文正旦問於李文靖沆曰〔一〕：「和親何如？」文靖曰：「善則善矣，然邊患既息，恐人主漸生侈心耳。」文正亦未以爲然。及真宗晚年，多事巡遊，大修宫觀，文正乃潛嘆曰：「李公可謂有先知之明矣。」傅欽文云

〔一〕王文正旦問於李文靖沆　五朝言行録卷二之三、舊聞證誤卷一「旦」、「沆」均作「公」。

178 蘇子容曰：王冀公既以城下之盟短寇萊公於真宗，真宗曰：「然則如何可以洗此恥？」冀公曰：「今國家欲以力服契丹，所未能也。戎狄之性，畏天而信鬼神，今不若盛爲符瑞，引天命以自重，戎狄聞之，庶幾不敢輕中國。」上疑未決，因幸祕閣，見杜鎬，問之曰：「卿博通墳典，所謂河圖、洛書者，果有之乎？」鎬曰：「此蓋聖人神道設教耳。」上遂決冀公之策，作天書等事。故世言符瑞之事始於冀公成於杜鎬云。晚年，王燒金以幻術寵貴，京師妖妄繁熾，遂有席帽精事，閭里驚擾，嚴刑禁之乃止。

179 陳恕爲三司使，真宗命具中外錢穀大數以聞〔一〕，恕諾而不進。久之，上屢趣之，

恕終不進。上命執政詰之，恕曰：「天子富於春秋，若知府庫之充羨，恐生侈心，是以不敢進。」上聞而善之。元忠云

〔一〕真宗命具中外錢穀大數以聞　「真宗」原作「上」，「具」原作「其以」，據五朝言行録卷三之二、宋史卷二六七陳恕傳改。

180 太宗疾大漸〔一〕，李太后與宣政使王繼恩忌太子英明，陰與參知政事李昌齡、殿前都指揮使李繼勳、知制誥胡旦謀立潞王元佐。太宗崩，太后使繼恩召宰相呂端，端知有變，鎖繼恩於閤内，使人守之而入。太后謂曰：「宫車已宴駕，立嗣以長，順也，今將何如？」端曰：「先帝立太子，正爲今日。今始棄天下，豈可遽違先帝之命〔二〕，更有異議？」乃迎太子立之。尋以繼勳爲使相、赴陳州本鎮，昌齡爲忠武行軍司馬，繼恩爲右監門衛將軍、均州安置，胡旦除名、流潯州。楊樂道云

〔一〕太宗疾大漸　五朝言行録卷二之一無「疾」字。

〔二〕豈可遽違先帝之命　「豈」原作「安」，據聚珍本、五朝言行録、宋史卷二八一呂端傳改。

181 真宗既於大行柩前即位，垂簾引見羣臣，宰相呂端於殿下平立不拜，請捲簾〔一〕，

升殿審視，然後降堦，率羣臣拜呼萬歲。祖擇之、鄭毅夫云

〔一〕請捲簾　「請」字原脱，據長編卷四一至道三年三月癸巳條、五朝言行録卷二之一、宋史卷二八一呂端傳補。

182 真宗嘗謂李宗諤曰：「聞卿能敦睦宗族，不隕家聲〔一〕，朕今保守祖宗基業，亦猶卿之治家也。」

〔一〕不隕家聲　「隕」原作「損」，據類苑卷三改。

183 真宗初即位，以工部侍郎郭贄知天雄軍，郭贄辭訴不肯赴職，上不許。贄退，上以問宰相，對曰：「近例亦有已拜而復留不行者。」上曰：「朕初嗣位〔一〕，命贄爲大藩而不行，後何以使羣臣？」卒遣之。

〔一〕朕初嗣位　「嗣」原作「即」，據類苑卷三、長編卷四一至道三年四月甲辰條改。

184 石熙政知寧州，上言：「昨清遠軍失守，蓋朝廷素不留意。」因請兵三五萬。真宗曰：「西邊事，吾未嘗敢忘之，蓋熙政遠不知耳。」周瑩等曰：「清遠失守，將帥不

才也，而熙政敢如此不遜，必罪之。」上曰：「羣臣敢言者亦甚難得，苟其言可用，用之；不可用〔二〕，置之。若必加罪，後復誰有敢言者〔三〕？」因賜詔書褒嘉焉。

〔二〕不可用　「用」字原脱，據聚珍本、類苑卷三補。

〔三〕後復誰有敢言者　「復」、「有」二字原脱，據類苑補。

185 真宗東封還，羣臣獻歌頌稱贊功德者相繼，惟進士孫籍獻書言〔一〕：「封禪帝王之盛事，然願陛下慎於盈成，不可遂自滿假。」上善其言，即召試中書，賜同進士出身。

〔一〕孫籍獻書言　「書」字原脱，據類苑卷一六孫籍、長編卷七一大中祥符二年正月庚午條補。

186 秦國長公主嘗爲子六宅使世隆求正刺史〔一〕，真宗曰：「正刺史繫朝廷公議，不可。」

魯國長公主爲翰林醫官使趙自化求尚食使兼醫官院事〔二〕，上謂王繼英曰：「雍王元份亦嘗爲自化求遥郡，朕以遥郡非醫官所領，此固不可也。」

駙馬都尉石保吉自求見上，言：「僕夫盜財，乞特加重罪。」上曰：「有司自有常法，豈肯以卿故亂天下法也。」又請於私第決罰，亦不許。

〔一〕六宅使世隆求正刺史　「六」類苑卷三作「莊」。
〔二〕趙自化求尚食使兼醫官院事　「化」原作「庀」，「食」原作「良」，據同上書改。

187 真宗即位，每旦，御前殿，中書、樞密院、三司、開封府、審刑院及請對官以次奏事，辰後入宮上食。少時，出坐後殿，閲武事，至日中罷。夜則召侍讀、侍講學士〔一〕，詢問政事，或至夜分還宮。其後率以爲常。

〔一〕召侍讀侍講學士　「侍講」二字原脱，據類苑卷三補。

188 真宗嘗讀易，召大理評事馮元講泰卦。元曰：「泰者，天氣下降，地氣上騰，然後天地交泰。亦猶君意接於下，下情達於上，無有壅蔽，則君臣道通。嚮若天地不交，則萬物失宜；上下不通，則國家不治矣。」上大悦，賜元緋衣。

189 真宗重禮杜鎬。鎬直龍圖閣，上嘗因沐浴罷，飲上尊酒，封其餘，遣使賜鎬於閣下。鎬素不飲，得賜，喜，飲之至盡，因動舊疾，忽僵不知人。上聞之，驚，步行出至閣下〔二〕，自調藥飲之。仍詔其子津入侍疾。少頃，鎬稍蘇〔三〕，見至尊在，欲起，上撫令卧。鎬疾平，然後入宮〔三〕。方鎬疾亟時，上深自咎責，以爲由己賜酒致鎬疾也〔四〕。

〔一〕步行出至閣下　「出」字原脱，據類苑卷七杜文正補。

〔二〕稍蘇　原倒，據聚珍本、類苑及永樂大典卷一二〇四三改。

〔三〕鎬疾平然後入宮　以上七字原脱，據李藏本、學海本及永樂大典補。

〔四〕以爲由己賜酒致鎬疾也　「爲」永樂大典作「謂」；「疾」原作「病」，據李藏本、學海本及類苑、永樂大典改。

190 种放隱於終南山豹林谷，講誦經籍，門人甚衆。太宗聞其名，召之，放辭以母老不至，詔每節給錢物供養其母。咸平元年，母卒，真宗賜錢二十萬〔一〕、帛三十疋、米三十斛以葬。明年，復賜錢五萬，詔本府禮遣，亦辭疾不至。五年，又遣供奉官周珪〔二〕，齎詔至山召之，仍賜錢十萬、絹百疋，放應命至闕。上甚喜，見於便殿，賜坐與語，即拜左司諫、直昭文館，賜居第、什器，御廚給膳。明年，放上表請歸山，上令暫歸，三兩月復來赴闕。因拜起居舍人，宴餞於龍圖閣，上賦詩送之，命羣臣皆賦。景德三年，遷右諫議大夫。祥符元年，遷給事中。從祀汾陰，拜工部侍郎。

〔一〕賜錢二十萬　「二十」，宋史卷四五七种放傳作「三」。

〔二〕供奉官周珪　「周珪」，同上書作「周旺」。

191 真宗祀汾陰，召河中府處士李瀆、劉巽，巽拜大理評事，致仕，乃賜緋；瀆以疾辭。又召華山鄭隱、敷水李寧〔一〕，對於行宫，隱賜號正晦先生。又召陜州魏野，亦辭疾，不應命。右皆出聖政録

〔一〕敷水李寧　「水」原作「永」，據類苑卷四一真宗召隱士、長編卷七五大中祥符四年二月庚午條改。

192 先朝命郭后觀奉宸庫，后辭曰：「奉宸國之寶庫，非婦人所當入。陛下欲惠賜六宫，願量頒之，妾不敢奉詔。」上爲之止。李貴云

涑水記聞卷第七

193 樞密直學士張詠知益州，有巡檢所領龍猛軍人潰爲羣盜。「龍猛軍」者，本皆募羣盜不可制者充之，慓悍善鬬，連入數州，俘掠而去。蜀人大恐。詠一日召鈐轄以州牌印付之，鈐轄愕然，請其故，詠曰：「今盜勢如此，而鈐轄晏然安坐，無討賊心，是必欲令詠自行也〔一〕。鈐轄宜攝州事，詠將出討之。」鈐轄驚曰：「某今行矣。」詠曰：「何時？」曰：「即今。」詠顧左右張酒具於城西門之上〔二〕，曰：「鈐轄將出，吾今餞之。」鈐轄不得已，勒兵出城，與飲於樓上。酒數行，鈐轄曰：「某願有謁於公。」詠曰：「何也？」曰：「某所求兵糧，願皆應副之〔三〕。」詠曰：「諾。老夫亦有謁於鈐轄。」曰：「何也？」詠曰：「鈐轄今往，必滅賊；若無功而返〔四〕，必斷頭於此樓之下矣。」鈐轄震慄而去。既而與賊遇，果敗，士衆皆還走幾十里。鈐轄召其將校告之曰：「觀此翁所爲，真斬我，不爲異也。」遂復進，力戰，大破之，賊遂平。公云

〔一〕是必欲令詠自行也　「必」字原脱，據五朝言行録卷三之三補。

〔二〕西門之上　「之」字原脱，據影宋本乖崖先生文集附録及五朝言行録補。

〔三〕願皆應副之　「之」字原脱，據類苑卷二二張乖崖五及五朝言行録補。

〔四〕無功而返　「返」原作「退」，據類苑、五朝言行録改。

194 張詠時，有僧行止不明，有司執之以白詠，詠熟視，判其牒曰：「勘殺人賊。」既而案問，果一民也，與僧同行於道中，殺僧，取其祠部戒牒三衣，因自披剃爲僧。寮屬問詠：「何以知之？」詠曰：「吾見其額上猶有繫巾痕也。」王勝之云

195 真宗造玉清昭應宫，張詠上言：「不審造宫觀〔一〕，竭天下之財，傷生民之命。此皆賊臣丁謂誑惑陛下，乞斬丁謂頭置於國門，以謝天下；然後斬詠頭置於丁氏之門，以謝丁謂。」上亦不罪焉。不記所傳

〔一〕不審造宫觀　「審」，李藏本作「當」。

196 真宗判開封府，楊礪爲府寮；及登儲貳，因爲東宫官；即位，爲樞密副使。病甚，真宗幸其第問疾，所居在隘巷中，輦不能進。左右請還，上不許，因降輦，步至其第，存勞甚至。原叔云

197 楊礪，太祖建隆初狀元及第。在開封府，真宗問礪何年及第，礪唯唯不對。真宗退問左右，然後知之，自悔失問，謂礪不以科名自伐〔一〕，由是重之。

〔一〕謂礪不以科名自伐　「謂」字原脱，據長編卷四三咸平元年正月丙寅條、宋史卷二八七楊礪傳補。

198 真宗知開封府，李應機知咸平縣。府遣散從以帖下縣，有所追捕，散從恃王勢〔一〕，讙呼於縣廷。應機怒曰：「汝所事者王也，我所事者王之父也，父之人可以笞子之人，汝乃敢如此！」杖之二十。散從走歸，具道其語，泣訴於王，王不答，而默記其名，嘉其諒直。及即帝位，擢應機通判益州事，召之登殿，謂之曰：「朕方以西蜀爲憂，故除卿此官，委以蜀事。此未足爲大任，卿第行，勉之，有便宜事，密疏以聞。」應機至州，未幾，有走馬入奏事。前一日，知州置酒餞之，應機故稱疾不會，走馬心已不平。及暮，應機又使人謂走馬曰：「應機有密疏，欲附走馬入奏，明日未可行也。」走馬不知其受上旨，愈怒，强應之曰：「諾。」明日，走馬使人詣應機曰：「某治裝已具，且行矣，願得所賫之疏〔二〕。」應機曰：「某之疏不可使人傳也，當自來受之。」走馬雖怒甚〔三〕，意欲積其驕横之狀，具奏於上，乃詣應機廨舍，受其疏以行。既至，陛殿，上迎問曰：「李應機無恙乎？有疏來否？」走馬愕然失據，即對曰：「有。」因探其懷出之。上周覽，稱善數四，因問應機在蜀治行何如，走馬踧踖，轉辭更稱譽之。上曰：「汝還語應機，凡所言事皆善，已施行矣。更有意見，盡當以聞。蜀中無事，行召卿矣。」頃之，召入，遷擢，數歲中至顯官。應機爲吏强敏，而貪財多權詐，其後上亦察其爲人〔四〕，寖疎之。李公達云

〔一〕恃王勢　「王」字原脱，據長編卷四一咸平三年四月辛亥條補。

〔二〕所齎之疏　「之」原作「文」，據長編改。

〔三〕怒甚　「甚」原作「其」，據長編改。

〔四〕察其爲人　「爲」字原脱，據長編補。

199 景德初，契丹寇澶州，樞密使陳堯叟奏請沿河皆撤去浮橋〔一〕，舟船皆收泊南岸。敕下河陽、河中、陝府如其奏〔二〕，百姓大驚擾。監察御史王濟知河中府，獨不肯撤，封還敕書，且奏以爲不可。陝州通判張稷時以公事在外，州中已撤浮橋，稷還，聞河中府不撤〔三〕，乃復修之。寇相時在中書，由是知此二人。明年，召濟爲員外郎兼侍御史知雜事，方且進用。濟性鯁直，衆多嫌之，及寇相出，濟遂以郎中知杭州，徙知洪州而

卒。稷亦以此爲三司判官、轉運使。公云

〔一〕沿河皆撤去浮橋　「沿」原作「江」，據五朝言行録卷四之二改。

〔二〕河中陜府　原作「陜府河中府」，據長編卷六一景德二年八月甲午條及五朝言行録改。

〔三〕聞河中府不撤　類苑卷一四王濟張稷及長編、五朝言行録無「府」字。

200 景德初，契丹犯河北，王欽若鎮魏府〔一〕，有兵十餘萬。契丹將至，闔城惶遽〔二〕。欽若與諸將議探符分守諸門〔三〕，閤門使孫全照曰：「全照將家子，請不探符。諸將自擇便利處所〔四〕，不肯當者，某請當之。」既而莫肯守北門者，乃以全照付之。欽若亦自分守南門，全照曰：「不可。參政主帥，號令所出，謀畫所決，北門至南門二十里，請覆待報，必失機會，不如居中央府署，保固腹心，處分四面，則大善。」欽若從之。全照素教蓄無地分弩手，皆執朱漆弩，射人馬洞徹重甲，隨所指麾，應用無常〔五〕。於是大開北門，下釣橋以待之。契丹素畏其名，莫敢近北門者，乃環過攻東門〔六〕。良久，捨去，東趣故城。是夜月黑，契丹自故城潛師復過魏府，伏兵於城南狄相廟中，遂南攻德清軍。欽若聞之，遣將率精兵追之，契丹伏兵斷其後，魏兵不能進退。全照請於欽若曰：「若亡此兵，是無魏也。北門不足守，全照請救之。」欽若許之。全照率麾下出南

門力戰，殺傷契丹伏兵略盡〔七〕，魏兵復得還〔八〕，存者什三四。德清遂陷。董照云

〔一〕王欽若鎮魏府　「魏」字原脱，據長編卷五七景德元年九月乙亥條及本條下文補。

〔二〕闔城惶遽　「闔」原作「圍」，據長編卷五八景德元年十一月壬申條改。

〔三〕議探符分守諸門　「議」字原脱，據長編補。

〔四〕諸將自擇便利處所　「將」原作「官」，據長編改。

〔五〕應用無常　「應」字原脱，據長編補。

〔六〕莫敢近北門者乃環過攻東門　「北」、「乃」二字原脱，據長編補。

〔七〕伏兵略盡　「伏」原作「後」，據長編改。

〔八〕魏兵復得還　「兵復得」原作「地力傷」，據長編改補。

201 寇萊公少時不修小節，頗愛飛鷹走狗。太夫人性嚴，嘗不勝怒，舉秤鎚投之，中足流血，由是折節從學。及貴，母已亡，每捫其痕〔一〕，輒哭。楚楷云

〔一〕每捫其痕　「每」字原脱，據五朝言行録卷四之二補。

202 景德中，虜犯澶淵，天子親征，樞密使陳堯叟、王欽若密奏宜幸金陵，以避其

鋒。是時乘輿在河上行宫，召寇準入謀其事。準將入，聞内中人謂上曰：「羣臣欲將官家何之邪？何不速還京師？」準入見，上以金陵謀問之，準曰：「羣臣怯懦無知，不異於向者婦人之言。今胡虜迫近，四方危心，陛下唯可進尺，不可退寸。河北將士旦夕望陛下至，氣勢百倍。今若陛下回輦數步，則四方瓦解，虜乘其勢〔一〕，金陵可得至邪？」上善其計，乃北渡河。公云

〔一〕虜乘其勢　「虜」字原脱，據李藏本、學海本及五朝言行録卷四之二補。

203 丁、寇異趣，不協久矣。寇爲樞密使，曹利用爲副使，寇以其武人，輕之。議事有不合者，萊公輒曰：「君一武夫耳〔一〕，豈解此國家大體〔二〕！」鄆公由是銜之。真宗將立劉后，萊公及王旦、向敏中皆諫，以爲出於側微，不可。劉氏宗人横於蜀中，奪民鹽井，上以后故〔三〕，欲捨其罪，萊公固請行法〔四〕。是時上已不豫，不能記覽，政事多宫中所決。丁相知曹、寇不平，遂與鄆公合謀，請罷萊公政事〔五〕，除太子少傅。上初不知，歲餘，忽問左右曰：「吾目中久不見寇準，何也？」左右亦莫敢言。上崩，太后稱制，萊公再貶雷州〔六〕。是歲，丁相亦獲罪。公云

〔一〕君一武夫耳　「武」字原脱，據聚珍本、長編卷九五天禧四年六月丙申條補。

〔二〕豈解此國家大體　「豈」下原衍「可」字，據李藏本、學海本及長編删。

〔三〕上以后故　「故」字原脱，據五朝言行録卷四之二及長編補。

〔四〕固請行法　原作「固請必行其罪」，據同上書删改。

〔五〕請罷萊公政事　「請」字原脱，據五朝言行録補。

〔六〕再貶雷州　「再」字原脱，據五朝言行録補。

204 張齊賢爲布衣時，倜儻有大度，孤貧落魄，常舍道上逆旅。有羣盗十餘人，飲食於逆旅之間，居人皆惶恐竄匿；齊賢徑前揖之，曰：「賤子貧困，欲就諸大夫求一醉飽，可乎？」盗喜曰：「秀才乃肯自屈，何不可者？顧吾輩麤疎，恐爲秀才笑耳。」即延之坐。齊賢曰：「盗者，非齷齪兒所能爲也，皆世之英雄耳。僕亦慷慨士，諸君又何間焉？」乃取大盌，滿酌飲之，一舉而盡，如是者三。又取豘肩，以指分爲數段而啗之，勢若狼虎。羣盗視之愕眙，皆咨嗟曰：「真宰相器也。不然，何能不拘小節如此也！他日宰制天下，當念吾曹皆不得已而爲盗耳，願早自結納。」競以金帛遺之。齊賢皆受不讓，重負而返。

205張齊賢真宗時爲相，戚里有爭分財不均者，更相訴訟。又因入宮，自理於上前，更十餘斷，不能服〔一〕。齊賢曰：「是非臺府所能決也，臣請自治之。」上許之。齊賢坐相府，召訟者曰〔二〕：「汝非以彼所分財多，汝所分財少乎〔三〕？」皆曰：「然。」即命各供狀結實，乃召兩吏趣徙其家〔四〕，令甲家入乙舍，乙家入甲舍，貨財皆按堵如故，分書則交易之，訟者乃止。明日奏狀〔五〕，上大悅，曰：「朕固知非君莫能定者。」右張貽孫云

〔一〕更十餘斷不能服　「服」字原脱，據類苑卷二三張齊賢、五朝言行録卷一之七、長編卷四三咸平元年十月丁酉條補。

〔二〕召訟者曰　長編及宋史卷二六五張齊賢傳「者」下有「問」字。

〔三〕汝非以彼所分財多汝所分財少乎　「分財多汝所」五字原脱，據長編、宋史張齊賢傳補。

〔四〕趣徙其家　「徙」原作「從」，五朝言行録作「歸」，今據李藏本改。

〔五〕明日奏狀　「狀」字原脱，據類苑、五朝言行録補。

206長安多仕族子弟，恃廕縱横，二千石鮮能治之者。陳堯咨知府，有李大監者，堯咨舊交，其子尤爲强暴。一旦，以事自致公府，堯咨問其父兄宦遊何方，得安信否，語

言勤至。既而讓曰：「汝不肖，亡賴如是，汝家不能與汝言，官法又不能及，汝恃贖刑，無復恥耳！我與爾父兄善，義猶骨肉，當代汝父兄訓之。」乃引於便坐，手自杖之數十下。由是子弟亡賴者皆惕息。然其用刑過酷。有博戲者，杖訖〔一〕，桎梏列於市，置死馬其傍，腐臭氣中瘡皆死，後來者繫於先死者之足。其殘忍如此。董昭云

〔一〕杖訖　「訖」原作「之」，據類苑卷二三陳堯咨改。

207 真宗時，王欽若善承人主意，上望見輒悅之。每拜一官，中謝日，輒問曰：「除此官且可意否？」其寵遇如此。

欽若爲人陰險多詐，善以巧譎中人，人莫之寤。與王旦同爲相，翰林學士李宗諤有時名，旦善視之。旦欲引宗諤參知政事〔一〕，以告欽若，欽若曰：「善。」旦曰：「當以白上。」宗諤家素貧，禄廩不足以給婚嫁，旦前後資借之，凡千餘緡，欽若知之。故事，參知政事中謝日，所賜物近三千緡。欽若因密奏：「宗諤負王旦私錢，不能償。旦欲引宗諤參知政事，得賜物以償己債，非爲國擇賢也。」明日，旦果以宗諤名薦於上，上作色不許。其權譎皆此類。

後罷相，爲資政殿學士。故事，雜學士並在翰林學士下。及欽若入朝，上見其位在

李宗諤下，怪之，以問左右，左右以故事對。上即日除欽若資政殿大學士，位在翰林學士上。資政殿大學士自此始〔二〕。

初，欽若與丁謂善，援引至兩府。及謂得志，稍叛欽若，欽若恨之。及立皇太子，以當時兩府領少師、少傅、少保，召欽若於外，爲太子太保。欽若既謁上，明日入資善堂見太子〔三〕，位在三少之上。是時上已不豫，事多遺忘。丁謂方用事，尋有詔，欽若以太子太保歸班。欽若袖詔書白上：「臣已歸班，不識詔旨所謂。」上留其詔，改除司空、資政殿大學士。頃之，欽若宴見，上問〔四〕：「卿何故不之中書？」對曰：「臣不爲宰相，安敢之中書？」上顧都知，送欽若詣中書視事。欽若既出，使都知入奏〔五〕：「以無白麻，不敢奉詔。」因歸私第。上命中書降麻。丁謂因除欽若節度使、同平章事、西京留守。上但聞降麻，亦不之寤也。

久之，丁謂密使人謂欽若曰〔六〕：「上數語及君，思見之〔七〕，君第上表徑來，上必不訝也。」欽若信之，即上表請覲，未報〔八〕，亟留府事委僚屬而入朝。謂因責以擅委符印詣闕，無人臣禮，下詔貶司農卿、南京分司。

會今上即位，丁謂敗，章獻太后以欽若先朝寵臣，復起知昇州。自昇州召還，比至京，大臣始知之。既至，復爲相。然欽若不復大用事如真宗時矣。未幾，有朝士自外方以寄遺欽若，爲人所知，欽若因自發其事，太后由是解體。頃之，薨於位，謚曰文穆。無子，養族人爲後。欽若方用事時，四方饋遺，不可勝紀。其家金帛、圖書、奇玩，富於丁謂，爲天火所焚，一朝殆盡。辛若渝云

〔一〕且欲引宗諤參知政事　「宗諤」、「知」三字原脱，據長編卷七八大中祥符五年九月戊子條、宰輔編年録卷三補。

〔二〕資政殿大學士自此始　長編卷六一景德二年十二月辛巳條「殿」下有「置」字。

〔三〕明日入資善堂見太子　「資善」原作「贊」，據長編卷九六天禧四年十二月丁酉條改。

〔四〕上問　長編卷九六「問」下有「曰」字。

〔五〕使都知入奏　「入」字原脱，據長編卷九六補。

〔六〕謂欽若曰　長編卷九七天禧五年十一月甲申條作「紿欽若曰」。

〔七〕思見之　長編卷九七作「甚思一見」。

〔八〕未報　「報」原作「及」，據長編卷九七及宋史卷二八三王欽若傳改。

208 王文穆爲人雖深刻，然其人智略士也。澶淵之役，文穆鎮天雄。契丹既退，王親軍率大兵嚮魏府，魏府鈐轄懼，欲閉城拒之，文穆曰：「不可。若果如此，則猜嫌遂

形，是成其叛心也。」乃命於城外十里結綵棚以待之。至則迎勞，歡宴飲酒連日。既罷，其所統軍皆已分散諸道矣，親軍皆不知焉。康定初，河亭上遇一朝士縗服者言之。

209 王欽若爲翰林學士，與比部員外郎、直集賢院、修起居注洪湛同知貢舉，湛後差入貢院，時諸科已試第六場。是時，法禁尚疎，欽若奴祁睿得出入貢院。欽若妻受一舉人賂，書睿掌以姓名語欽若，皆奏名。有濟源經科，因一僧許賂欽若銀十挺，既入六挺，餘負而不歸，僧往索之，因諠鬪。事發，下御史臺鞫案。事方紛紜，真宗擢欽若參知政事。中丞趙昌言以獄辭聞，收欽若下臺對辨，上雖知其情，終不許，曰：「朕待欽若至厚，欽若欲銀，當就朕求之，何苦受舉人賂邪？且欽若纔登兩府〔一〕，豈可遽令下吏乎？」昌言争不能得。湛乃獨承其罪，詔免死罪，杖背、免刺面、配嶺南牢城。湛家貧，每會客從同館梁顥借銀器，是時適在其家，因没以爲贓。欽若内亦自愧，其後擢湛子鼎爲官以報之。真宗晚年，欽若恩遇寖衰，人有言其受金者，欽若於上前白辨〔二〕，乞下御史臺覈實。上不悦，曰：「國家置御史臺，固欲爲人辨虚實耳〔三〕！」欽若皇恐，因求出藩，乃命知杭州。蘇子容云

〔一〕纔登兩府　「纔」字原脱，據李藏本、學海本補。

〔二〕白辨　「白」，長編卷九三天禧三年六月甲午條作「自」。

〔三〕固欲爲人辨虚實耳　「爲」字原脱，據李藏本、學海本及長編補。

210 王欽若爲亳州判官，監會亭倉。天久雨，倉司以穀溼不爲受納，民自遠方來輸租者，食穀且盡，不能得輸。欽若悉命輸之倉，奏請不拘年次，先支溼穀，不至朽敗。奏至，太宗大喜，手詔答許之，因識其名。秩滿入見，擢爲朝官。

真宗即位，欽若首乞免放欠負，由是大被知遇，以至作相。

天聖初，契丹遣使請借塞内地牧馬，朝廷疑惑，不知所答。欽若方病在家，章獻太后命肩輿入殿中問之，欽若曰：「不與則示怯，不如與之。」太后曰：「夷狄豺狼，奈何延之塞内？」欽若曰：「虜以虚言相恐愒耳，未必敢來。宜密詔曹瑋，使奏乞整頓士馬以備非常。」太后從之，契丹果不入塞。瑋時知定州。董沔云

211 太宗時，大臣得罪者，貶謫無所假貸，制辭極言詆之。未幾，思其才，輒復進用。真宗重於進退大臣，制辭亦加審慎。向敏中爲相，典故薛居正宅，居正子婦柴氏上書，訟敏中典宅虧價，且言敏中欲娶己，己不許。上面問敏中，對曰：「臣自喪妻以來，未嘗謀及再娶〔一〕。」既而，上聞其欲娶王承衍女弟，責其不實，罷相歸班。其麻辭曰：「翼贊之功未著，廉潔之操蔑聞。喻利居多，敗名無恥。始營故相之第，終興嫠婦

之辭。對朕食言，爲臣自昧。」又曰：「朕選用不明，縉紳興誚。」議者皆以敏中爲終身擯棄不復用矣。

是時，舊相出鎮者，多不以吏事爲意。寇萊公雖有重名，所至之處，終日遊宴，所愛伶人，或付與富室，輒厚有所得，然人皆樂之，不以爲非也，張齊賢儻蕩任情，獲劫盜或時縱遣之，所至尤不治。上聞之，皆不以爲善。唯敏中勤於政事，所至著稱。上曰：「大臣出臨方面，唯向敏中盡心於民事耳。」於是有復用之意。

會夏州李繼遷末年，兵敗被傷，爲潘羅支所射傷。自度孤危且死，屬其子德明小字阿夷必歸朝廷，曰：「一表不聽，則再請；雖累百表，不得請，勿止也。」繼遷卒，德明納款。上亦欲息兵，乃自永興徙敏中知延州，受其降。事畢，徙知河南府。東封、西祀，皆以敏中爲東京留守。西祀還，遂復爲相，薨於相位。

〔一〕未嘗謀及再娶 「及再」二字原脱，據李藏本、學海本補。

212 向相在西京，有僧暮過村民家求寄止，主人不許，僧求寢於門外車箱中，許之。夜中有盜入其家〔一〕，自牆上扶一婦人并囊衣而出〔二〕。僧適不寐，見之。自念不爲主人所納而强求宿，而主人亡其婦及財，明日必執我詣縣矣，因夜亡去。不敢循故道，走荒草中，忽墮眢井，則婦人已爲人所殺，先在其中矣。明日，主人搜訪亡僧并子婦屍，得之井中，執以詣縣，掠治，僧自誣云：「與子婦姦，誘與俱亡，恐爲人所得，因殺之投井中，暮夜不覺失足，亦墜其中。贓在井傍亡失，不知何人所取。」獄成，詣府〔三〕，府皆不以爲疑，獨敏中以贓不獲疑之。引僧詰問數四，僧服罪，但言：「某前生當負此人死，無可言者〔四〕。」敏中固問之，僧乃以實對。敏中因密使吏訪其賊。吏食於村店，店嫗聞其自府中來，不知其吏也，問之曰：「僧某者，其獄如何？」吏紿之曰：「昨日已笞死於市矣。」嫗嘆息曰：「今若獲賊，則何如〔五〕？」吏曰：「府已誤決此獄矣〔六〕，雖獲賊，亦不敢問也。」嫗曰：「然則言之無傷矣。婦人者〔七〕，乃此村少年某甲所殺也。」吏曰：「其人安在？」嫗指示其舍，吏就舍中掩捕〔八〕，獲之。案問具服〔九〕，并得其贓。一府咸以爲神。始平公云

〔一〕夜中有盗入其家　「夜中有盗」原作「有盗夜」，據類苑卷二三向文簡、五朝言行録卷三之一改；李藏本、學海本作「夜半有盗」。

〔二〕自牆上扶一婦人　「扶」原作「挾」，據類苑、五朝言行録及長編卷六五景德四年六月末條改。

〔三〕詣府　「詣」，類苑、五朝言行録作「言」。

〔四〕無可言者　「言」字原脱，據類苑、五朝言行録、長編補。

〔五〕則何如　「則」字原脱，據同上書補。

〔六〕府已誤決此獄矣　「已」字原脱，據同上書及李藏本、學海本補。

〔七〕婦人者　長編「婦」上有「彼」字。

〔八〕吏就舍中掩捕　「掩」字原脱，據李藏本、學海本及類苑、五朝言行録、長編補。

〔九〕案問具服　「具」字原脱，據類苑、五朝言行録、長編補。

213 王旦字子明，大名人。祖徹，進士及第，官至左拾遺。父祐〔一〕，以文學介直知名，知制誥二十餘年，官至兵部侍郎，風鑑精審。旦少時，祐常明以語人，謂旦必至公輔，手植三槐於庭以識之。

旦幼聰悟，寬裕清粹。太平興國中，一舉登進士第，除大理評事、知岳州平江縣事，徙監潭州酒税。知州事何承矩薦其才行，太宗召除著作佐郎〔二〕。是時方興文學，修三館，建祕閣，購文籍，旦以選與校正。遭父喪，追出供職。端拱中，通判鄭州事，月餘，徙濠州。遭母喪去，詔復故任。淳化初，以殿中丞直史館。明年，除左正言、知制誥。四年，同判吏部流内銓、知考課院。會妻父趙昌言參知政事，旦上奏，以知制誥中書屬官，引唐獨孤郁避權德輿故事，固求解職，上嘉而許之，以禮部郎中充集賢院修撰，掌銓課如故。踰年，昌言罷政事，旦即日復知制誥，依前修撰，仍賜金紫。逮真宗即位，除中書舍人。數月，召入翰林爲學士，尋知審官院，兼通進銀臺司。咸平三年，權知貢舉。鎖宿旬日，就拜給事中、同知樞密院事。明年，遷工部侍郎、參知政事。

景德初，契丹入寇，從車駕幸澶淵。時鄆王留守京師，暴得心疾，詔旦權東京留守司事，乘傳而歸，聽以便宜從事。三年，以工部尚書同中書門下平章事、集賢殿大學士。明年，車駕幸永安，以旦爲朝拜諸陵大禮使。及還，監修國史。

大中祥符元年，天書降，以旦爲封禪大禮使，又入爲天書儀衛使；從登封泰山，遷中書侍郎兼刑部尚書、同平章事；受詔作封祀壇頌〔三〕，遷兵部尚書、同平章事。及祀汾陰，以旦爲汾陰大禮使，還，遷右僕射、同平章事；受詔作汾陰祠壇頌，上更欲遷旦官，旦瀝懇固辭，乃止加昭文館大學士及增功臣而已。及聖祖降，又加門下侍郎；玉清昭應宮成，以旦爲玉清昭應宮使；鑄天尊銅像成，以旦爲迎奉聖像大禮使；寶符閣成，又爲天書刻玉使；車駕幸亳，以旦爲奉祀大禮使。上以兖州壽丘爲聖祖降生之地〔四〕，於是處建景靈宮，以旦爲朝修使；宮成，拜司空。國史成，進拜司徒。天禧元年，進拜太保，並同平章事。聖祖上尊號，以旦爲太極觀奉上寶册使。

旦在政府十有八年，以疾辭，累章不許。及自兖州還，懇請備至，乃詔册拜太尉兼侍中，五日一起居，因入中書；遇軍國有重事，不以時日，並入參決。旦聞之惶恐，拜章乞寢恩數〔五〕，至閤門俟命，乃止增封邑，而優假之數率如前詔。既而疾甚，求對便座，扶以升殿，上見其癯瘠，惻然許之。旦退，復上奏。明日，册拜太尉，依前玉清昭應宫使，罷知政事，特給宰臣月俸之半，仍令禮官草具尚書省都堂署事之儀。未及行，其年九月己酉薨，册贈太師、尚書令，謚文正。上出次發哀，羣臣奉慰。擢其弟度支員外郎旭爲司封員外郎〔六〕，兄子大理評事睦爲大理寺丞，弟子衛尉寺丞質爲大理寺丞〔七〕；外孫韓綱、蘇舜元、范禧並同學究出身；子素、弟子徽俱未官，素補太常寺太祝，徽祕書省校書郎。

初，旦與錢若水同直史館、知制誥，有僧善相，謂若水曰：「王舍人他日位極人臣，富貴無與爲比。」若水曰：「王舍人面偏而喉骨高〔八〕，如何其貴也？」僧曰：「作相之後，面當自正。喉骨高者，主自奉養薄耳。」後果如其言。

旦以寬厚清約爲相幾二十年，遭時承平，人主寵遇至厚，公廉自守，中外至今稱之。事寡嫂謹，撫弟妹有恩，禄賜所得，與宗族共之。家事悉委弟旭，一無所問。遇恩，蔭補徧於羣從，身歿之日，諸子猶有褐衣者。性好釋氏，臨終遺命剃髮着僧衣，棺中勿藏金玉，用茶毗火葬法，作卯塔而不爲墳〔九〕。其子弟不忍，但置僧衣於棺中，不藏金玉而已。出行狀

〔一〕父祜　「祜」各本俱作「祐」，據歐陽文忠集卷二二太尉王公神道碑銘改，下同。

〔二〕召除著作佐郎　「佐」字原脱，據類苑卷一二王文正三及宋史卷二八二王旦傳補。

〔三〕封祀壇頌　「祀」原作「禪」，據類苑、宋史王旦傳改。

〔四〕聖祖降生之地　「祖」原誤作「母」，據類苑改。

〔五〕乞寢恩數　「數」字原脱，據類苑補。

〔六〕司封員外郎　「封」原作「空」，據類苑改。

〔七〕兄子大理評事睦爲大理寺丞弟子衛尉寺丞質爲大理寺丞　以上二十四字原作「子大理評事睦爲衛尉寺丞兄子大理寺丞質爲大理寺丞」，脱訛甚多；類苑在「質爲大理寺丞」之上有「弟子衛尉寺丞」六字，然補入後文義亦仍不完。宋史卷二六九王祜傳云：祜子三人：曰懿，曰旦，曰旭。懿子睦，旭子質。宋史卷一六九職官志敍遷之制云：大理評事有出身轉大理寺丞，無出身轉諸寺監丞；諸寺監丞有出身轉著作佐郎，無出身轉大理寺丞。今據類苑、宋史王祜傳、宋史職官志補改。

〔八〕喉骨高　「喉」下原衍「有」字，據類苑及錦繡萬花谷前集卷三八、古今事文類聚後集卷一八删。

〔九〕作卵塔而不爲墳　「卵」原作「卯」，據學海本、聚珍本及類苑改。

214 真宗時，馬知節、韓崇訓皆以檢校官簽署樞密院事。知節爲人質直。真宗東封泰山，車駕發京師，上及從官皆蔬食。封禪禮畢，上勞宰臣王旦等曰：「卿等久食蔬，不易。」旦等皆再拜。知節獨進言〔一〕：「蔬食者唯陛下一人而已。王旦等在道中與臣同次舍，無不私食肉者。」又顧旦等曰：「知節言是否？」旦再拜曰：「誠如知節之言。」鄧保吉云

〔一〕知節獨進言　「獨進」二字原脱，據五朝言行録卷三之四並參長編卷七〇大中祥符元年十月甲寅條補。

涑水記聞卷第八

215 王化基爲人寬厚，嘗知某州，與僚佐同坐〔一〕，有卒過庭下，爲化基詈，而不及幕職，幕職怒〔二〕，退召其卒笞之。化基聞之，笑曰：「我不知欲得一詈如此之重也。」鄙或知之，化基無用此詈，當以與之。」人皆服其雅量。官至參知政事、禮部尚書，謚曰惠獻。子舉正，有父風，官亦至參知政事、禮部尚書，謚曰安簡。馮廣淵云

〔一〕僚佐同坐　「佐」類苑卷一四王化基作「屬」。

〔二〕幕職怒　「幕職」二字原脱，據類苑補。

216 李文定公迪罷陝西都轉運使，還朝。是時真宗方議東封西祀，修太平事業。知秦州曹瑋奏：「羌人潛謀入寇，請大益兵爲備。」上大怒，以謂瑋虚張虜勢〔一〕，恐愒朝廷，以求益兵。以迪新自陝西還，召見，示以瑋奏，問其虚實，欲斬瑋以戒妄言者。文定從容奏曰：「瑋武人，遠在邊鄙，不知朝廷事體，輒有奏陳，不足深罪。臣前任陝西，觀邊將才略，無能出瑋之右者，他日必能爲國家建功立事。若以此加罪，臣爲陛下

惜之。」上意稍解。迪因奏曰：「瑋良將，必不妄言。所請之兵，亦不可不少副其請。臣觀陛下意，但不欲從鄜門出兵耳〔二〕。秦之旁郡兵甚多，可發以戍秦。臣在陝西，籍諸州兵數爲小册，常置鞶囊中以自隨，今未敢以進。」上曰：「趣取之。」迪取於鞶囊以進，上指曰：「以某州某州兵若干戍秦州，卿即傳詔於樞密院發之〔三〕。」既而，虜果大入寇，瑋迎擊，大破之，遂開山外之地。奏到，上喜，謂迪曰：「山外之捷，卿之功也。」

及上將立章獻后，迪爲翰林學士，屢上疏諫，以章獻起於寒微，不可母天下，由是章獻深銜之。周懷政之誅，上怒甚，欲責及太子，羣臣莫敢言，迪爲參知政事，俟上怒稍息，從容奏曰：「陛下有幾子，乃欲爲此計？」上大寤，由是獨誅懷政等，而東宮不動搖，迪之力也。

及爲相，時真宗已不豫，丁謂與迪同奏事退，既下殿，謂矯書聖語，欲爲林特遷官，迪不勝忿，與謂争辨，引手板欲擊謂，謂走，獲免，因更相論奏。詔二人俱罷相，迪知鄆州。明日，謂復留爲相。

迪至鄆且半歲，真宗晏駕，迪貶衡州團練副使。謂使侍禁王仲宣押迪如衡州〔四〕，仲宣始至鄆州〔五〕，見通判已下而不見迪，迪皇恐，以刃自刎，人救得免。仲宣凌侮迫脅，無所不至：人往見迪者，輒籍其名；或饋之食，留至臭腐，棄捐不與。迪客鄧餘怒曰：「豎子！欲殺我公以媚丁謂邪？鄧餘不畏死，汝殺我公，我必殺汝！」從迪至衡州，不離左右。仲宣頗憚之，迪由是得全。至衡州歲餘，除祕書監、知舒州。章獻太后上僊〔六〕，迪時以尚書左丞知河陽〔七〕，今上即位〔八〕，召詣京師，加資政殿大學士，數日復爲相。迪自以受不世之遇，盡心輔佐，知無不爲。吕夷簡忌之，潛短之於上，歲餘罷相，出知某州〔九〕。迪謂人曰：「迪不自量，恃聖主之知，自以爲宋璟，而以吕爲姚崇，而不知其待我乃如是也。」文定子及之云

〔一〕以謂瑋虚張虜勢　「謂」類苑卷一〇李文定二、五朝言行録卷五之二作「爲」。
〔二〕鄭門出兵耳　「鄭門」類苑、五朝言行録及永樂大典卷一四四六四俱作「鄭州門」。
〔三〕傳詔於樞密院發之　「發」原作「遣」，據類苑、五朝言行録改。
〔四〕押迪如衡州　「如」原作「知」，據同上書改。
〔五〕仲宣始至鄆州　「始」字原脱，據五朝言行録補。
〔六〕章獻太后上僊　「上僊」原作「崩」，據類苑、五朝言行録改。
〔七〕尚書左丞知河陽　「左」原作「右」，據類苑及宋史卷三一〇李迪傳改。
〔八〕今上即位　章獻劉太后死後，仁宗始親政，此云「今上即位」，誤甚，疑非原文；類苑作

「上即位」，亦誤；五朝言行録無「今上即位」四字。

〔九〕出知某州　「某州」長編卷一一六，景祐二年二月庚辰條及宋史李迪傳作「密州」。

217 真宗乳母劉氏號秦國延壽保聖夫人言，仁宗聖性寬仁〔一〕，宗戚近幸有求内批者〔二〕，上咸不違。康定元年十月戊子，謂宰相曰：「自今内批與官及差遣者，並具舊條，覆奏取旨。」

〔一〕仁宗聖性寬仁　「仁」字原脱，據長編卷一二九康定元年十月戊子條補。

〔二〕宗戚近幸　「戚」原作「族」，據長編改。

218 慶曆三年五月旱，丁亥夜雨。戊子，宰相章得象等入賀，上曰：「昨夜朕忽聞微雷，因起，露立於庭，仰天百拜以禱。須臾雨至，朕及嬪御衣皆沾濕，不敢避去，移刻雨霽，再拜而謝，方敢升階。」得象對曰：「非陛下至誠，何以感動天地〔一〕！」上曰：「比欲下詔罪己，避寢撤膳〔二〕，又恐近於崇飾虚名，不若夙夜精心密禱爲佳耳。」

〔一〕何以感動天地　「地」類苑卷四作「也」。

〔二〕避寢撤膳　長編卷一四一慶曆三年五月戊子條作「撤樂減膳」。

219 慶曆三年九月，知諫院王素、余靖、歐陽脩、蔡襄以言事不避，並改章服。十月，王素除淮南轉運使〔一〕，將之官，入辭，上謂曰：「卿今便去，諫院事有未言者〔二〕，可盡言之。」右正言余靖奉使契丹，入辭，書所奏事於笏〔三〕，各用一字爲目。上顧見之，問其所書者何，靖以實對。上指其字一一問之，盡而後已。上之聽納不倦如此。

〔一〕王素除淮南轉運使　「轉運使」長編卷一四四慶曆三年十月丙午條、宋史卷三二〇王素傳均作「都轉運按察使」。

〔二〕諫院事有未言者　「言」類苑卷四作「善」。

〔三〕書所奏事於笏　長編「所」下有「當」字。

220 温成皇后張氏，其先吳人，從錢氏歸國，爲供奉官。祖穎進士及第，終於縣令；子堯封尚幼，二女入宫事真宗，名位甚微。堯封亦進士及第，早終，妻惟有一女，即后也。庶子化基幼。堯封從父弟堯佐亦進士及第，時已爲員外郎，不收卹諸孤。后母賣后於齊國大長公主家爲歌舞者，而適蹇氏，生男守和。大長公主納后於禁中仙韶部，宫人賈氏母養之。上嘗宫中宴飲，后爲俳優，上見而悦，遂有寵。后巧慧，善迎人主意。初爲修媛，後册爲貴妃，飲膳供給皆逾於曹后，幾奪其位數矣，以曹后素謹，上亦重其事，故不果。上以其所出微，欲使之依士族以自重，乃稍進用堯佐，數年間爲三司副使、天章閣待制、三司使、淮海軍節度使、宣徽使，追封堯封爲清河郡王，后母爲齊國夫人，后兄化基子守誠、蹇守和皆拜官，宗族赫然俱貴。至和元年正月暴疾薨，上哀悼之甚，追册爲温成皇后，禮數資送甚極豐厚。

后方寵幸，賈氏尤用事，謂之賈夫人，受納貨賄，爲人屬請，無不行者。賈安公以姑禮事之，遂被大用，然亦以此獲譏於世。齊國夫人柔弱，故官爵賞賜多入堯佐，而化基等皆不及焉。化基終於閤門祇候。后薨，齊國夫人相繼物故。後數年，堯佐亦卒，張氏遂衰。

221 子淵曰：温成立忌，禮官列言其不可，執政患之。有禮官謂執政曰：「禮官張芻獨主此議，他人皆不得已從之耳。」前歲芻父牧當任蜀官，芻上章乞代父入蜀知廣安軍，執政謂之曰：「故事，史館檢討不爲外官，足下能捨去帖職則可往矣。」芻始謂出外當改校理，及聞執政言，出於意外，愕然，則不願外補也。執政皆笑。至是，執政追擿前事罪之曰：「代父入蜀，不當擇職田善處求廣安軍，又聞不得帖職而復止〔二〕，進退失據。」奏落芻職監潭州酒。禮官議者亦稍稍而息。

〔一〕前歲……而復止　以上一百一十二字學海本作「執政乃追引前歲蜀乞落職代父牧入蜀及乞廣安軍」。

222慶曆元年十二月，才人張氏進封修媛。慶曆四年三月，以修媛張氏世父職方員外郎堯佐提點開封府縣鎮公事。右正言余靖上言：「堯佐不當得此差遣。一堯佐不足爲輕重，但鑑郭后之禍興於楊、尚。」上曰：「朕不以女謁用人，自有臣僚奏舉。若物議不允，當與一郡。」

223至和元年，張元妃薨，初謚廣明皇后，又謚元明，又謚温成，京師禁樂一月。正月二十日，自皇儀殿殯於奉先寺，儀衛甚盛。又詔與孝惠、淑德、章懷、章惠俱立忌。正月二十日殯成，上前五日不視朝，兩府不入。前一日之夕，上宿於皇儀殿，設警場於右掖門之外。是日旦發引，陳鹵簿、鼓吹、太常樂、僧道，威儀甚盛。皇親、兩府、諸司緣道設祭，自右掖門至奉先寺，絡繹不絶。百官班辭於御史臺前，陳祭之後，又赴奉先寺。已殯，百官復詣西上閤門奉慰。

224寶元二年十一月丁酉，旬休，上御延和殿決御史臺所奏馮士元獄，謂宰相曰：

「此獄事連大臣，近者臺司進奏禁止鄭戩、龐籍起居〔一〕，自餘盛度、程琳殊無論奏。度、琳乃儒臣耳，脱有權勢更重者，當如之何？」於是開封府判官李宗簡特追一官、勒停，天章閣待制龐籍贖銅四斤、知汝州，自餘與士元交關者，皆以罪輕重責降有差。其知開封府鄭戩等按鞫士元不當罪，特放；知樞密院事盛度除尚書右丞、知揚州，參知政事程琳降授光禄卿、知潁州，皆以交關士元使幹治私務故也；御史中丞孔道輔降授給事中、知鄆州，以不按劾二人之罪故也。

〔一〕近者臺司進奏　「進」原作「准」，據學海本、聚珍本改。

225 十二月庚申，賜京西、鄜延馬遞及急脚鋪卒特支錢〔一〕。詔審刑院〔二〕、刑部、大理寺不得通賓客，有受情曲法者，開相告之科。鄜延路奏：「邊事警急，差强壯丁防守諸寨，换禁兵鬭敵。」從之。辛酉，賜鄜延特支錢。

〔一〕馬遞及急脚鋪卒特支錢　「及急脚鋪卒」原作「步」，據長編卷一二五寶元元年十二月庚申條改。

〔二〕審刑院　「院」字原脱，據長編及宋史卷一〇仁宗本紀補。

226 上問宰相唐世入閤之儀，參知政事宋庠退而講求以進，曰：「唐有大內，有大明宮。大內謂之西內，大明宮謂之東內。高宗以後，多居東內。其正南門曰丹鳳，丹鳳之內曰含元殿〔一〕，正至大朝會則御之。次曰宣政殿，謂之正衙，朔望大册拜則御之。次北紫宸殿〔二〕，謂之上閤，亦曰內衙，奇日視朝則御之。唐制，天子日視朝，則必立仗於正衙〔三〕，或乘輿止於紫宸〔四〕，則呼仗自東西閤門入，故唐世謂奇日視朝爲入閤。」

〔一〕含元殿　「元」原作「光」，據長編卷一二五寶元元年十二月戊辰條、宋史卷二八四宋庠傳改。

〔二〕次北紫宸殿　「北」，聚珍本及長編作「曰」。

〔三〕則必立仗於正衙　「仗」原作「飲」，據學海本、聚珍本、錦繡萬花谷前集卷八及長編改。

〔四〕或乘輿止於紫宸　「止」原作「至」，據李藏本、學海本及錦繡萬花谷改。

227 李端愿曰〔一〕：章獻之志非也，暴得疾耳。鑿垣而出，瘞於洪福寺，此章獻之過也。

〔一〕李端愿曰　此條言章獻劉后與李宸妃事，疑「李端愿曰」下有脱漏。

228 又曰：上幼沖即位，章獻性嚴，動以禮法禁約之，未嘗假以顏色，章惠以恩撫之。上多苦風痰〔一〕，章獻禁蝦蟹海物不得進御，章惠常藏弆以食之〔二〕，曰：「太后何苦虐吾兒如此。」上由是怨章獻而親章惠，謂章獻爲大孃，章惠爲小孃。及章獻崩，尊章惠爲太后，所以奉事曲盡恩意。景祐中，薨，神主祔於奉慈廟。弟景宗，少爲役兵，以章惠故得官，性兇悍，使酒，好以滑槌毆人，世謂之楊滑槌。數犯法，上以章惠故，優容之，官至觀察使。初，丁謂治第於城南，景宗爲兵，負土焉；及謂敗，第没官，上以賜景宗居之。

〔一〕風痰　「痰」李藏本、學海本作「疾」。

〔二〕常藏弆以食之　「弆」原作「去」，據小山堂本、學海本、聚珍本改。

229 十一日〔一〕，賜兩府、兩制宴於中書，喜雪也。

〔一〕十一日　此條上疑脱有某年某月字樣的一條，故不知此「十一日」應繫於何年何月。下條同。

230 十九日，賜兩府、兩制宴於都亭驛，曾相主之，冬至故也。果有八列，近百種〔一〕，凡酒一獻，從以四殽，堂廚也，曾氏也，使者也，太官也。

〔一〕近百種　「百」原作「八」，蓋涉上文而誤。據小山堂本、李藏本、學海本改。

231 至和元年春，張貴妃薨，上哀悼之甚，欲極禮數以寵秩之，乃追謚温成皇后，殯於皇儀殿，命參知政事劉沆監護喪事〔一〕。是時陳執中、梁適爲宰相，王拱辰、王洙判太常寺兼禮儀事，皆皇恐，不愛名器，以承順上意。

又詔爲温成皇后立忌日。同知禮院馮浩、張芻、吴充、鞠真卿皆争之，執政患之。因芻向時奏以父牧當任蜀官，自乞代父入蜀；既而又奏得父書，自願入蜀，更不代行；無何，牧至京師，復上奏乞免蜀官。於是執政以芻奏事前後異同，落史館檢討，監潭州酒，欲以警策其餘。

禮院故事，常豫爲印狀，列署衆銜，或非時中旨有所訪問，不暇徧白禮官，則白判寺一人，書填印狀，通進施行。是時，温成喪事，日有中旨訪問禮典，判寺王洙兼判少府監，廨舍最近，故吏多以事白洙，洙常希望上旨，以意裁定，填印狀進内。事既施行，而論者皆責禮官。禮官無以自明〔二〕，乃召禮直官戒曰：「自今凡朝廷訪問禮典稍重應商議者，皆須徧白衆官，議定奏聞。自非常行熟事〔三〕，不得輒以印狀申發，仍責取知委〔四〕。」後數日，有詔問：「温成皇后廟應如他廟用樂舞否？」禮直官李亶以事白洙，洙即填印狀奏云〔五〕：「當用樂舞。」事下禮院，充、真卿怒，即牒送禮直官李亶於開封府，使案其罪。是時蔡襄權知開封府，洙抱案卷以示襄曰：「印狀行之久矣，禮直官何罪？」襄患之，乃復牒送亶於禮院，云：「請任自施行。」充、真卿復牒送府，如是再三〔六〕。

先是，真卿好遊臺諫之門，會温成后神主祔新廟，皆以兩制攝獻官，端明殿學士楊察攝太尉，殿中侍御史趙抃監祭〔七〕，吴充監禮。上又遣内臣臨視。察臨事〔八〕，内出圭瓚以盥鬯。充言於察曰：「禮，上親享太廟則用圭瓚，若有司攝事則用璋瓚。今使有司祭温成廟而用圭瓚〔九〕，是薄於太廟而厚於姬妾也。其於聖德，虧損不細，請奏易之。」察有難色，曰：「日已暮矣，明日行事，言之何及？」而内臣視祭者已聞之〔一〇〕，密以上聞，詔即改用璋瓚祭之。明日趙抃上言，劾蔡襄知開封府不案治禮直官罪，畏懦觀望。於是執政以爲充因祠祭教抃上言〔一一〕。又禮直官日在温成墳所，訴於内臣云：「欲送禮直官於開封府者，充與真卿二人而已。」由是怒充與真卿。

明日，詔禮直官及繫檢禮生各贖銅八斤，充及真卿皆補外官：充知高郵軍，真卿知淮陽軍。於是臺諫争言充等不當補外，最後，右正言、修起居注馮京言最切直，以爲：「今百職隳廢，獨充等能舉其職，而陛下責胥吏太輕，責充等太重，將何以振飭紀綱？」於是朝廷落京修注，即日趣充等行。開封府推官、集賢校理刁約掌修墳頓遞，亦嘗對中貴人言温成禮數太重，詔以約爲京西路提點刑獄，亦即日行。元規受詔讀册，辭曰：「故事，正后翰林學士讀册。今召臣承之，臣實恥之。」奏報聞。至日，集賢官僚謂之曰：「公今日何爲復來？」元規曰：「共傳誤本耳。」又諫追册曰：「皆由佞臣贊成茲事。」二相甚銜之。將行追册，言官力諫，上意稍寢〔一三〕。明日，以問執政，執政順成之。夢得及母湜、俞希孟皆求外補〔一三〕，郭申錫請長告，皆以言不用故也〔一四〕。

〔一〕監護喪事　「護」原作「議」，據長編卷一七六至和元年春正月癸酉條、宋史卷二八五劉沆傳改。

〔二〕禮官無以自明　「禮官」二字原脱，據長編卷一七六補。

〔三〕自非常行熟事　「非」字原脱，據李藏本、學海本補。

〔四〕責取知委　「取」原作「狀」，據長編卷一七七至和元年十一月辛酉條改。

〔五〕洙即填印狀奏云　「印」字原脱，據長編卷一七七補。

〔六〕如是再三　據長編卷一七七「三」下有「禮院吏相率逃去」。

〔七〕趙抃監祭　「祭」原作「察」，據長編卷一七七改。

〔八〕察臨事　「臨」字原脱，據學海本、聚珍本補。

〔九〕今使有司　「使」字原脱，據長編卷一七七補。

〔一〇〕内臣視祭者　「視」原作「侍」，據長編卷一七七改。

〔一一〕祠祭教抃上言　「祠」原作「初」，據長編卷一七七改。

〔一二〕上意稍寢　「寢」李藏本、學海本作「解」。

〔一三〕俞希孟皆求外補　長編卷一七六至和元年春正月丁丑條作「俞希孟等皆補外」。

〔一四〕皆以言不用故也　「也」下原衍「聖明諫立忌執政追引去年乞落職代父入蜀及乞廣安軍罪之落檢討潭州監税」三十二字，已略見本卷張翕落職貶官條，此顯係錯簡，今據小山堂本、學海本、聚珍本删。

232 王樂道曰：尚美人、楊美人争寵，郭后查傷今上頸〔一〕，召都知而付之。初，章獻爲上娶郭后，后恃章獻驕妬，後宫莫得進，上患之，不敢詰。章獻崩，楊、尚並進，后有怨言。都知閻文應惡之，因與上謀廢后。上問吕許公，亦曰：「古亦有之。」遂降敕廢爲金庭教主，后不知之。文應懷敕并道衣以授之，后恚，有詩語，文應即驅出，以車送瑶華宫。既而，上悔之，作慶金枝曲，遣使賜后，后和而獻之。又使詔入宫，文應懼，以疾聞。上命賜之酒及藥，文應遂酖之。

丁正臣曰：范諷問上傷，上以后語之。及疾，文應使醫寘毒，上不知〔二〕。

〔一〕郭后查傷今上頸　「郭后」原倒置於「頸」下，「今」字原脱，「頸」原作「頭」，據李藏本、學海本改補。

〔二〕上不知　學海本、文淵閣本「不」上有「終」字。又閣本「丁正臣曰」以下爲注文。

233 慶曆三年九月丁丑，知諫院蔡襄上言：「自今中書、密院執政官，非休假日，私第不得見客。欲詢訪外事者，聽呼召。」從之。

234 嘉祐四年五月，上手詔賜兩府曰：「朕觀在昔君臣，惟同心同德，故成天下之務，享無疆之休。倘設猜防之端，是乖信任之道。近因納言屢述御臣之規〔一〕，頗立科條，用制邪慝。方今圖任賢哲，倚爲股肱，論道是咨，推誠無間，而有禁未解〔二〕，斯豈稱朕意邪？先有兩制臣僚不許至執政私第，兩府大臣奏薦人不得充臺諫官條約，其悉除之。庶使君臣之際，了無疑間之迹。卿等謀謨舉措，義宜何如。」

〔一〕近因納言屢述御臣之規　「近」字、「言」字原脱，據李藏本、小山堂本、學海本補。

〔二〕有禁未解　「有」原作「可」，據李藏本、學海本改。

235 嘉祐七年二月癸卯，以駙馬都尉李瑋知衛州事，兖國公主入居禁中，瑋所生母楊氏歸瑋之兄璋宅〔一〕，公主乳母韓氏出居於外，公主宅勾當内臣梁懷吉勒歸前省，公主宅諸色祗應人皆散遣之。瑋貌陋性樸，上以章懿太后故，命之尚公主。自始出降，常以庸奴視之〔二〕。乳母韓氏復相離間〔三〕。梁懷吉等給事公主閤内，公主愛之。公主嘗與懷吉等閑飲，楊氏窺之，公主怒，毆傷楊氏。由是外人諠譁，咸有異議。朝廷貶逐懷吉等於外州，公主恚懟，或欲自縊，或欲赴井，或縱火欲焚第舍，以邀上意，必令召懷吉等還。上不得已，亦爲召之，然公主意終惡瑋。至是不肯復入中閤〔四〕，居於廳事，晝夜不眠，或欲自盡，或欲突走出外，狀若狂易。左右以聞，故有是命。

三月戊申朔，壬子，制曰：「陳車服之等，所以見王姬之尊；啟脂澤之封，所以昭帝女之寵。兹雖親愛之攸屬，時乃風化之所關。苟不能安諧於厥家，則何以觀示於流俗。兖國公主生而甚慧，朕所鍾憐，故於外家之近親，以求副車之善配。而保傅無狀，閨門失歡，歷年於兹，生事弗順，達於聽聞，深所駭驚。雖然恩義之常，人所難斷；至於賞罰之際，朕安敢私？宜告大庭，降徙下國。於戲！惟肅雍以成美德，惟柔順以輯令名，乃其恪恭，庶幾永福。可降封沂國公主。安州觀察使〔五〕、駙馬都尉李瑋改建州觀察使，依舊知衛州〔六〕。」公主既還禁中，上數使人慰勞李氏，賜瑋金二百兩，且謂曰：「凡人富貴，亦不必爲主壻也。」於是瑋兄璋上言：「家門祚薄〔七〕，弟瑋愚騃，不足以承天姻，乞賜指揮。」上許之離絶。又以不睦之咎皆由公主，故不加責降焉。

〔一〕歸瑋之兄璋宅　「兄璋」二字原脱，據温國司馬文正公文集卷二一論李瑋知衛州狀、長編卷一九六嘉祐七年二月癸卯條補。

〔二〕常以庸奴視之　「視」原作「見」，據學海本、聚珍本及長編改。

〔三〕復相離間　「復相」原作「等復」，據長編改。

〔四〕不肯復入中閤　「閤」原作「門」，據長編改。

〔五〕安州觀察使　「安州」二字原脱，據長編卷一九六嘉祐七年三月辛亥條補。

〔六〕依舊知衛州　「衛」原作「魏」，據學海本及長編改。

〔七〕家門祚薄　「祚薄」原作「薄祐」，李藏本、學海本作「薄祚」，今據懷辛齋藏本改。

236 嘉祐元年夏，詔自今舉選人充京官者，已舉不得復首，及被舉者亦不得納舉主人。

詔文武官、宗室、嬪御、內官應奏薦親戚補官〔一〕，舊制遇乾元節奏一人者，今遇三年親郊乃得之；舊遇親郊奏一人者，今再遇親郊乃得之；其餘減損各有差。

〔一〕應奏薦親戚補官　「薦」原作「爲」，據李藏本、學海本、小山堂本改。

237 京師雨兩月餘不止，水壞城西南隅，漂没軍營民居甚衆。宰相以下親護役救水，河北、京東西、江、淮、夔、陝皆大水。

238 九月辛卯，上以疾瘳，恭謝天地於大慶殿〔一〕。禮畢，御宣德門，大赦，改元，恩賜皆如南郊。

〔一〕大慶殿　「殿」字原脱，據長編卷一八四嘉祐元年九月辛卯條補。

239 二年夏五月庚辰，管勾麟府路軍馬事郭恩遇夏虜於屈野河西，與戰，敗績，恩及走馬承受公事黄道元皆爲虜所擒〔一〕。秋，虜復遣道元歸。

〔一〕黄道元　「道元」原倒，據下文及長編卷一八五嘉祐二年五月庚辰條、宋史卷三二六郭恩傳改。

240 詔文武官應磨勘轉官者，皆令審官院以時舉行，毋得自投牒〔一〕。

又詔自今間歲一設科場，復置明經科〔三〕。

〔二〕此詔長編卷一八五繫於嘉祐二年五月己亥。

〔三〕此詔長編卷一八六繫於嘉祐二年十二月戊申。

241 三年五月甲申，榜朝堂：「敕：鹽鐵副使郭申錫屬與李參訟失實，黜知濠州〔一〕。」

〔一〕訟失實黜知濠州　以上七字原脱，據學海本補。長編卷一八七嘉祐三年五月乙酉載：「其降申錫知滁州，牓于朝堂。申錫尋改知濠州。」宋史卷三三〇郭申錫傳云：「相視決河，坐訟李參失實，黜知濠州。帝明榜朝堂，稱其欺誣，以儆在位。」

242 范文正公於景祐三年言吕相之短，坐落職、知饒州，徙越州〔一〕。康定元年，復天章閣待制、知永興軍〔二〕，尋改陝西都轉運使。會許公自大名復入相〔三〕，言於仁宗曰：「范仲淹賢者，朝廷將用之，豈可但除舊職邪？」即除龍圖閣直學士、陝西經略安撫副使〔四〕。上以許公爲長者，天下皆以許公爲不念舊惡〔五〕。文正面謝曰：「曏以公事忤犯相公，不意相公乃爾奬拔。」許公曰：「夷簡豈敢復以舊事爲念邪？」

及文正知延州，移書諭趙元昊以利害，元昊復書，語極悖慢，文正具奏其狀，焚其書不以聞。時宋相庠爲參知政事。先是，許公執政，諸公唯諾書紙尾而已，不敢有所預；宋公多與之論辨，許公不悦。一日，二人獨在中書，許公從容言曰：「人臣無外交，希文乃擅與元昊書，得其書又焚去不奏，他人敢爾邪？」宋公以爲許公誠深罪范也。時朝廷命文正分析，文正奏：「臣始聞虜有悔過之意，故以書誘諭之。會任福敗，虜勢益振，故復書悖慢。臣以爲使朝廷見之而不能討，則辱在朝廷，乃對官屬焚之，使若朝廷初不知者，則辱專在臣矣。故不敢以聞也。」奏上，兩府共進呈，宋公遽曰：「范仲淹可斬！」杜祁公時爲樞密副使，曰：「仲淹之志出於忠果，欲爲朝廷招叛虜耳，何可深罪？」争之甚切。宋公謂許公必有言助己，而許公默然，終無一語。上顧問許公：「如何？」許公曰：「杜衍之言是也，止可薄責而已。」乃降一官、知耀州。於是，論者諠然〔六〕，而宋公不知爲許公所賣也。宋公亦尋出知揚州。

〔一〕范文正公於景祐三年言吕相之短坐落職知饒州徙越州　「范文正公」以下十一字原脱，小山堂本則脱前九字。五朝言行録卷六之一作「景祐中，吕許公執政，范文正公以天章閣待制知開封府，屢攻吕公之短，坐落職、知饒州。」疑五朝言行録有增益，今據李藏本、學海本、聚珍本補。

〔二〕復天章閣待制　「天章閣待制」五朝言行録作「舊職」。

〔三〕許公自大名復入相　「許」原作「吕」，據五朝言行録及本條下文改。

〔四〕即除龍圖閣直學士陝西經略安撫副使　「即」字原脱，據五朝言行録補。

〔五〕天下皆以許公　「皆」五朝言行録作「亦」。

〔六〕論者諠然　長編卷一三二慶曆元年五月辛未條「諠然」下有「皆咎庠」三字。

243 正臣云：宗實既堅辭宗正之命，諸中貴人乃薦燕王元儼之子允初。上召入宫，命坐，賜茶。允初顧左右曰：「不用茶，得熟水可也。」左右皆笑。既罷，上曰：「允初癡騃，豈足任大事乎？」

244 李參，鄆州人，爲定州通判。夏守恩爲真定路都部署〔一〕，貪濫不法，轉運使楊偕、張存欲發其事〔二〕，使參按之，得其斂戍軍家口錢十萬爲之遣代者〔三〕；權知定州，取富民金釵四十二枚，爲之移卒於外縣。守恩坐除名、連州編管，弟殿前都指揮使守贇亦解兵權〔四〕。參由是知名〔五〕。

〔一〕真定路都部署　「都」字原脱，據長編卷一二〇景祐四年閏四月己亥條、宋史卷二九〇夏守恩傳補。

〔二〕轉運使楊偕　「偕」原作「楷」，據李藏本、學海本及長編改。

〔三〕得其斂戍軍家口錢十萬爲之遣代者　「戍軍」原作「成宣」，據李藏本、小山堂本、學海本改；「代」原作「伏」，李藏本作「伏」，學海本作「放」，今據小山堂本改。

〔四〕殿前都指揮使守贇　「都」字原脱，據長編及宋史夏守贇傳補。

〔五〕參由是知名　「參」字原脱，據上下文意補。

涑水記聞卷第九

245 拓跋諒祚　嘉祐七年，諒祚始請稱漢官，以伶人薛老峰爲副使，稱左司郎中兼侍御史知雜事；又請尚主，及乞國子監所印諸書、釋氏經一藏并譯經僧及幞頭、工人、伶官等。詔給國子監書及釋氏經并幞頭；尚主，辭以昔嘗賜姓；其餘皆托辭以拒之。

夏，當遣使者賜諒祚生辰禮物。初命内殿承制余允〔一〕，臺官上言：「允本庖人，更乞擇使者。」乃命供備庫副使張宗道。初入境，虜館宗道於西室，逆者至，欲先宗道行馬，及就坐，又欲居東，宗道固争之。逆者曰：「主人居左〔二〕，禮之常也。天使何疑焉？」宗道曰：「僕與夏主比肩以事天子，若夏主自來，當相爲賓主。爾陪臣也，安得爲主人？當循故事，僕居上位〔三〕。」争久不決〔四〕，虜曰：「君有幾首，乃敢如是？」宗道大笑曰：「有一首耳。來日已别家人而來，今日欲取宗道首則取之。宗道之死，得其所矣。但恐夏國必不敢耳〔五〕。」逆者曰：「譯者失辭，某自謂有兩首耳。」宗道曰：「譯者失辭，何不斬譯者，乃先宗道？」逆者云〔六〕：「兩國之歡如魚水。」宗道曰：「然則天朝水也〔七〕，水可無魚，魚不可無水。」

〔一〕余允　「允」類苑卷七五西夏二作「亢」。
〔二〕主人居左　「左」原作「先」，據類苑、長編卷一九六嘉祐七年六月癸未條改。
〔三〕僕居上位　「上」類苑作「主」。
〔四〕争久不決　「争」原作「事」，據類苑、長編改。
〔五〕必不敢耳　「耳」原作「爾」，據小山堂本及類苑、長編改。
〔六〕逆者云　「逆者」二字原作「自」，長編作「迎者」，今據長編及上文改。
〔七〕然則天朝水也　「天」原作「大」，據小山堂本、李藏本、學海本及長編改；長編「水也」下有「夏國魚也」四字。

246 於内帑借錢一百二十萬，紬絹七十萬，銀四十萬，錦綺二十萬，助十分之七〔一〕。

〔一〕此條疑有脱訛。

247 汴張鞏建議大興狹河之役，使河面俱闊百五十尺〔一〕，所修自東京抵南京〔二〕，南京已下〔三〕，更不修也。今歲所修止於開封縣境〔四〕。王臨云

〔一〕使河面俱闊百五十尺　「河面」原作「西」，據長編卷一八四嘉祐元年九月癸卯注引記

聞改。

〔二〕自東京抵南京　「東京」原倒，據長編改。

〔三〕南京已下　「南京」原作「以東」，「下」原作「狹」，均據長編改。

〔四〕開封縣境　「縣」字原脱，據長編補。

248 濮王薨，任守忠、王世寧護葬事，凌蔑諸子，所饋遺近萬緡，而心猶未厭。故奏宗懿不孝，坐奪俸、黜官。

249 癸未，皇子猶堅卧不肯入肩輿，宗諤責之曰〔一〕：「汝爲人臣子，豈得堅拒君父之命而終不受邪？我非不能與衆執汝强置於肩輿，恐使汝遂失臣子之義，陷於惡名耳。」皇子乃就濮王影堂慟哭而就肩輿。王樂道云

〔一〕宗諤責之曰　「諤」字原脱，據李藏本、小山堂本、學海本補。

250 又云：令教授周孟陽作讓知宗正表，每一表餉之金十兩。孟陽辭，皇子曰：「此不足爲謝，俟得請，方當厚酬耳。」凡十八表，孟陽獲千餘緡。

251 丁正臣曰：皇子堅辭新命，孟陽使人謂之曰：「君已有此迹，若使中人別有所奏，君獨能無患乎？」

252 契丹乘西鄙用兵，中國疲弊，陰謀入寇。朝廷聞之，十月始修河北諸州城，又籍民爲强壯以備之〔一〕，又籍陝西、河東民爲鄉弓手。時天下久承平，忽聞點兵，民情驚擾。敕諭以「今籍民兵〔二〕，止令守衛。慮有不逞之徒，妄相驚煽，云『官欲文面爲兵，發之戍邊。』有爲此言者，聽人告捕，當以其家財充賞。」

〔一〕籍民爲强壯　「强壯」原倒，據長編卷一三四慶曆元年十月庚辰條改。

〔二〕今籍民兵　「籍」字原脱，據李藏本、學海本及小山堂本補。

253 二年正月，契丹大發兵屯幽薊間，先遣其宣徽南院使蕭英、翰林學士劉六符奉書入見。己巳，邊吏以聞，朝廷爲之旰食。壬申，以右正言、知制誥富弼假中書舍人充接伴。

254 樞密直學士明鎬討貝州，久未下，上深以爲憂，問於兩府，參知政事文彦博請自往督戰。八年正月丁丑，以彦博爲河北宣撫使，監諸將討貝州。時樞密使夏竦惡鎬，凡鎬所奏請，多從中沮，唯恐其成功。彥博奏：「今在軍中，請得便宜從事，不中覆。」上許之。

閏月庚子朔，克貝州，擒王則。初，彥博至貝州，與明鎬督諸將築距闉以攻城〔一〕，旬餘不下，有牢城卒董秀、劉炳請穴地以攻城，彥博許之。貝州城南臨御河，秀等夜於岸下潛穿穴，棄土於水，晝匿穴中，城上不之見也。久之，穴成〔二〕，自教場中出。秀等以褐袍塞之〔三〕，走白彥博，選敢死士二百，命指使將之〔四〕，銜枚自穴入〔五〕。有帳前虞候楊遂請行，許之。遂白「軍士中有病欬者數人〔六〕，此不可去，請易之」，從之。既出穴，登城殺守者，垂絙以引城下之人〔七〕，城中驚擾。賊以火牛突登城者，登城者不能拒，頗引却。楊遂力戰，身被十餘創，援鎗刺牛，牛却走踐賊，賊遂潰。王則、張巒、卜吉與其黨突圍走，至村舍，官軍追圍之。則猶着花幞頭，軍士爭趣之，部署王信恐則死無以辨〔八〕，以身覆其上，遂生擒之。巒、吉死於亂兵，不知所在。彥博請斬則於北京，夏竦奏言所獲賊魁恐非真，遂檻車送京師，剮於馬市。董秀、劉炳並除內殿崇班。

〔一〕督諸將築距闉以攻城　「諸」字原脱，據三朝言行録卷三之一補。

〔二〕穴成　「成」原作「城」，據類苑卷五六文潞公及三朝言行録改。

〔三〕以褐袍塞之　「褐」類苑作「裼」。

〔四〕命指使將之　「指」下原衍「揮」字，據類苑、三朝言行録删。

〔五〕銜枚自穴入　「穴」下原衍「中」字，據同上書删。

〔六〕遂白軍士中　「白」原作「曰」，「士」字原脱，據同上書改補。

〔七〕以引城下之人　「下之」三朝言行録作「外」。

〔八〕恐則死無以辨　「則」原作「賊」，據類苑、三朝言行録改。

255 初，趙元昊既陷安遠、塞門寨，朝廷以延州堡寨多，徒分兵力，其遠不足守者悉棄之，而虜益内侵爲邊患。大理寺丞、簽署保大軍節度判官事种世衡建言：「州東北二百里有故寬州城，修之，東可通河東運路，北可扼虜要衝。」詔從之，命世衡帥兵董其役，且城之。城中無井，鑿地百五十尺始遇石，而不及泉，工人告不可鑿〔一〕，衆以爲城無井則不可守，世衡曰：「安有地中無水者邪？」即命工鑿石而出之，得石屑一器酬百錢，凡過石數重，水乃大發，既清且甘，城中牛馬皆足。自是邊城之無井者效之，皆得水。詔名其城曰青澗，以世衡爲内殿承制、知城事。出希文所作墓誌。衆亦云

〔一〕工人告不可鑿　「工」，學海本作「土」。

256世衡字仲平，放之兄子。世衡少尚氣節，以蔭補將作監主簿，累遷太子中舍。嘗知武功縣，用刑嚴峻，杖人不使執拘之，使自凭欄立塼上受杖，杖垂畢，足或落塼，則更從一數之。人亦服其威信，或有追呼，不使人執帖下鄉村〔一〕，但以片紙榜縣門，云：「追某人，期某日詣縣庭。」其親識見之，驚懼走告之，皆如期而至。于志寧云

〔一〕執帖下鄉村　「下」類苑、五朝言行録及古今事文類聚外集卷一四作「入」。

257後通判鳳州，知州王蒙正，章獻太后姻家也，嘗以私干世衡，不從，乃誘王知謙使詣闕訟冤，而陰爲之内助，世衡坐流竇州。章獻崩，龍圖閣直學士李紘奏雪其罪，復衛尉寺丞。墓誌云

258後知澠池縣，葺館舍，設什器，乃至砧臼匕筯，無不畢備，客至如歸，由是聲譽大振。自見縣旁山上有廟，世衡葺之，其梁重大，衆不能舉。世衡乃令縣幹剪髮如手搏者，驅數對於馬前，云「欲詣廟中教手搏〔二〕」，傾城人隨往觀之。既至，而不教，謂觀者曰：「汝曹先爲我致廟梁，然後觀手搏。」衆欣然，趣下山共舉之，須臾而上。其權數皆此類。

〔一〕欲詣廟中教手搏　「教」原作「令」，據類苑卷五六种世衡三、五朝言行録卷七之三改。

259 初至青澗城，逼近虜境，守備單弱〔一〕，芻糧俱乏。世衡以官錢貸商旅使致之，不問所出入，未幾，倉廩皆實。又教吏民習射，雖僧道婦人亦習之。以銀爲射的，中者輒與之。既而中者益多〔二〕，其銀重輕如故，而的漸厚且小矣。或争徭役優重，亦使之射，射中者得優處。或有過失，亦使之射，射中則釋之。由是人人皆能射。士卒有病者，常使一子視之，戒以不愈必笞之。撫養羌屬，親入其帳，得其歡心〔三〕，争爲之用。寇至，屢破之。部落待遇如家人。有功者或解所服金帶，或撤席上銀器遺之。比數年，青澗城遂成富彊，於延州諸寨中，獨不求益兵、運芻糧。衆云，亦出墓誌

〔一〕守備單弱　「弱」字原脱，據李藏本、學海本及五朝言行録卷七之三補。

〔二〕中者益多　「益」原作「亦」，據類苑卷五六种世衡四、永樂大典卷八〇九〇及五朝言行録改。

〔三〕親入其帳得其歡心　「帳」字原脱，據李藏本、學海本補；「得」下原脱「其」字，據類苑補。

260 洛苑副使、知青澗城种世衡，爲屬吏所訟以不法事〔一〕，按驗皆有狀。鄜延路經略使龐公奏〔二〕：「世衡披荊棘，立青澗城，若一一拘以文法，則邊將無所措手足。」詔勿問。頃之，世衡徙知環州，將行，別龐公，拜且泣曰：「世衡心腸鐵石也，今日爲公下淚矣。」潁公云〔三〕

〔一〕爲屬吏所訟以不法事　「以」字原脱，據李藏本、長編卷一三五慶曆二年三月末條補；學海本此句作「爲屬吏李成以擅用官物諸不法事訐訟」。

〔二〕鄜延路　「路」字原脱，據類苑卷五六种世衡五、五朝言行録卷七之三補。

〔三〕潁公云　「潁」原作「穎」，據聚珍本及宋史龐籍傳改。

261 慶曆二年春〔一〕，范文正公巡邊，至爲環慶經略使，環州屬羌多懷貳心，密與元昊通，以种世衡素得屬羌心〔二〕，而青澗城已完固，乃奏徙世衡知環州以鎮撫之。有牛奴訛，素屈强，未嘗出見州官，聞世衡至，乃來郊迎〔三〕。世衡與約，明日當至其帳，慰勞部落。是夕，雪深三尺，左右曰：「奴訛凶詐難信，且道險，不可行。」世衡曰：「吾方以信結諸胡，可失期邪？」遂冒雪而往。既至，奴訛尚寢，世衡蹴起之，奴訛大驚，曰：「吾世居此山，漢官無敢至者，公了不疑我邪〔四〕？」帥部落羅拜，皆感激心

服。出墓誌

〔一〕慶曆二年春　「二」類苑卷五六种世衡六、五朝言行録卷七之三作「三」；長編卷一三五慶曆二年三月末李燾注云：「世衡自青澗城徙環州，實録不記。按仲淹作世衡墓誌，稱慶曆二年春，今附此。」又，范文正公集卷一三東染院使种君墓誌銘云：慶曆二年春，予按巡至環州。記聞此條下注云「出墓誌」，故應爲「慶曆二年春」，類苑、五朝言行録誤。

〔二〕以种世衡素得屬羌心　「种」字原脱，據類苑、五朝言行録補。

〔三〕聞世衡至乃來郊迎　「世衡」以下七字原脱，據五朝言行録及錦繡萬花谷前集卷二補。

〔四〕公了不疑我邪　「了」原作「丁」，李藏本、學海本作「乃」，今據類苑、五朝言行録及范文正公集卷一三改。

262 胡酋蘇慕恩部落最强〔一〕，世衡皆撫而用之。嘗夜與慕恩飲〔二〕，出侍姬以佐酒。既而世衡起入内，潛於壁隙窺之。慕恩竊與侍姬戲，世衡遽出掩之。慕恩慙懼請罪，世衡笑曰：「君欲之邪？」即以遺之。由是得其死力，諸部有貳者，使慕恩討之，無不克。郭固云

〔一〕胡酋蘇慕恩　「酋」原作「首」，據類苑卷五六种世衡七、五朝言行録卷七之三、古今事文

類聚後集卷一六改；「蘇」字原脱，據錦繡萬花谷前集卷一五及五朝言行録補。

〔二〕與慕恩飲　「慕」字原脱，據錦繡萬花谷、事文類聚補。

263 生羌歸附者百餘帳，納所得元昊文券、袍帶，無復貳心。世衡令諸族各置烽火，元昊掠之，更相救，常敗去，遂不敢犯。衆云，亦出墓誌

264 世衡嘗以罪怒一番落將，杖其背，僚屬爲之請，莫能得。其人被杖已，奔趙元昊，甚親信之，得出入樞密院。歲餘，盡詗得其機事以歸，衆乃知世衡用以爲間也。衆云

265 環、原之間，屬羌有明珠、滅臧、康奴三種最大，素號横猾，撫之則驕不可制，攻之則險不可入，常爲原州患。其北有二川，通於夏虜。二川之間，有古細腰城。慶曆四年，參知政事范文正公宣撫陝西，命世衡與知原州蔣偕共城之。世衡先遣人説誘夏虜〔一〕，以故未及出兵争之。世衡以錢募戰士，晝夜板築，旬月而成。乃召三種酋長，諭以官築此城，爲汝禦寇。三種既出其不意，又援路已絶，因而服從。世衡在役所得疾，明年正月甲子卒，屬羌朝夕聚哭其柩者數日。青澗、環州吏民及屬羌皆畫像事之。八子：古、診、詠、諮、諤、訢、記、誼〔二〕。出墓誌

〔一〕説誘夏虜　「誘」字原脱，據類苑卷五六种世衡九、五朝言行録卷七之三補。

〔二〕八子古診詠諮謣訢記誼　「診」原作「珍」，據范文正公集卷一三种君墓誌銘及類苑、五朝言行録改。

266 初，洛苑副使种世衡在青澗城，欲遣僧王嵩入趙元昊境爲間，召與之飲〔一〕，謂曰：「虜若得汝，考掠求實，汝不勝痛，當以實告邪？」嵩曰：「誓死不言。」世衡曰：「先試之。」乃縛嵩於庭，而掠之數百，嵩不屈，世衡曰：「汝真可也！」時元昊使其妻之兄弟、寧令之舅野利旺榮及剛浪唛，分將左右廂兵，最用事。世衡使嵩爲民服，齎書詣旺榮〔二〕，且遺之棗及畫龜。旺榮鎖嵩囚地牢中，且半歲所〔三〕。會元昊欲復歸中國，而恥自言，乃釋嵩囚，使旺榮遺邊將書，遣教練使李文貴逆嵩還，曰：「鄉者种洛苑書意，欲更求通和邪？」邊將送文貴及嵩詣延州，時龐公爲經略使，已奉朝旨招納元昊，始遣文貴往來議其事，奏嵩除三班借職。衆云，及自見

〔一〕召與之飲　「召」字原脱，據類苑卷五六种世衡十、五朝言行録卷七之三補。

〔二〕齎書詣旺榮　「榮」下學海本、聚珍本有「曰鄉者得書知有善意欲背僭僞歸款朝廷甚善事宜早發狐疑變生」二十七字。

〔三〕旺榮鎖嵩囚地牢中且半歲所　「榮」下學海本、聚珍本有「以聞於元昊」五字，其他各本皆無之；「所」字原脱，據類苑、五朝言行録補。

267 東染院使种世衡長子古，初抗志不仕，慕叔祖放之爲人〔一〕，既而人莫之省。皇祐中，詣闕自言：「父世衡遣王嵩入夏虜〔二〕，離間其用事臣，野利旺榮兄弟皆被誅，元昊由是勢衰，稱臣請服。經略使龐籍掩臣父之功，自取兩府。」龐公時爲樞密使，奏稱：「嵩入虜境即被囚，元昊委任旺榮如故。及元昊請服之時，先令旺榮爲書遺邊將。元昊妻即旺榮妹，元昊黜其妻，旺榮兄弟怨望。元昊既稱臣，後二年，旺榮謀因寧令娶婦之夕作亂殺元昊，事覺，族誅，非因嵩離間而死。臣與范仲淹、韓琦皆豫受中書劄子：『候西事平，除兩府。』既而，仲淹、琦先除，臣次之，非臣專以招懷之功得兩府。文書具在，皆可考驗。」朝廷知古妄言，猶以父功，特除古天興主簿，令御史臺押出城，趣使之官。其後朝廷籍其父名，擢古、診、諤皆爲將帥，官至諸司使。

〔一〕慕叔祖放之爲人　「叔祖」原作「叔父」，長編卷一六七皇祐元年十一月丙申條、宋史卷三三五种古傳作「從祖」，今據聚珍本改。

〔二〕父世衡遣王嵩入夏虜　長編「衡」下有「在青澗城嘗」五字。

268 夏英公爲南京留守，杖人好潛加其數。提點刑獄馬洵美，武人也，劾奏之曰：「夏竦大臣，朝廷寄任非輕，罪有難恕者，明施重刑可也，何必欺罔小人、潛加杖數乎？」詔取戒勵。當時文臣皆爲英公恥之。

269 章郇公得象之高祖，建州人，仕王氏爲刺史，號章太傅。其夫人練氏知識過人。太傅嘗出兵，有二將後期，欲斬之，夫人置酒，飾美姬進之，太傅歡甚，迨夜飲醉，夫人密摘二將使去。二將奔南唐，將兵攻建州，破之。時太傅已卒，夫人居建州，二將遣使厚以金帛遺夫人，且以一白旗授之，曰：「吾將屠此城，夫人植旗於門，吾以戒士卒勿犯也。」夫人返其金帛，并旗弗受，曰：「君幸思舊德，願全此城之人；必欲屠之，吾家與衆俱死耳，不願獨生。」二將感其言，遂止不屠。太傅十三子，其八子夫人所生也，及宋興，子孫及第至達官者甚衆；餘五房子孫無及第者，惟章衡狀元及第，其父亦八房子孫繼五房耳。黄好謙云

270 黄庠，洪州人，文學精贍，取國子監進士解、貢院奏名皆第一，聲譽赫然，天下之士皆服爲之下。及就殿試，病不能執筆，有詔後舉就殿試，未及期而卒。

271 楊寘字審賢，兩爲國子解元，貢院奏名、殿庭唱第皆第一，未除官而卒。

272 馮京字當世，鄂州人，府解、貢院、殿庭皆第一。身見

273 康定初，夏虜寇延州，永平寨主、監押欲引兵匿深山，俟虜去復歸。肖揮使史吉帥所部數百人遮城門，立於馬前，曰：「寨主、監押欲何之？」二人以其謀告，吉曰：「如此，兵則完矣，如城中百姓、芻糧何？此往還之迹何可掩？異日爲有司所劾，吉爲指揮使，不免於斬頭，願先斬吉於馬前；不然，不敢以此兵從行也。」寨主、監押慚懼，引轡而返。虜至，圍城，吉帥衆拒守，數日而虜去。朝廷以寨主、監押完城功，各遷一官〔一〕，吉曰：「幸不喪城寨，吾豈論功乎？」後官至團練使。女爲郭逵夫人，亦有明識。逵善治生，家甚富，夫人常規之曰：「我與公俱老，所衣食能幾何？子孫皆有官，公位望不輕，胡爲多藏以敗名也？」

〔一〕以寨主監押完城功各遷一官　「主」、「一」二字原脱，據李藏本、小山堂本、學海本及類苑卷五三史吉、長編卷一二六康定元年癸卯條補。

涑水記聞卷第十

274 文潞公知益州，喜遊宴。嘗宴鈐轄廨舍，夜久不罷，從卒輒拆馬房爲薪，不可禁遏。軍校白之，座客股栗，公曰：「天實寒，可拆與之。」神色自若，宴飲如故，卒氣沮，無以爲變。楊希元云

275 故相劉沆薨，贈侍中，知制誥張瓌草告詞，頗薄其爲人。其子瑾詣闕，累章訟冤，稱瓌挾私怨，至詆瓌云：「祖奸、父贓、母穢、妻濫。」瓌，洎之孫，父方回，嘗以贓抵罪，母、妻之謗，出於錢晦所訟「一門萃衆醜，一身備百惡」。又帥兄弟婦女，衰絰詣待漏院哭訴。執政亦以褒贈乃朝廷恩典，瓌不當加貶黜之詞。五月戊子，或云四月庚午。瓌左遷知黄州〔一〕，然瑾竟亦不敢請謚〔二〕。

〔一〕瓌左遷知黄州　「瓌」字原脱，據李藏本、小山堂本、學海本補。

〔二〕然瑾竟亦不敢請謚　「竟」字原脱，據李藏本、小山堂本、聚珍本及宋史卷三三〇張瓌傳補。

276 張密學奎、張客省亢母宋氏，白之族也。其夫好黄白術，宋氏伺其夫出，取其書並燒煉之具悉焚之。夫歸，怒之，宋氏曰：「君有二子，不使就學，日見君燒煉而效之，他日何以興君之門？」夫感其言而止。宋氏不愛金帛，市書至數千卷，親教督二子使讀書。客至，輙於窗間聽之。客與其子論文學、政事，則爲之設酒殽；或閑話、諧謔，則不設也。僑居常州，胡樞密宿爲舉人，有文行，宋氏以爲必貴。亢少跅弛，宋氏常藏其衣冠，不聽出，唯胡秀才召，乃給衣冠使詣之。既而二子皆登進士第，仕至顯官。景公云

277 張密學奎少嗜酒，嘗有酒失，母怒，欲笞之，遂不復飲，至終身。

278 至和三年春〔一〕，仁宗寢疾，不能言，兩府以設道場爲名，皆宿禁中，專決庶政。有禁卒詣開封府告大校謀爲變者，府中夜封上之。時富公以疾謁告，惟潞公、劉相、王伯庸居中。旦日，潞公召三帥問大校平日所爲如何，三帥言其謹愿。潞公秉筆欲判其狀，斬告變者，伯庸捏其膝，乃請劉相判之。

〔一〕至和三年春　「三」原作「二」，據李藏本、小山堂本、學海本及三朝言行録卷三之一改。

279仁宗寢疾，兩府雖宿禁中，數日不知上起居。潞公召内侍都知等詰之曰：「主上疾有增損，皆不令兩府知，何也？」對曰：「禁中事不敢漏泄。」潞公怒曰：「天子違豫，海内寒心。彦博等備位兩府，與國同安危，豈得不預知也！何謂漏泄？」顧直省官曰：「引都知等至中書，令供狀：今後禁中事如不令兩府知，甘伏軍令。」諸内侍大懼。日暮，皇城諸門白下鎖，都知曰：「汝自白兩府，我當他劍不得！」由是禁中事兩府無不知者。樞密使王德用開便門入中書，潞公執守門親事官送開封府撻之。明日，謂同列曰：「昨日悔不斬守門者。天子違豫，禁中門户豈得妄開邪〔一〕？」

〔一〕豈得妄開邪　「邪」字原脱，李藏本作「也」，長編卷一八二嘉祐元年正月壬申條作「乎」，今據三朝言行録卷三之一補。

280崔公孺，諫議大夫立之子，韓魏公夫人之弟也。性亮直，喜面折人。魏公執政，用監司有非其人者。公孺曰：「公居陶鎔之地，宜法造化爲心。造化以蛇虎者害人之物，故置蛇於藪澤，置虎於山林。公今乃置之通衢，使爲民害，可乎？」魏公甚嚴憚之。

281 范仲淹字希文，早孤，從其母適朱氏，因冒其姓〔一〕，與朱氏兄弟俱舉學究。少尫瘠，嘗與衆客同見諫議大夫姜遵，遵素以剛嚴著名，與人不款曲，衆客退，獨留仲淹，引入中堂，謂其夫人曰：「朱學究年雖少，奇士也。他日不唯爲顯官，當立盛名於世。」遂參坐置酒〔二〕，待之如骨肉，人莫測其何以知之也。年二十餘，始改科舉進士。

堯夫云

〔一〕因冒其姓　「姓」原作「名」，據李藏本、小山堂本、聚珍本、類苑卷五七姜遵、五朝言行録卷七之二改。

〔二〕遂參坐置酒　「遂」字原脱，據永樂大典卷二一九七九補。

282 晏丞相殊留守南京，仲淹遭母憂，寓居城下。晏公請掌府學，仲淹常宿學中，訓督學者，皆有法度，勤勞恭謹，以身先之。夜課諸生讀書，寢食皆立時刻，往往潛至齋舍詗之。見有先寢者，詰之，其人紿云：「適疲倦，暫就枕耳。」仲淹問：「未寢之時，觀何書？」其人亦妄對。仲淹即取書問之，其人不能對，乃罰之。出題使諸生作賦，必先自爲之，欲知其難易，及所當用意，亦使學者準以爲法。由是四方從學者輻湊。其後宋人以文學有聲名於場屋朝廷者，多其所教也。

服除，至京師，上宰相書，言朝政得失及民間利病〔一〕，凡萬餘言，王曾見而偉之。時晏殊亦在京師，薦一人爲館職，曾謂殊曰：「公知范仲淹，捨不薦，而薦斯人乎？已爲公置不行，宜更薦仲淹也。」殊從之，遂除館職。頃之，冬至立仗，禮官定議欲媚章獻太后，請天子帥百官獻壽於庭，仲淹奏以爲不可。晏殊大懼，召仲淹，怒責之，以爲狂。仲淹正色抗言曰：「仲淹受明公誤知，常懼不稱，爲知己羞，不意今日更以正論得罪於門下也。」殊慙無以應。

〔一〕言朝政得失及民間利病　「及」字原脱，據類苑卷九范文正三、五朝言行録卷七之二補。

283 黄晞，閩人，好讀書，客遊京師，數十年不歸。家貧，謁索以爲生，衣不蔽體，得錢輒買書，所費殆數百緡，自號聱隅子。石守道爲直講，聞其名，使諸生如古禮，執羔鴈束帛，就里中聘之，以補學職，晞固辭不就。故歐陽永叔哭徂徠先生詩云「羔鴈聘黄晞，晞驚走鄰家」是也。著書甚多。至和中，或薦於朝，除試太學助教，月餘，未及具緑袍，遇疾，暴卒。有子，甚愚魯，所聚及自著書，皆散失無存者〔一〕。好謙云

〔一〕皆散失無存者　「失」字原脱，據類苑卷三六聱隅子補。

284 郭后既廢，京師富民號陳子城者〔一〕，因保慶楊太后納女入宮，太后許以爲后也。已至掖庭，將進御，勾當御藥院閻士良聞之，遽見上。上方披百葉圖擇日，士良曰：「陛下讀此何爲？」上曰：「汝何問焉？」士良曰：「臣聞陛下欲納陳氏女爲后〔二〕，信否？」上曰：「然。」士良曰：「陛下知子城使何官？」上曰：「不知也。」士良曰：「子城使，大臣家奴僕之官也〔三〕。陛下若納奴僕之女爲后，豈不愧見公卿大夫邪〔四〕？」上遽命出之。孫器之云士良自言

〔一〕號陳子城者　「號」字原脱，「城」原作「誠」，據長編卷一一五景祐元年九月辛丑條、宋史卷四六八閻文應傳補改。

〔二〕納陳氏女爲后　「女」字原脱，據同上書補。

〔三〕奴僕之官也　「之官」，同上書作「官名」。

〔四〕豈不愧見公卿大夫邪　「邪」字原脱，據長編補。

285 杜祁公衍，越州人〔一〕，父早卒，遺腹生公，其祖愛之。幼時，祖父脱帽，使公執之，會山水暴至，家人散走，其姑投一竿與之，使挾以自泛。公一手挾竿，一手執帽，漂流久之，救得免，而帽竟不濡。

前母有二子，不孝悌，其母改適河陽錢氏。祖父卒，公年十五六，其二兄以爲母匿私財以適人，就公索之，不得，引劍斫之，傷腦。走投其姑，姑匿之重橑上，出血數升，僅而得免。乃詣河陽，歸其母。繼父不之容，往來孟、洛間，貧甚，傭書以自資。嘗至濟源，富民相里氏奇之，妻以女，由是資用稍給。舉進士，殿試第四。及貴，其長兄猶存，待遇甚有恩禮。二兄及錢氏、姑氏子孫，受公蔭補官者數人，仍皆爲之婚嫁。崔甥云

〔一〕越州人　「越」原作「杭」，據歐陽文忠公文集卷三一祁公（杜衍）墓誌銘、類苑卷一〇杜祁公、事文類聚後集卷五、宋史卷三一〇杜衍傳改。

286 慶曆四年四月戊戌，上與執政論及朋黨事，參知政事范仲淹對曰：「方以類聚，物以羣分。自古以來，邪正在朝，未嘗不各爲一黨，不可禁也，在聖鑑辨之耳。誠使君子相朋爲善，其於國家何害？」

287 慶曆四年六月，范希文宣撫陝西、河東，自知權要惡之者多，上益厭之，乃上章乞罷政事、除一郡。上欲聽其請，章郇公言於上曰：「仲淹素有虛名〔二〕，今一請而罷之，恐天下皆謂陛下輕黜賢臣，不若且賜詔不允。若仲淹即有表謝，則是挾詐要君，乃

可罷。」上從之。希文果奉表謝，上曰：「果如章得象言。」遂罷知邠州。既而杜丞相、富彦國、韓稚圭、歐陽永叔、俞希道稍稍皆以事得罪矣〔二〕。始平公云

〔一〕仲淹素有虛名　「有」原作「以」，據李藏本、學海本、長編卷一五四慶曆五年正月乙酉條改。

〔二〕俞希道稍稍皆以事得罪矣　「俞希道」疑是「余安道」之誤。

288 通、泰、海州皆濱海，舊日潮水皆至城下，土田斥鹵，不可稼穡。范文正公監西溪倉〔一〕，建白於朝，請築捍海隄於三州之境，長數百里，以衛民田，朝廷從之。以文正爲興化令，專掌役事；又以發運使張綸兼知泰州〔二〕，發通、秦、楚、海四州民夫治之。既成，民至於今享其利。興化之民往往以范爲姓。

〔一〕監西溪倉　「倉」范文正公年譜引此條作「鹽倉」。

〔二〕張綸兼知泰州　「綸」原作「倫」，據范文正公集卷一一宋故乾州刺史張公（綸）神道碑改。

289 慶曆三年九月丁卯，上幸天章閣，召中書、樞密院官朝拜太祖、太宗御容，觀内

庫瑞物，因問安邊大略，移刻而罷。

290 慶曆六年八月甲戌，以諫議大夫、參知政事吴育爲樞密副使，丁度爲參知政事〔一〕。是時宰相賈昌朝、陳執中議罷制科，育以爲不可，争論於上前，退而上章求解政務，故有是命。龐籍爲樞密副使在度前，籍女嫁參知政事宋庠之子，庠因言於上〔二〕，以親戚共事爲嫌，故度得先之。

〔一〕丁度爲參知政事　據宋史卷二一一宰輔年表並參長編卷一五九慶曆六年八月癸酉條，「丁度」上似應有「工部侍郎樞密副使」八字。

〔二〕籍女嫁參知政事宋庠之子庠因言於上　「之子庠」三字原脱，據長編及温國文正司馬公文集卷七六太子太保龐公（籍）墓誌銘、華陽集卷三六宋元憲公庠神道碑補。

291 余靖本名希古，韶州人。舉進士，未預解薦，曲江主簿王仝善遇之，爲干知韶州者舉制科〔一〕。知州怒，以爲玩己〔二〕，捃其罪，無所得，唯得仝與希古接坐〔三〕，仝坐違敕停任，希古杖臀二十。仝遂閑居虔州〔四〕，不復仕進。希古更名靖，字安道，取他州解及第。景祐中，爲館職，爲范文正訟冤獲罪，由是知名。范公入參大政，引爲諫官。祕書丞茹孝標喪服未除，入京師私營身計，靖上言：「孝標冒哀求仕，不孝。」孝標由是獲罪，深恨靖。靖遷龍圖閣直學士，王仝數以書干靖求貨，靖不能應其求。孝標聞靖嘗犯刑，詐匿應舉，乃自詣韶州購求其案〔五〕，得之。時錢子飛爲諫官，方攻范黨，孝標以其事語之，子飛即以聞。詔下虔州問王仝。靖陰使人諷仝令避去，仝辭以貧不能出，靖置銀百兩於茶篚中，託人餉之。所託者怪其重，開視，竊銀而致茶於仝，仝大怒。及詔至〔六〕，州官勸仝對「當日接坐者余希古，今不知所在」，仝不從，對稱「希古即靖是也」。靖竟坐以左屯衛將軍分司。伯淳云

〔一〕爲干知韶州者舉制科　五朝言行録卷九之七作「時知韶州者舉制科仝亦舉制科」。

〔二〕以爲玩己　「己」原作「也」，據五朝言行録改。

〔三〕唯得仝與希古接坐　「仝」字原脱，據五朝言行録補。

〔四〕虔州　「虔」原作「處」，據同上書改，下同。

〔五〕購求其案　「購」，同上書作「密」。

〔六〕及詔至　「及」字原脱，據同上書補。

292 余靖初及第，歸韶州，州吏嘗鞫其獄者往見之，靖不爲禮，吏恨之，乃取靖案，裹以緹油，置於梁上。吏病且危，囑其子曰：「此方今達官之案，他日朝廷必來求之。

汝謹掌視，慎勿失去。」及茹孝標求其案，人以爲事在十年前，必不存，孝標訪於吏子，竟得之。伯達云

293 慶曆四年五月己巳，詔特徙右司諫、直集賢院、知渭州兼涇原路部署尹洙知慶州〔一〕。先是，資政殿學士鄭戩兼陝西四路招討經略都部署，内殿崇班、渭州西路巡檢劉滬建策，以爲秦、渭兩路有急，發兵相援，路出隴坻之内〔二〕，回遠，恐不及事，請募熟户，於山外築水洛、結公二城〔三〕，以兵戍之，緩急以通援兵之路。戩以狀聞，命滬及著作佐郎董士廉董其役〔四〕。會樞密副使韓琦宣撫陝西還〔五〕，奏罷四路招討，以戩知永興軍。又言：「兩城之旁多生户〔六〕，今奪其地〔七〕，恐城未畢而寇至，請罷之。」戩因極言築二城之利，不可輒罷。詔三司副使魚周詢往視其利害。未至，尹洙召滬、士廉令還，滬、士廉以熟户既集，官物無所付，請遂城之〔八〕。洙怒，以滬、士廉違部署司節制，命涇原路部署狄青往斬之，青械繫滬、士廉於德順軍。及周詢還，言二城利害與戩議同，乃徙洙於慶州，滬降一官，士廉徙他路，官特支修城禁軍、弓箭手等錢有差。

〔一〕知渭州兼涇原路部署尹洙知慶州　「渭」原作「滑」，據長編卷一四九慶曆四年五月己巳條、宋史卷二九五尹洙傳改。

〔二〕路出隴坻之内　「出」原作「去」，據五朝言行録卷九之六、河南文集卷二八改。

〔三〕築水洛結公二城　「水」原作「永」，據長編卷一四四慶曆三年十月甲子諸條及五朝言行録、河南文集、宋史尹洙傳改。

〔四〕著作佐郎董士廉　「佐」字原脱，據長編卷一四六慶曆四年正月戊辰條、宋史卷二九二鄭戩傳補；「廉」原作「濂」，據河南文集、五朝言行録、長編卷一四六、宋史鄭戩傳改，下同。

〔五〕宣撫陝西還　「宣撫陝西」原倒作「陝西宣撫」，據河南文集、五朝言行録改。

〔六〕兩城之旁多生户　原作「山林多熟户」，據同上書改。

〔七〕今奪其地　以上四字原脱，據同上書補。

〔八〕請遂城之　「城」原作「成」，據李藏本、學海本及河南文集改。

294 尹師魯謫官監均州酒〔一〕，時范希文知鄧州，師魯得疾，即擅去官，詣鄧州，以後事屬希文。希文日往視其疾，師魯曰：「今日疾勢復增幾分，可更得幾日。」一旦，遣人招希文甚遽，既至，師魯曰：「洙今日必死矣。人言將死者必見鬼神，此不可信，洙並無所見，但覺氣息奄奄就盡耳〔二〕。」隱几坐〔三〕，與希文語久之，謂希文曰：「公可

出，洙將逝矣。」希文出至廳事，已聞其家號哭。希文竭力送其喪及妻孥歸洛陽。黄好謙云

〔一〕謫官監均州酒　「均」原作「復」，據河南文集卷二八、五朝言行録卷九之六、歐陽文忠公文集卷二八尹師魯墓誌銘、宋史卷二九五尹洙傳改。

〔二〕但覺氣息奄奄就盡耳　「奄奄」原作「漸奄」，據河南文集、五朝言行録改。

〔三〕隱几坐　「坐」字原脱，據河南文集、五朝言行録及永樂大典卷一〇三一〇補。

295 王禹玉曰：包希仁知廬州，廬州即鄉里也，親舊多乘勢擾官府。有從舅犯法，希仁撻之，自是親舊皆屏息。

296 李公明曰：孔中丞道輔知仙源縣，諸孔犯法，無所容貸。

297 嘉祐七年五月辛未，樞密副使包拯薨，車駕臨幸其第。拯字希仁，廬州人，進士及第，以親老侍養，不仕宦且十年，人稱其孝。後歷監察御史，爲天章閣待制、知諫院，遷龍圖閣直學士、知瀛州，又遷樞密直學士、知開封府。爲人剛嚴，不可干以私，京師爲之語曰：「關節不到，有閻羅包老。」吏民畏服，遠近稱之。歷御史中丞、三司使、樞密副使，薨。拯爲長吏，僚佐有所關白，喜面折辱人，然其所言若中於理，亦幡

然從之。剛而不愎，此人所難也〔一〕。

〔一〕此人所難也　「此」原作「亦」，據類苑卷二三包希仁、五朝言行録卷八之五改。

298 先是，詔周後柴氏，每遇親郊，聽奏補一人充班行。至是，或上言：「皇嗣未生，蓋以國家未如古禮封二王後。」嘉祐四年四月癸酉〔一〕，詔：「擇柴氏族人最長一人除京官，已在班行則换文資，仍封崇義公，於河南府、鄭州境内與應入差遣〔二〕，更給公田十頃。其周室陵廟，委之管勾，歲時祭享。如至知州資序〔三〕，即與他處差遣，更取以次近親襲爵受官承替。」

〔一〕嘉祐四年四月癸酉　「嘉祐四年」四字原脱，「四月」原作「二月」，據長編卷一八九嘉祐四年四月癸酉條、宋史卷一二仁宗本紀四補改。

〔二〕與應入差遣　「應」，同上書作「合」。

〔三〕如至知州資序　「如至」二字原倒，據同上書改。

299 丁度字公雅，開封祥符人。祖顗，盡其家資聚書至八千卷，爲大室以貯之，曰：「吾聚書多，雖不能讀，必有好學者爲吾子孫矣。」父逢吉，以醫事真宗於藩邸，官至將作監丞致仕。度以祀汾陰歲舉服勤詞學第二人登科，解褐大理評事、通判通州事，遷太子中允、直集賢院。今上即位，度上書請博延儒臣、勸講道誼，增置諫官、切劘治體，墾闢荒萊、安集流庸，以爲州縣殿最。章獻皇后善之，遷太常博士，賜緋。俄出知湖州事，徙京西轉運使，以祠部員外郎知制誥，遷翰林學士。久之，兼侍讀學士，又加承旨，又兼端明殿學士。國朝故事：中書制民政，樞密專兵謀。及趙元昊逆命，朝廷事多，度建言：「古之號令皆出於一，今二府分兵民之政，若措置異同，則下無適從，非爲國體。」於是始詔軍旅重務，二府通議。

度在兩禁十五年，性寬厚，儻宕不修威儀，流輩多易之。上嘗從容問度：「用人資序與才器孰先？」度對曰：「天下無事則循守資序，有事則簡拔才器。」上甚善之。會諫官有言度承間求進者〔一〕，上以度言諭執政，且曰：「度侍從十五年，而應對如是，不自爲地，真淳厚長者也。」尋以度爲工部侍郎、樞密副使。逾年，參知政事。

頃之，衞士爲變，事連宦官楊懷敏，樞密使夏竦言於上：「請使御史與宦官同於禁中鞫其獄，不可滋蔓，使反側者不自安。」度曰：「宿衞有變，事關社稷，此可忍，孰不可忍？」固請付外臺窮治黨與。自旦争至食時，上卒從竦議。未幾，度求解政事。時初置紫宸殿學士，以度爲之，兼侍讀學士，尋以「紫宸」稱呼非宜，改爲觀文殿學士。

後數年薨，贈吏部尚書，謚文簡。度早喪妻，晚年學修養之術，常獨居靜室，左右給使唯老卒一二人而已。

〔一〕有言度承間求進者　「承」學海本、李藏本作「乘」。

300 慶曆四年三月癸亥朔，丁卯，上曰：「楊安國、趙師民皆醇儒，乃昔時崔遵度之比，久侍經筵，各宜進職。」於是安國加直龍圖閣，仍賜紫，又以安國新除母服，家貧，賜金百兩；師民充天章閣侍講，仍賜緋。

301 慶曆三年九月，諫官蔡襄上言：「兩府私第毋得見賓客，若欲詢訪天下之事，采拔奇異之材，許臨時延召。」詔旬休許見賓客。至和二年七月，翰林學士歐陽脩又上言：「兩制以上毋得詣兩府之第。」詔從之。

302 歐陽脩字永叔，吉州人。舉進士，國子補監生、發解、禮部奏名皆第一人。天聖八年及第。

303 嘉祐七年三月乙卯，以參知政事孫抃爲觀文殿學士、同羣牧制置使，樞密副使趙槩爲參知政事，翰林學士、左司郎中、權知開封府吴奎爲樞密副使。抃以進士高第，累官至兩制，性淳厚，無他材。上以久任翰林，擢爲樞密副使，多病，志昏〔一〕，醫官自陳勞績求遷，吏以文書白抃，抃見吏衣紫，誤以爲醫官，因引手案上，謂曰：「抃數日來體中不佳，君試爲診之。」聞者傳以爲笑。及在政府，百司白事，但對之拱默，未嘗開一言。是時，樞密使張昇屢以老乞致仕，朝論以抃次補應爲樞密使，恐必不勝任。殿中侍御史韓縝因進見，極言其不才，當置之散地，抃初不知。後數日，中書奏事退，宰相韓琦、曾公亮獨留身在後，抃下殿，謂參知政事歐陽脩曰：「丞相留身何也？」脩曰：「豈非奏君事也？」抃曰：「抃何事？」脩曰：「韓御史言君，君不知邪？」抃乃頓首摘耳曰：「不知也。」因移疾請退，朝廷許之。

〔一〕志昏　學海本、小山堂本作「昏忘」。

304 初，周王將生，詔選孕婦朱氏以備乳母。已而生男，真宗取視之，曰：「此兒豐盈，亦有福相，留宮中娛皇子。」皇子七歲薨，真宗以其兒賜内侍省都知張景宗爲養子〔一〕，名曰茂實。及長，累歷軍職，至馬軍副都指揮使〔二〕。有軍人繁用〔三〕，其父嘗爲張氏僕。用幼聞父言：茂實生於宮中，或言先帝之子，於上屬爲兄。用冀幸恩賞，即爲表具言其事，於中衢邀茂實，以表呈之。茂實懼，以用屬開封府。府以用妄言，杖之，配外州下軍。然事遂流布，衆庶讙然。於是言事者請召用還考實，詔以嘉慶院爲制獄案之。案者言：「用素病心，一時妄言，茂實不上聞，擅流配之，請案其罪。」詔繁用配廣南牢城，辭所連及者皆釋之。

〔一〕張景宗爲養子　「張」原作「楊」，據長編卷一七六至和元年五月乙亥條及下文改。

〔二〕至馬軍副都指揮使　「都」字原脱，據學海本、長編補。

〔三〕有軍人繁用　「有軍人」三字原脱，據李藏本、小山堂本、學海本補。

305 至和元年八月，嘉慶院制獄奏：軍人繁用素病心，妄對張茂實陳牒，稱茂實爲皇親。案署茂實得狀當奏，擅送本衙取勘〔一〕。獄成，知諫院張擇行録問，駁用非心病，詔更驗定。臺諫官劾茂實當上言而不以聞，擅流配卒夫，不宜典兵馬。馬軍副都指揮使張茂實，其父先朝大閹也。世傳先朝嘗以宮人賜之，生茂實。至是，有卒夫對茂實言其事，茂實杖而流之，事遂流聞。茂實内不自安，求出，除寧遠軍節度使、知潞州。

〔一〕案署茂實得狀當奏擅送本衙取勘　此句疑有脱誤；又，此句下原衍「茂實先已内不自安求出除寧遠軍節度使知潞州」二十字，與本條末句相重，據學海本、聚珍本删。

306章獻太后臨朝，内侍省都知江德元權傾天下，其弟德明奉使過杭州，時李及知杭州，待之一如常時中人奉使者，無所加益。僚佐皆曰：「江使者之兄居中用事，當今無比，榮枯大臣如反掌耳，而使者精鋭，復不在人下，明公待之，禮無加者。意者，明公雖不求福，獨不畏其爲禍乎？」及曰：「及待江使者不敢慢，亦不敢過，如是足矣，又何加焉？」既而德明謂及僚佐曰：「李公高年，何不求一小郡以自處，而久居餘杭繁劇之地〔一〕，豈能辦邪〔二〕？」僚佐走告及曰：「果然，江使者之言甚可懼也〔三〕。」及笑曰：「及老矣，誠得小郡以自逸，庸何傷？」待之如前，一無所加，既而德明亦不能傷也。時人服其操守。

〔一〕繁劇之地　「劇」原作「極」，據李藏本、小山堂本、學海本、五朝言行録卷九之四、類苑卷一三李及、長編卷一〇六天聖六年五月丁巳條改。

〔二〕豈能辦邪　「辦」原作「辨」，據類苑、長編改。

〔三〕江使者之言　類苑、長編、五朝言行録無「江」字。

307滕宗諒知岳州，修岳陽樓，不用省庫錢，不斂於民〔一〕，但牓民間有宿債不肯償者，獻以助官，官爲督之。民負債者争獻之，所得近萬緡，置庫於廳側，自掌之，不設

主典案籍。樓成，極雄麗，所費甚廣，自入者亦不鮮焉。州人不以爲非，皆稱其能。李銑云〔二〕

〔一〕不用省庫錢不斂於民　「省」字原脱，據李藏本、學海本補。

〔二〕李銑云　學海本、聚珍本「李銑」作「君貺」。

308 滕宗諒知涇州，用公使錢無度，爲臺諫所言，朝廷遣使者鞫之。宗諒聞之，悉焚公使曆。使者至，不能案，朝廷落職徙知岳州。君貺云

309 吕許公疾病，仁宗剪髭爲藥以賜之，又手詔以問羣臣可任兩府者。其親遇如此。

310 諫議大夫李宗詠，晉侍中崧之孫也，父粲，崧之庶子。崧之遇禍，粲猶在襁褓，其母投之牆外，身隨以出，由是獨免。崧於故相昉爲從叔，世居深州饒陽，墳墓夾道，崧在道東，謂之「東李」，昉在道西，謂之「西李」，故宗詠猶與宗諤聯名。治臣云

311 寶元二年五月壬子，以定國軍節度使、知樞密院事王德用充武寧軍節度使，發赴徐州本任。癸丑，德用獻所居第，以益芳林園，詔給其直。八月庚申朔〔一〕，庚午，武寧節度使王德用自陳：所置馬得於馬商陳貴，契約具在，非折繼宣所賣。詔德用除右

千牛衛上將軍，徙知隨州，仍增置隨州通判一員。九月丁未，折繼宣責授諸衛將軍，徙知内地，以其弟代之。

〔一〕八月庚申朔　「申」原作「辰」，據二十史朔閏表改。

312 寶元二年十二月乙丑，鄜延環慶路都部署司奏：夏虜寇掠保安軍及延州，駐泊鈐轄、六宅使盧守懃等將兵擊却之，各以功大小受賞有差。散直狄青功最多〔一〕，超四資，除殿直。

〔一〕狄青功最多　「功」字原脱，據長編卷一二五寶元二年十二月乙丑條補。

313 癸酉，雨木冰。己卯，昭遠受詔宰猗氏。孔道輔卒於澶州〔一〕。

〔一〕按此條各本皆同，疑有脱誤。既脱去「昭遠」之姓，而昭遠之宰猗氏與孔道輔之卒於澶州亦殊無干涉也。

314 文彦博知永興軍。起居舍人母湜，鄠人也。至和中，湜上言：「陝西鐵錢不便於民，乞一切廢之。」朝廷雖不從，其鄉人多知之，争以鐵錢買物，賣者不肯受，長安爲之亂，民多閉肆。僚屬請禁之，彥博曰：「如此是愈使惑擾也。」乃召絲絹行人〔一〕，出其家縑帛數百疋，使賣之，曰：「納其直盡以鐵錢，勿以銅錢也。」於是衆曉然知鐵錢不廢，市肆復安。

〔一〕乃召絲絹行人　「乃」字原脱，據三朝言行録卷三之一及合璧事類外集卷六五補。

315 景祐三年正月，詔御史中丞杜衍沙汰三司吏，吏疑衍建言。己亥，三司吏五百餘人詣宰相第諠譁，又詣衍第詬詈，亂投瓦礫〔一〕。詔捕後行二人，杖脊配沙門島，因罷沙汰。

〔一〕亂投瓦礫　「投」原作「挾」，據長編卷一一八景祐三年二月甲寅條改。

316 壬申，以翰林學士、户部郎中吴奎爲左司郎中、權知開封府，翰林侍讀學士、權知開封府王素充羣牧使。初，素與歐陽脩數稱譽富弼於上前，弼入相，素頗有力焉。弼既在相位，素知開封府，冀弼引己以登兩府。既不如志，因詆毁弼，又求外官，遂出知定州，徙知益州〔一〕，復還知開封府，愈鬱鬱不得志，厭倦煩劇，府事多鹵莽不治，數出遊宴。素性驕侈，在定州、益州〔二〕，皆以賄聞。爲人無志操，士大夫多鄙之。開封府先有散從官馬千、馬清，善督察盜賊，累功至班行，府中賴之。或謂素：「二馬在外，威福自恣，大爲姦利。」素奏，悉逐之遠方〔三〕。於是京師盜賊累發，求捕不獲。臺官言素不才，亦自乞外補，朝廷因而罷之。

〔一〕徙知益州　「徙」上原衍「復」字，據李藏本、學海本、類苑卷七二王素楊忱、三朝言行録卷四之三刪。

〔二〕在定州益州　原倒作「在益州定州」，據類苑改。

〔三〕素奏悉逐之遠方　「奏」字原脱，據李藏本及類苑、三朝言行録補。

317 大理寺丞楊忱監蘄州酒税，仍令御史臺即日押出城。忱，故翰林侍讀學士偕之子，少與弟慥俱有俊聲。忱治春秋，慥治易，棄先儒舊説，務爲高奇，以欺駭流俗。其父甚奇之，與人書曰：「天使忱、慥，力扶周、孔。」忱爲文尤怪僻，人少有能讀其句者。忱常言春秋無褒貶。與人談，流蕩無涯岸，要取不可勝而已。性輕易，喜傲忽人，好色嗜利，不修操檢，商販江、淮間，以口舌動摇監司及州縣，得其權力，以侵刻細民，江、淮間甚苦之。至是，除通判河南府事，待闕京師。弟慥掌永興安撫司機宜，卒於長安，忱不往視，日遊處於倡家。會有告其販紗漏税者，忱自言與權三司使蔡襄有宿隙，乞下御史臺推鞫，朝廷許之。獄成，以贖論，仍衝替。忱尚留京師，御史中丞王疇劾奏忱曰：「忱口談道義，而身爲沽販；氣凌公卿，而利交市井；畜養污賤，而棄遠妻孥。」故有是命。

涑水記聞卷第十一

318 王罕〔一〕 儂智高犯廣州，罕爲轉運使，出巡至梅州，聞之而還。仲簡使人間道以蠟丸告急，且召罕，罕從者纔數十人，問曰：「圍城何由得入？」曰：「城東有賊所不到處〔二〕，可以夜縋而入。」罕曰：「不可。」進至惠州，廣民擁馬求救〔三〕，曰：「賊圍城，十縣民皆反，相殺掠，死傷蔽野〔四〕。」罕曰：「吾聞之先父曰：『凡有大事，必先詢識者，而後行之；無人，則詢老者也。』」乃召耆老問之，對曰：「某家客户十餘人，今皆亡爲賊矣。請各集以衛其家。」罕曰：「賊者多於莊客，何以禦之？」乃召每村三大户，與之帖，使人募壯丁二百；又帖每縣尉募弓手二千人以自衛。捕得暴掠者十餘人，皆腰斬之。又牒知州、知縣、縣令皆得擅斬人〔五〕。一夕，鄉村肅然。

罕爲募民驍勇者以自隨，得二千人，船百餘艘，製旍旗鉦鼓，長驅而下，趣廣州。蠻兵數千人來逆戰〔六〕，擊却之。蠻皆斂兵聚於城西，乃開南門，作樂而入。罕不視家，登城，子死於賊人之手而不哭〔七〕。樹鹿角於南門之西以拒蠻，自是南門不復閉矣，凡糧用皆自南門而入。東莞主簿黃固取抛村〔八〕，知新州侍其淵在廣州，罕以其忠勇與之共守。蠻衆數萬，皆所掠二廣之民也，使之晝夜攻城，爲火車，順風以焚西門。時六月，城上人不能立；軍校請罕下城少休，罕欲從之，淵奮劍責軍校曰：「汝曹竭力拒敵，則猶可以生；若欲潰去，縱不爲賊所殺〔九〕，朝廷亦當族汝。全部亦欲何之？」罕乃止，士氣亦自倍，蠻軍不能克而退〔一〇〕。提刑鮑軻率其弩欲過嶺北，至雄州，蕭勃留之〔一一〕，乃日遞一奏。又召罕至雄州計事，罕不來，又奏之。諫官李兑奏罕只在廣州端坐，及奏罕退走。圍解，罕降一官，信州監税，軻受賞，罕不自言。黄固當圍城時最輸力，已而磨勘若有不足者〔一二〕，亦得罪，淵功亦不録。罕云、王紘云

〔一〕王罕　學海本「罕」下有「于」字，聚珍本有「云」字。

〔二〕曰城東有賊所不到處　「曰」字原脱，據類苑卷五六王罕補。

〔三〕廣民擁馬求救　「廣」，宋史卷三一二王罕傳作「惠」。

〔四〕死傷蔽野　「蔽」原作「散」，據類苑改。

〔五〕知縣縣令皆得擅斬人　「知」字原脱，據李藏本、學海本及類苑補。

〔六〕數千人來逆戰　「千」原作「十」，據李藏本、學海本改。

〔七〕子死於賊人之手而不哭　「手」原作「家」，據同上書改。

〔八〕東莞主簿黄固取拋村　「莞」原作「關」，據本書卷十三黄固條改。

〔九〕爲賊所殺　「殺」原作「滅」，據類苑改。

〔一〇〕蠻軍不能克而退　「軍」原作「車」，據類苑改。

〔一一〕蕭勃留之　長編卷一七三皇祐四年八月乙酉條「蕭勃」上有「知州」二字。

〔一二〕已而磨勘若有不足者　「若」字原脱，據學海本、聚珍本補。

319 光化軍宣毅邵興逃叛　慶曆四年二月庚子，供奉陳曙等還官，賞討光化賊之功也。先是，知光化軍、水部員外郎韓綱性苛急，失士衆心。去年九月中，羣盜張海等入光化軍境，剽劫閭里，綱部分宣毅軍士三百餘人，被甲乘城，凡十餘日。城中民高貲者獻蒸胡酒肉以犒甲士〔一〕，綱以餅肉之半犒士，及賜酒人一卮，而斥賣其餘，欲以其錢市兵器爲守禦備。軍士營遠者或不時得飲食，而綱所給餅常至日旰，燥硬不可食。時有監押使臣在軍中〔二〕，所部軍士不以請給曆自隨，民又請獻錢以資監押軍士〔三〕。綱曰：「本軍之士尚無錢給之，何有於監押？」悉辭不受。軍士遂訛傳民獻以資乘城之士，而知軍却之，益加怨憤。綱又使員寮王德作城内布兵圖，久之不成，綱怒，罵曰：「我不敢斬汝邪？」因召劊子，令每日執劍待命於庭下，衆益駭〔四〕。

十月三日，民有入粟得官者駱子中通刺謁綱，綱迎語子中不用拜。軍士誤聽，以爲子中獻錢而綱辭不取。時方給餅肉，員寮邵興叱軍士起，曰：「汝輩勿食此！」因出屋外，投蒸餅入綱庭中。綱怒，命執投餅者，得數人，械繫於獄。

明日，獄司以節狀追捕其黨，邵興懼，因糾率其衆，盜取庫中兵器作亂〔五〕，欲殺綱，綱自宅後踰城逃出，得小舟乘，沿漢下數里，再宿而後返，與官吏皆逃。興等遂焚掠居民，劫其指揮使李美及軍士三百餘人，行趣蜀道。李美老不能行，於道自經死。興獨率其衆與商州巡檢戰，殺之。員寮趙千及軍士百餘人，自賊所走還光化軍。興所過劫掠民居行旅，及敗興元府兵於饒風嶺，殺其將領者，興元府員寮趙明以衆降興。興聞洋州有虎翼兵，畏之，乃自州北循山而西。州遣捉賊使臣李方將虎翼兵追之。

二十九日，擊破興等於堉水，斬興及其黨五十餘人，生擒趙明〔六〕，餘黨皆潰，州縣逐捕，盡誅之。陳曙等皆以功遷；綱坐棄城除名，英州編管；監押許士從追三官，舒州編管。

〔一〕獻蒸胡酒肉以犒甲士　「胡」，李藏本作「餅」，學海本作「葫」。

〔二〕監押使臣在軍中　「押」字原脱，據學海本補；長編卷一四四慶曆三年十月丁酉條作「捉」。

〔三〕以資監押軍士　「押」原作「提」，據學海本改，下同。

〔四〕衆益駭　此三字原脱，據長編及宋史卷三一五韓綱傳補。

〔五〕盗取庫中兵器作亂　「中」字原脱，據李藏本、學海本補。

〔六〕生擒趙明　「生」字原脱，據同上書補。

320 嘉祐七年正月辛未，學士院奏：定到郊祀天地，宜止以一帝配侑。温成皇后廟請去扁牓，自今不復命兩制祠，止令本廟使臣行禮。

321 慶曆四年八月乙卯，上曰：「近觀諸路提轉所按舉官吏，務爲苛刻，不存遠大，可降詔約束。」

322 保州雲翼兵士舊有特支口食，通判石待舉以爲安坐冗食，白轉運司減之。軍士怨怒，作亂，殺知州、通判、都監，以監押韋貴爲主〔一〕，閉城拒命。詔真定府副都部署李昭亮、沿邊都巡檢入内押班楊懷敏、知定州皇城使賀州刺史王果等討之。丙辰，樞密院奏，保州城下諸將未有統一，詔富弼乘驛詣城下，授之節制，聽以便宜從事。九月，李昭亮、楊懷敏命侍禁郭逵以詔書入城招諭亂兵，亂兵開城出降〔二〕，有數百後出，悉誅。庚申，河北都轉運使按察使〔三〕、工部郎中、天章閣待制張昷之落職知虢州，副使、刑部郎中、直史館張沔降充工部郎中、知汝州，皆坐減雲翼食及不覺察亂兵也。郭逵加閤門祇候。逵兄遵以勇力聞，從劉平與夏虜戰死五龍水。

〔一〕以監押韋貴爲主　「監押」原作「監主」，據學海本、聚珍本及本書卷四保州卒叛條改。

〔二〕亂兵開城出降　「亂兵」二字原脱，據李藏本、學海本、聚珍本補。

〔三〕河北都轉運使按察使　長編卷一五二慶曆四年九月壬戌條、宋史卷三〇三張昷之傳「運」下無「使」字。

323 契丹　周革曰：景德中，中國自爲誓書以授虜，虜繼之以四言曰：「孤雖不才，敢遵誓約，有渝此盟，神明殛之。」慶曆中，增歲給二十萬，更作誓書亦如之。嘉祐初，樞密院求誓書不獲，又求寧化軍疆境文字，亦不獲。於是韓稚圭曰：「樞密院國家戎事之要，今文書散落如此，不可。」乃命大理寺丞周革編輯之，數年而畢，成千餘卷。得杜衍祁公手録誓書一本於廢書，其正本不復見。

324 慶曆中，契丹以兵壓境，欲復周世宗所取關南之地，騰書中國，其言周世宗曰：「人神共怒，社稷不延。」其言太宗曰：「恃有征之志，已定并、汾；興無名之師，直抵幽、薊〔一〕。」富公之使北也，朝廷以三書與之：其一增物二十萬，其一增十萬，其一以公主妻梁王。使與虜約曰〔二〕：「能爲我令元昊稱臣納款，我歲增二十萬物；不能者，歲增十萬物。」虜曰：「元昊稱臣納款，我頤指之勞耳。汝當以二十萬與我，然須是謂之『獻』，或謂之『納』〔三〕，然後可。至於公主，則不必爾也。」富公固争獻納之名，歸白朝廷。

〔一〕恃有征之志已定并汾興無名之師直抵幽薊　以上十八字長編卷一三五慶曆二年三月己巳條及王拱辰墓誌銘作「於有征之地才定并汾以無名之師直抵燕薊」。

〔二〕使與虜約曰　「使」原作「徙」，據類苑卷八富文忠改。

〔三〕然須是謂之獻或謂之納　「是」字原脱，據類苑補。

325 趙元昊娶於野利氏，立以爲后，生子寧令，當爲嗣。以野利氏兄弟旺榮爲謨寧令，號拽利王，剛浪唛爲寧令，號天都王，分典左右廂兵馬，貴寵用事。青澗城使种世衡欲離間其君臣，遣僧王嵩齎龜及書遺之〔一〕，曰：「汝鄉欲歸附，何不速決？」旺榮見之，笑曰：「种使年亦長矣，乃爲此兒戲乎？」囚嵩於窖中，凡歲餘。元昊雖屢入寇，常以勝歸，然人畜死傷亦衆，部落甚苦之。又歲失賜遺及緣邊交市，頗貧乏，思歸朝廷，而恥先發。慶曆二年，使旺榮出嵩而問之，曰：「我不曉种使之意，欲復與我通和邪〔二〕？」即贈之衣服，遣教練使李文貴與之偕詣世衡。

時龍圖閣直學士龐籍爲鄜延經略招討使，以元昊新寇涇原，止之於邊，不使前。朝廷亦厭兵，欲赦元昊之罪，密詔籍懷之。籍上言：「虜驟勝方驕，若中國自遣人説之，彼益偃蹇，不可與言。」乃召文貴詣延州問狀，文貴言求請和，籍謂之曰：「汝先王及今王嚮事朝廷甚謹，由汝輩羣下妄加之名號，遂使得罪於朝廷，致彼此之民血塗原野。汝民習於戰鬭，吾民習於太平，故王師數不利，然汝能保其常勝邪？吾敗不害，汝敗社稷可憂。今若能悔過從善，出於款誠，名體俱正，當相爲奏之，庶幾朝廷或開允耳。」因贈遣遣歸。文貴尋以旺榮、曹偶四人書來，用敵國修好之禮。籍以其不遜，未敢復書，請於朝廷。朝廷急於息民〔三〕，命籍復書，納而勿拒，稱旺榮等爲太尉，且曰：「元昊果肯稱臣，雖仍其僭名可也。」籍上言：「僭名理不可容，臣不敢奉詔〔四〕。太尉天子上公，非陪臣所得稱。今方抑止其僭，而稱其臣爲上公，恐虜滋驕，不可得臣。旺榮等書自稱寧令、謨寧令，此虜中之官，中國不能知其義，可以無嫌，臣輒從而稱之。」旺榮等又請欲用小國事大之禮，籍曰：「此非邊帥所敢知也，汝主若遣使者奉表以來，當爲導致於朝廷耳。」

三年正月，元昊遣其伊州刺史賀從勖上書，稱男邦面令國兀卒曩霄（或云郎霄）

上書父大宋皇帝〔五〕。籍使謂之曰：「天子至尊，荆王叔父也，猶奉表稱臣，今名體未正，不敢以聞。」從勖曰：「子事父，猶臣事君也。使得至京師，而天子不許，請更歸議之。」籍上言：「請聽從勖詣闕，更選使者往至其國，以詔旨抑之，彼必稱臣。凡名稱、禮數及求匄之物〔六〕，當力加裁損，必不得已，乃少許之。若所求不違，恐豺狼之心，未易盈厭也。」朝廷乃遣著作佐郎邵良佐與從勖俱至其國更議之。

四年五月，元昊自號夏國主，始遣使稱臣。八月，朝廷聽元昊稱夏國主，歲賜絹茶銀綵合二十五萬五千，元昊乃獻誓表。十月，賜詔答之。十二月，册命元昊爲夏國主，更名曩霄。

趙元昊晚年嬖一尼，拽利氏寵寖衰，剛浪唛、嵬名山皆怨之〔七〕。寧令納剛浪唛女爲婦，剛浪唛兄弟謀因成婚，邀元昊宴於帳中〔八〕，伏兵弒之。事泄，剛浪唛兄弟皆族誅，寧令懼不自安。慶曆八年正月辛未，寧令弒元昊，國人討誅之，立其少子諒祚。

〔一〕遺僧王嵩　「嵩」原作「松」，據學海本、類苑卷七五西夏改。

〔二〕欲復與我通和邪　「復」字原脱，據類苑補。

〔三〕朝廷急於息民　「息民」二字原倒，據類苑改。

〔四〕臣不敢奉詔　「敢」原作「可」，據李藏本、學海本及類苑改。

〔五〕稱男邦面令國兀卒曩霄　「兀卒」原作「元率」，據類苑改。
〔六〕求匄之物　「匄」原作「自」，據類苑改。
〔七〕剛浪唛嵬名山皆怨之　「山」字原脱，據學海本、類苑補。
〔八〕邀元昊宴於帳中　「宴」字原脱，據類苑補。

326 邢佐臣云：拓跋諒祚之母本拽利之妻〔一〕，曩霄通焉，有娠矣。拽利謀殺曩霄不克，曩霄殺之，滅其族，妻削髮爲尼而生諒祚。及寧令弑曩霄，國人誅寧令而立諒祚，始數歲，其母專制國事，兄子没藏猧龙爲相〔二〕。母私幸胡人部納皆移，恣横，大臣屢請誅之，母不聽。嘉祐元年九月，部納皆移作亂，殺國母，没藏猧龙引兵入宫誅之。其父與左廂軍馬副使，遣使就殺之。

〔一〕拓跋諒祚之母本拽利之妻　「諒祚」原作「亮」，據學海本、聚珍本改。
〔二〕兄子没藏猧龙爲相　「龙」原作「龍」，據類苑卷七五西夏三改，下同。

327 种世衡卒，龐籍爲樞密副使，世衡子古上諫官錢彦遠書稱：「吾父離間剛浪唛，使元昊誅之。由是元昊失其羽翼，稱臣請服。今龐以吾父功爲兩府，而吾父無所褒賞。」

彥遠爲上言之。籍取前後邊奏辨於上前，曰：「元昊稱臣請服之時，剛浪崚等方用事，文書皆其兄弟所行。稱臣後數年，自以作亂被誅，非因世衡之離間也。臣向與韓琦、范仲淹俱得旨：『候西事平，除兩府。』琦、仲淹先爲之，既罷後，臣爲之，非攘世衡之功而得之也。」朝廷猶以世衡有功之故，除古天興尉，即日勒之官。

328 夏國酋長嵬名山部落在故綏州，有衆萬餘人，其弟夷山先降，爲熟户。青澗城使种諤使人因夷山以誘名山，賂以金盂，名山小吏李文喜受其賂，許以來降，名山不知也。既而，諤大發兵奄至，圍其帳，名山驚，援槍欲鬭，夷山呼之曰：「兄已約降，何爲如是？」其姊識其聲，曰：「汝爲誰？」曰：「夷山也。」姊曰：「何以爲驗？」夷山示之手，無一指，姊曰：「是也。」名山曰：「我何嘗約降？」夷山曰：「兄已受种使金盂。」名山曰：「金盂何在？」文喜方出以示之。名山投槍而哭，諤遂以兵驅其部落牛羊南還。衆多遁亡，比至入塞，纔四千餘人。朝廷即除名山諸司使。郭帥云。〔一〕

〔一〕郭帥云　「帥」原作「師」，據學海本、聚珍本改，下兩條同。

329 种諤之謀取綏州，兩府皆不知之。及奏得綏州，文潞公爲樞密使，以爲趙諒祚稱臣奉貢，今忽襲取其地，無名，請歸之。時韓魏公爲首相，方求出，上乃以韓公判永興軍兼陝西四路經略使，度其可受可却以聞。韓公至陝西，言可受，文公以朝旨詰之曰：「若受之則當饋之以糧〔一〕，戍之以兵，有急當救之，此三者皆有備乎？」韓公對：「不必饋、戍及救，彼自有以當諒祚。」因移書鄜延〔二〕，令勿給糧，追還戍兵，若諒祚攻嵬名山，勿救也。時宣徽使郭逵爲鄜延經略使，以爲不可。韓公使司封郎中劉航往督責之，逵固執不從，曰：「如此，則降户無以自存，皆潰去矣。」乃奏請築綏州城，置兵戍之，命之曰綏德城，擇降人壯健，刺手給糧，以爲戰兵，得二千餘人。郭帥云

〔一〕饋之以糧　「之以」二字原脱，據永樂大典卷八〇八九、太平治蹟統類卷一五補。

〔二〕因移書鄜延　「移」原作「遺」，「鄜延」二字原脱，據同上書改補。

330 文公以取綏州爲無名，請以易安遠、塞門於夏國，遣祠部郎中韓縝與夏國之臣薛老峰議於境。老峰曰：「苟得綏州，請獻安遠、塞門寨基。」縝曰：「其土田如何？」老峰曰：「安有遺人衣而留領袖者乎〔一〕？」縝信之，入奏。密院劄子下鄜延，令追綏德戍人，遷其芻糧，不盡者焚之。經略使郭逵以爲夏虜心欺紿，俟得安遠、塞門，然後棄綏德未晚，匿其劄不行。既而，遣使交地，虜曰：「所獻者寨基，其四旁土田皆不可得〔二〕。」使者以聞，上怒甚，以讓文公，文公亟劄鄜延：前劄更不施行。時趙卨掌機

宜於經略司，求前劄不獲，甚憂恐。逵乃出示之，卨驚曰：「此他人所不敢爲也。」郭帥云

〔一〕安有遺人衣而留領袖者乎　「者」字原脱，據學海本補。

〔二〕其四旁土田皆不可得　「其」原作「且」，據李藏本、學海本改。

331 先是，趙元昊每遣使奉表入貢，不過稱教練使，衣服禮容皆如牙吏。寶元元年十二月丙寅，鄜延路奏：元昊遣使戴金冠，衣緋，佩蹀躞，奉表納旌節告敕，其表略曰：「臣本自祖宗出於帝甲胄〔一〕，當東晉之末運，創後魏之初基。曩者，臣祖繼遷〔二〕，心知兵要，手握乾符，大舉義旗，悉降諸部。臨河五郡，不旋踵而歸；沿境七州，並差肩而克。」又曰：「臣父德明，幸嗣先扃，勉從朝命。真王之號，夙感於頒宣；尺土之封，顯蒙於剖裂。」又曰：「稱王則不喜，朝帝乃是從。輻輳屢期〔三〕，山呼齊舉〔四〕。伏願以一垓之土地，建爲萬乘之邦家。於時再讓靡遑，羣情又迫，事不得已，順而行之。遂於十月十一日郊壇，備禮爲祖世始文本武興法建禮仁孝皇帝，國稱大夏，年號天授禮法延祚。伏望皇帝陛下，睿哲成人，寬慈及物，許以西郊之地，册爲南面之君。敢竭愚庸，常敦歡好。魚來雁往，任傳鄰國之音；地久天長，永鎮西邊之患。

至誠瀝懇，仰俟帝俞。」

〔一〕臣本自祖宗出於帝胄　學海本作「臣祖宗本出帝胄」。

〔二〕臣祖繼遷　「繼」字原脱，據學海本、聚珍本補。

〔三〕輻輳屢期　「期」原作「朝」，據聚珍本及類苑、宋史卷四八五夏國傳上改。

〔四〕山呼齊舉　「舉」字原脱，據聚珍本及宋史夏國傳上補。

332 静江軍留後劉平爲鄜延、邠寧、環慶路副都部署〔一〕，屯慶州。康定元年正月，鄜延路都部署范雍聞夏虜將自保安軍土門路入寇，移牒使平將兵趣土門救應。十五日，平將所部三千人發慶州。十八日，至保安軍，遇鄜延路副都部署石元孫。十九日，與元孫合軍趣土門。有蕃官言：「賊兵數萬已入塞，直指金明。」會得范雍牒，令平、元孫還軍救延州〔二〕，平、元孫引兵還。明日，復至保安軍，因晝夜兼行。二十二日，至萬安鎮。平、元孫將騎兵先發，令步兵飯訖繼進。夜至三川口西十里所，止營〔三〕，令騎兵先趣延州奪門。是時，東染院副使、鄜延路駐泊都監黄德和將兵二千餘人屯保安軍北碎金谷，巡檢万俟政、郭遵各將所部分屯他所，范雍皆以牒召之，使救延州，平又使人趣之。

明日平旦，平所部步兵尚未至，平與元孫還逆之，至二十里馬鋪乃遇步兵〔四〕。及德和、政、遵各所部兵皆會，凡五將，合步騎近萬人〔五〕。乃引兵東行，且五里，平下令諸軍唱殺齊進；又行五里，至三川口，遇賊。是時平地有雪五寸許，賊於水東爲偃月陣，官軍亦於水西作偃月陣相嚮。賊稍遣兵涉水爲橫陣，郭遵及忠佐王信先往薄之，不能入；既而官軍並進，擊却之；賊復蔽盾爲陣，官軍亦擊却之〔六〕，奪其牓牌，殺獲及溺水者八九百人〔七〕。平左耳後及右脛皆中箭。會日暮，軍士爭挈人頭及所獲馬，詣平論功，平曰：「戰方急，且自記之，悉當賞汝也。」語未竟〔八〕，賊引生兵大至，直前盪官軍，官軍却二三十步。

是時黄德和在陣後，先率麾下二三百人走上西南山，衆軍顧之皆潰。平子侍禁宜孫追及德和，執其馬鞚，拜之數十，曰：「太保且當勒兵還，與大人并力却賊，今先去，欲何之？」德和不從。宜孫又請遣兵一二人還訪其父，德和不與，宜孫遂與德和俱走〔九〕。

平使軍校以劍遮截士卒近在左右者〔一〇〕，得千餘人，力戰拒賊，賊退水東。平率餘衆保西南山下，立寨自固，距賊一里所。賊夜使人至寨旁問曰：「寨内有主將否？」平戒軍士勿應。賊又使人詐爲漢卒〔一一〕，傳言送文牒〔一二〕，軍士知其詐，斫殺之。至四更，賊使人繞寨詬曰：「幾許殘卒，不降何待？」平使指揮使李康應之曰〔一三〕：「狗賊，汝不降，我何降也？」且曰：「救兵大至，汝狗賊庸足破乎？」

及明，平命軍士整促甲馬，再與賊戰。賊又使騎臨陣呼曰：「汝肯降乎？我當捨爾。不則盡殺之。」平又使李康應曰：「我來巡邊，何者爲降？汝欲和者，當爲汝奏朝廷耳。」賊乃舉鞭麾騎自四山下〔一四〕，不可勝計，合擊官軍，死者甚衆。至巳時，平與元孫巡陣東偏，賊騎直前衝陣中央，陣分爲二，平與元孫皆爲賊所虜。平僕夫王信以頡敦負留後印及宣敕從平在陣，與平相失，賊盡奪其衣服并頡敦等〔一五〕，信逃竄得免。

是時，黄德和自山中南走，出甘泉縣北，稍稍收散卒，得五六百人，緣道縱兵士剽竊民家避寇者貨財，及飲酒，殺其牛畜食之。二十五日，至鄜州。二十六日，虞候張政自戰所脱歸，德和問曰：「汝見劉太尉、石太尉乎？後來如何？」政當時實與劉、石相失，不能知其處，道中聞散卒言「劉太尉以亡失多〔一六〕，不敢歸，已降賊矣」，因言於德和曰：「劉太尉二十四日再與賊戰，士卒死傷且盡，太尉令軍士曰：『汝曹勿復發箭，今日敗矣，吾不能庇汝曹，當解甲降之耳。』賊遂執其馬鞚而去。」德和曰：「果然，吾與汝曹當詭言二十四日不肯降賊，力戰得出，作奏上之，不惟解罪，亦可收功，汝曹皆有賞矣。」政出，因播其言於市里，云平降賊。散卒繼至者，皆言平降賊，以順德和意。有蕃落將呂密，實見平與元孫爲賊所虜，并所得官軍旗幟〔一七〕，收卷以去，德和問之，亦順指意，言：「平與元孫降賊，賊以紅旗前導而去。」德和喜，命所親吏戚睿作呂密等狀，仍增損其語，使與己意相傅會。睿意謂狀中有名者皆應得賞，乃更私益兵士曲榮等數人名於其中。德和即以密等狀爲奏云：「二十三日，賊生兵衝破大陣，臣與劉平等阻西山爲寨。二十四日，再與賊戰，平以其卒降賊，臣等義不受屈，與數百人力戰得出。」

會平僕夫王信自延州來，德和與知鄜州張館使雜問之，信私念其主爲大將，而爲賊所擒，可醜，因紿言：「賊使李金明來約和親，平令李康往答之。既而康還，言元昊欲與太尉面相約結，平即乘馬入賊軍中，從者不得入，皆見剽剥，信獨脱歸。」德和起詣東廂，召信詰曰：「軍士來者皆言平降，而汝獨言平往約和，何也？」信曰：「此非信之所知也。」數日，德和召信詣其館，謂曰：「汝太尉降賊，人人皆知之，我已取軍士等狀奏之矣。汝今言乃異同，朝廷將有制獄，汝何能受其榜楚乎？我丐汝銀釵一枚，汝鬻之，速去，勿留矣。」信拜受之。是時鄜州使人監守信，信欲亡不得，身無衣，寒甚，乃爲書遺平子曰：「信從太尉與賊戰不利，太尉入賊中約和親。今人乃言太尉叛降賊，朝廷將有制獄，信當以死明太尉忠赤，保太尉一家。今信衣裝爲賊所掠，饑寒不可忍，願具衣及錢糧，速寄以來。」有庖人將如慶州，信與書寄之。鄜延走馬承受薛文仲遇之，得其書，以聞。

二月一日，德和將其衆歸延州，及州城南，范雍使人代領其衆，遣德和歸鄜州聽朝旨，尋又徙之同州〔一八〕。德和始懼，奏言：「臣盡忠於國，范雍誣言臣棄軍走。」又以書抵鈐轄盧守懃及薛文仲求救〔一九〕，云：「有中貴人至者，當爲力營護之，死生不敢忘。」守懃等悉上其書。十一日，朝廷遣殿中侍御史文彦博、入内供奉官梁知誠即河中府置獄按之。先是，有詔：「平僕人王信乘傳詣闕。」既而，復械送河中府彦博按治。德和及信等不能隱，皆服其實。時河東都轉運使王沿又奏言：「訪知延州有金明敗卒二人自虜中逃還，云劉平、石元孫、李士彬皆爲賊縶縛而去，平在道不食，數駡賊云：『狗賊，我頸長三尺餘〔二〇〕，何不速斬我，縛我去何也〔二一〕？』」彦博牒延州求二卒，皆不知處。四月十五日，具獄以聞。中書、樞密院共召大理寺約法〔二二〕，準律：主將以下先退者斬之。又，部曲告主者絞。二十二日，兩府進呈，奉聖旨：黄德和於河中府腰斬，梟其首於延州城下；王信杖殺。

〔一〕副都部署　「都」字原脱，據類苑卷七二劉平、長編卷一二六康定元年正月癸酉條補。

〔二〕還軍救延州　「軍」原作「兵」，據同上書改。

〔三〕夜至三川口西十里所止營　「營」字原脱，據同上書補。
〔四〕乃遇步兵　「步」字原脱，據長編並參類苑補。
〔五〕合步騎近萬人　「合步騎」原作「騎合」，據長編改。
〔六〕賊復蔽盾爲陣官軍亦擊却之　以上十二字原脱，據長編及宋史卷三二五劉平傳補。
〔七〕殺獲及溺水者　長編、宋史劉平傳「水」作「死」。
〔八〕語未竟　「竟」原作「究」，據類苑改，又長編、宋史劉平傳作「已」。
〔九〕宜孫遂與德和俱走　「遂」字原脱，據類苑補。
〔一〇〕以劍遮截士卒近在左右者　「截」字原脱，長編、宋史劉平傳作「留」，今據類苑補。
〔一一〕使人詐爲漢卒　「人」字原脱，據類苑、長編補。
〔一二〕傳言送文牒　「言」字原脱，據類苑補。
〔一三〕指揮使李康應之曰　類苑「指」下無「揮」字。
〔一四〕舉鞭麾騎自四山下　「下」字原脱，據類苑補。
〔一五〕盡奪其衣服并頡敦等　「服」字原脱，據類苑補。
〔一六〕道中聞散卒言　「散卒」二字原脱，據類苑補。
〔一七〕并所得官軍旗幟　「所」字原脱，據類苑補。

〔一八〕又徙之同州　「又」字原脱，據類苑補。

〔一九〕抵鈐轄盧守懃及薛文仲求救　「求」字原脱，據類苑補。

〔二〇〕我頸長三尺餘　「尺」，長編卷一二六康定元年三月戊寅條作「寸」。

〔二一〕縛我去何也　「去」原作「與」，據類苑、長編改。

〔二二〕大理寺約法　「寺」字原脱，據類苑補。

涑水記聞卷第十二

333 范帥雍在鄜延，命李金明士彬分兵守三十六寨，勿令虜得入寨〔一〕。其子諫曰：「虜大舉，將入寇，宜聚兵以待之，兵分則勢弱〔二〕，不能拒也。」士彬不從。康定元年，虜兵大至，士彬所部皆降，其子力戰而死，士彬遂爲所擒〔三〕。郭帥云

〔一〕勿令虜得入寨 「寨」疑當作「塞」。

〔二〕兵分則勢弱 「弱」上原脱「勢」字，據長編卷一二六康定元年正月庚辰條補。

〔三〕士彬遂爲所擒 「士」字原脱，據上文補。

334 金明既陷，安遠、塞門二寨在金明之北，知延州趙振不能救，遂棄安遠〔一〕，拔城中兵民以歸。又移書塞門寨主高延德曰〔二〕：「可守則守，不可守亦拔兵民以歸。」延德守半歲，救兵不至，遂帥衆棄城歸，虜據險邀之，舉衆皆没〔三〕。及元昊請降，遂割其地以賜之。郭帥云

〔一〕遂棄安遠 「遂」字原脱，據長編卷一二八康定元年七月己巳條補。

〔二〕高延德曰　「德」原作「政」，據本卷范雍奏諸寨主監押之功條及長編、宋史卷三二三趙振傳改，下同。

〔三〕舉衆皆没　「舉」，長編作「與」。

335 寶元元年九月十六日，鄜延路都鈐轄司奏：今月五日，六宅副使、金明縣都監、新寨解家河蘆關路巡檢李士彬申〔一〕：四日戌時，男殿直懷寶及七羅寨指揮使唆妹，引到宥州末藏屈己團練侍者末藏福羅，以趙元昊所給宥州山遇令公及姪屈訛相公、從弟吃也相公告身三通來云：山遇先在元昊處爲樞密，兄弟室家皆居細項，與屈己爲婚姻，屈己居宥州南没姑川，元昊數誅諸部大人且盡，又欲誅山遇。八月二十五日，山遇妹夫易里遇乞令公以告山遇，山遇自河外與侍者二人逃歸，既濟河，集緣河兵斷河津三處。二十八日，山遇還至細項，使其弟三太尉者將宥州兵監河津諸屯。二十九日，山遇使侍者乞召屈己至細項〔二〕。九月一日，山遇與屈己坐帳中，召福羅告以事狀，山遇哭且言曰：「去年大王弟侍中謀反，欲殺大王，賴我聞之，以告大王。大王存至今日〔三〕，我之力也，今乃欲殺我！汝爲我齎此告身三通〔四〕，赴金明導引告延州大人，我當悉以黄河以南户口歸命朝廷。今已發兵在細項，朝廷欲得質者，以我子若我弟皆可也。大王來追，我自以所部兵拒之。汝至南，得何語，當亟來，我別以馬七八百匹獻朝廷，更令使者自保安軍驛路告延州。我此月三日集宥州，監州兵之河上，悉發户口歸朝廷也〔五〕。」福羅既得告身，屈己送至長城嶺南而還。福羅至金明，以狀言。

本司契勘，前此元昊所部有叛者，爲元昊所誅，已具聞奏。今山遇云欲歸明，本司商量，已録白下告身，令士彬復以告身付福羅，自從其所告諭福羅，以元昊職貢無虧，難議受其降款，已遣還。臣等仍恐虜爲姦詐，已戒緣邊刺候嚴備去訖。

又奏：六日，保安軍北蕃官巡檢、殿直劉懷中狀申：「詷知山遇相公、屈己相公、二太尉、三太尉、吃也相公等於二日起兵，有衆二千餘人，劫掠村社族帳，只在宥州境内。」尋得保安軍狀云：「五日寅時，山遇及弟二防禦、三防禦、姪屈訛相公、從父弟吃也相公，將麾下一十五騎，皆披甲執兵，抵歸娘族指揮使嚷羅家，云欲歸命朝廷。」臣等已令保安軍詰問山遇等所以來事故，勒令北歸。仍令緣邊部族首領嚴兵巡邏，或更有北來户口，皆約遣令還，毋得承受，別致引惹者。

詔鄜延路都鈐轄司，嚴敕緣邊諸寨及蕃官等，晨夜設備，遣人詷候，如虜人自在其境互相攻戰〔六〕，即於界首密行托備〔七〕，毋得張皇；或更有山遇所部來投告者，令李士彬等只爲彼意婉順約回，務令安静。所詷知事宜，節次驛置以聞。仍下環慶涇原路部署司、麟府路軍馬司準此。是時知延州、管勾鄜延路軍馬公事、刑部郎中、天章閣待制郭勸，都鈐轄、四方館使、惠州刺史李渭，知保安軍、供備庫副使朱吉。

〔一〕蘆關路巡檢李士彬申　「蘆」原作「盧」，據宋史卷八七地理志三改。

〔二〕山遇使侍者乞召屈己至細項　「乞」原作「吃」，據學海本、李藏本改。

〔三〕大王存至今日　「日」字原脱，據李藏本、學海本及類苑卷七五西夏五補。

〔四〕告身三通　「通」原作「道」，據類苑及上文改。

〔五〕悉發户口歸朝廷也　「也」原作「次」，據學海本改。

〔六〕互相攻戰　「互」字原脱，據李藏本、學海本及類苑補。

〔七〕密行托備　「備」原作「落」，據類苑改。

336 高繼隆等破後橋寨　康定元年正月十八日〔一〕，鄜延環慶路經略使范雍奏：「體量到洛苑使、環慶路鈐轄高繼隆，禮賓使、環慶路駐泊鈐轄、知慶州張崇俊部領兵馬〔二〕，入西賊界，打破賊後橋寨。先令蕃官奉職、巡檢李明領蕃部圍寨，繼隆、崇俊領大軍繼進〔三〕，與賊鬬敵相殺；又分擘兵甲，令柔遠寨主、左侍禁〔四〕、閤門祗候武英，監押、左侍禁王慶，東谷寨監押、奉職張立〔五〕，左侍禁、閤門祗候、北路都巡檢郝仁禹攻打寨城，其武英先打破寨北門，入城；又令淮安鎮都監、西頭供奉官、閤門祗候劉政，東谷寨主、左侍禁賈慶，各部領兵馬入賊界駐泊，牽拽策應，破蕩却吴家、外藏、土金、舍利、遇家等族帳；又令入内西頭供奉官[六]、走馬承受公事石全正把截十二盤路口。其殿侍、軍員、兵士及蕃官使唤得力，或斫到人頭，或傷中重身[七]，係第一等功勞者，凡一百一十五人。伏乞體念今來此賊不住來沿邊作過[八]，正當用人之際，特與各轉補名目，所貴激賞邊臣及軍士各更效命[九]。」奉聖旨：高繼隆、張崇俊於見今使額上各轉七資，劉政、郝仁禹以下各轉官有差。

〔一〕康定元年正月十八日　「正月」原作「五月」，據長編卷一二六康定元年正月癸酉注引記聞改。

〔二〕部領兵馬　長編作「領本部兵馬」。

〔三〕領大軍繼進　「大」長編作「本」。

〔四〕左侍禁　「左」字原脱，據長編補。

〔五〕東谷寨監押奉職張立　「張」字原脱，據李藏本、學海本及長編補。

〔六〕入内西頭供奉官　「供」原作「侍」，據類苑卷七五西夏六及長編改。

〔七〕或傷中重身　長編作「或身中重傷」。

〔八〕今來此賊不住來沿邊作過　「此賊」原作「北賊」，據長編改。
〔九〕邊臣及軍士各更效命　「士」字原脱，據長編補。

337 康定元年秋，夏虜寇保安軍、鎮戎軍。九月二十日，環慶路部署、知慶州任福謀襲夏虜白豹城及骨咩等族，以牽制虜勢，使東路都巡檢任政、華池寨主胡永錫擊骨咩族〔一〕，使鳳川寨監押、殿直劉世卿將廣勇、神虎二指揮會華池，又使淮安鎮都監劉政、監押張立將兵趣西谷寨，與寨主等共擊近塞諸族〔二〕，期以二十日丑時俱發。

福以十六日夜閉門後，授諸軍甲。十七日未明，出兵，令城門非從行兵無得輒出一人〔三〕，聲言巡邊。是夜，宿業樂鎮。十八日晚，入柔遠寨。十九日，犒設柔遠諸蕃部，禁止毋得出城。密部分諸將，使駐泊都監王懷正攻白豹城西〔四〕，斷神樹緣來路；北都巡檢范全攻其東，斷金湯之路；柔遠寨主譚嘉震攻其北，斷葉市之路；供奉官王慶、走馬承受石全正攻其南，擊賞渥等族；駐泊都監武英主入城門鬭敵，福以大軍駐於城南，照管策應。是日，引兵柔遠寨，置蕃官等於福馬前而行，凡七十里。

二十日丑時，至白豹城，各分部分，即時攻城〔五〕。卯時克之，悉焚其僞署李太尉衙署、酒稅務、糧倉、草場及民居室、四十里内禾稼積聚。諸將分破族帳四十一，擒僞署張團練，殺首領七人〔六〕，斬獲二百五十餘級，虜牛、馬、羊、橐駞七千餘頭，器械三百餘事，印記六面，僞宣敕告身及蕃書五十通。軍士死者一百六十四人〔七〕。以范全及蕃官巡檢趙明爲殿而還。

〔一〕華池寨主胡永錫擊骨咩族　「池」原作「沙」，據長編卷一二八康定元年九月壬申條、宋史卷八七地理志三、宋史卷三二五任福傳改，下同。

〔二〕與寨主等共擊近塞諸族　「塞」原作「寨」，據類苑卷五六任福改。

〔三〕非從行兵無得輒出一人　「行兵」原倒，據同上書改。

〔四〕王懷正攻白豹城西　「正」類苑、長編作「政」。

〔五〕各分部分即時攻城　「即」原作「癸」，據李藏本、學海本改。

〔六〕殺首領七人　「領」字原脱，據長編補。

〔七〕軍士死者一百六十四人　長編作「官軍死者一人傷者一百六十四人」。

338 慶曆元年二月十二日〔一〕，趙元昊寇渭州，先遣遊兵數千騎入塞，侵掠懷遠寨、靜邊寨、籠竿城。西路都同巡檢常鼎、劉肅及諸寨與戰，斬獲頗衆。於是環慶路部署任福及鈐轄朱觀，涇原路都監王珪、桑懌，渭州都監趙律，鎮戎軍都監李簡、監押李禹亨等合兵三萬餘人追擊之。將作監丞耿傅掌督芻糧〔二〕，亦在軍中。賊陰引兵數萬自武延川入據姚家、温家、好水三川口。諸將及士卒貪虜獲，分道争進。十四日晨，至三川口。是時官軍追賊已三日，士卒飢疲，猝與賊遇，懌力戰先死，福等兵大敗，福、英、珪、律、簡、禹亨、肅、傅皆死於賊。指揮使、忠佐死者十五人，軍員二百七十一人，士卒六千七百餘人，亡馬一千三百匹。殺虜民五千九百餘口，熟户一千四百餘口，焚二千二百六帳。斬賊首五百一十級，獲馬一百五十四匹。

〔一〕慶曆元年二月十二日　「慶曆元年」四字原脱，據學海本、聚珍本補。

〔二〕耿傅掌督芻糧　「傅」原作「傳」，據長編卷一三一慶曆元年二月己丑條、宋史卷三二五耿傅傳、蔡忠惠公文集卷二九耿諫議傳改。

339 康定初，夏虜入寇，參知政事宋庠薦供奉官、閤門祇候桑懌有勇略，今在嶺南，請召於西邊任使。詔還内殿崇班，充鄜延路駐泊都監。頃之，徙涇原路駐泊都監，屯鎮戎軍。至是戰死。

340 任福字祐之，開封人，少時頗涉書史。咸平中，應募補殿前諸班，以材力選爲列校，凡六遷，至遥領刺史。寶元初，夏州趙元昊始絶朝貢，朝廷選班直諸校有勇幹者除前班官，任以邊事，除福莫州刺史，充嵐石隰州都巡檢使，尋改鳳翔秦鳳階成等路駐泊馬步軍副都部署兼知隴州。

康定元年，遷忻州團練使，充鄜延路駐泊兵馬部署，尋徙知慶州兼邠寧環慶路兵馬部署、安撫使。是歲九月，福與諸將攻元昊白豹城，拔之，破其四十餘帳，獲僞防禦、團練使等七人，朝廷賞其功，遷賀州防禦使兼神龍衛四廂都指揮使。月餘，又遷侍衛親軍都虞候〔一〕。

明年春，受詔乘傳至涇原，與陝西都部署經制邊事。二月，元昊寇渭州，福與諸將出兵合數萬人禦之。先戰小利，乘勝直進，至三川口，忽遇虜兵且二十萬，官軍大敗。矢中福子懷亮之嗌，懷亮墜馬，援福馬鞅告之，福猶趣以疾戰，虜擊懷亮墜崖死。福策馬運四刃鐵簡與虜鬭〔二〕，身被十矢，頰中二刃，乃爲虜所殺，年六十一。上聞而惜之，贈武勝軍節度使、檢校太尉兼侍中，進封其母董氏爲隴西郡太夫人，妻王氏封琅琊郡夫人，子懷德除供備庫副使，懷亮贈率府副率，懷譽除供奉官，懷謹侍禁，孫惟恭、惟讓皆除殿直，姪懷玉除借職，賜田宅、賻贈甚多。

〔一〕侍衛親軍都虞候　「衛」原作「御」，據類苑卷五三任福及宋史卷三二五任福傳改。

〔二〕策馬運四刃鐵簡與虜鬭　「策」原作「乘」，據類苑改。

341王立字成之，潍州北海人。咸平三年，進士及第，補寧化軍判官。天聖四年，爲夔州路轉運使。施州徼外蠻夷，利得賜物，每歲求入貢者甚衆，所過煩擾，爲公私患。立奏令以貢物輸施州，遣還溪洞；又城施州，通雲安軍道以運鹽，朝廷嘉之。歷江南東、陝西、河北、河東路轉運使〔一〕。并州有羣盜，攻劫行旅，州縣不能制。立行部至并州，選巡檢軍士十五人自隨〔二〕，陽云以護行裝，微詞知盜處，掩捕盡獲之，五日中獲十八人，盜賊遂息。自河東徙知揚州〔三〕。明道二年，以太常少卿爲户部副使，尋以足疾出知廬州。遷右諫議大夫，徙知密州，秩滿，歸卒。

〔一〕河北河東路轉運使　下「河」字原脱，據類苑卷二三王立補。

〔二〕巡檢軍士十五人自隨　「軍」原作「兵」，據同上書改。

〔三〕徙知揚州　「知」字原脱，據同上書補。

342知延州范雍奏：「前月趙元昊悉衆入寇，陷金明寨，執都監李士彬父子〔一〕，遂攻安遠、塞門、永平寨。安遠最居極邊，賊斫壞兩重門，攻第三重門〔二〕，監押、侍禁邵元吉縋下軍士，斫退賊兵，復奪得城門。拒守數日，賊乃去。賊遂合衆屯於州城之北三川口，列十餘寨。二十三日，賊分兵出東西城之後，及兩城之間，呼噪，射城上人。

城上諸軍發矢石擊賊，死者頗衆，遂不敢攻。明日，賊引兵退。其守城將佐鈐轄盧守懃等，謹條次其功狀，乞超資酬賞，以勵後來。」

又奏：「栲栳寨主殿直高益、監押殿直韓遂，安遠寨主供奉官蔡詠、奉職曹度、借職王懿，皆死於賊。邵元吉及塞門寨主供奉官高延德〔三〕、權監押右侍禁王繼元，永平寨主左侍禁郭延珍、權監押左侍禁王懿，皆有拒守之功。」

詔死事者優與贈官，仍賻錢絹，録其子孫。元吉遷西頭供奉官、閤門祗候，充安遠寨主。

〔一〕李士彬父子　「士」字原脱，據學海本、聚珍本補。

〔二〕攻第三重門　以上五字原脱，據類苑卷五六范雍並參長編卷一二六康定元年二月癸卯條補。

〔三〕高延德　「高延」二字原脱，據李藏本、學海本及類苑補。

343 慶曆三年十二月八日，韓琦奏：「竊以元昊叛逆，朝廷未能誅討，欲爲守禦之計，則莫若修完城寨，賊來則堅壁清野以待之，使其不戰而困，此經久之策也。臣前至涇原，見緣邊堡寨隳損，應增置者甚衆，合計度修築。其山外弓箭手等，今年已來，役作甚苦。又聞來春欲令興修水洛、結公二城〔一〕，以通秦州、涇原救應之路。其間自涇原章川堡至秦州床穰寨一百三十里〔二〕，並是生户所居，只於其中通達一徑，須作二大寨、十餘小堡乃可通。計其土工，何啻百萬；更須採伐林木，作樓櫓營廨；又須分正兵三四千人屯守，積蓄芻糧。所費如此，只求一日通進援兵。又救應山外，比積石、儀州、黄石河路只省得兩程，況劉滬昨已降水洛城一帶生户〔三〕，李中和降隴城川一帶蕃部，各補署職名充熟户，將來若進援兵，動不下五六千人，小小蕃族，安敢爲梗？則知不須城寨已可往來。今近裏要害城堡尚多闕漏，豈暇於孤遠無益之處枉勞軍民？事之緩急，當有先後。伏乞只作朝廷指揮，下陝西緣邊四路部署司、涇原經略司，將涇原路弓箭手等，來春且令修築逐地未了堡寨，其水洛、結公二城權住修築，候向去城寨修完了畢，别奏取旨。如朝廷未以爲然，乞選差親信中使，至涇原秦鳳路詢問文彦博、狄青、尹洙，即知修水洛城於今便與未便〔四〕。」詔如琦議罷修。

先是，内殿崇班、渭州西路巡檢劉滬建策修二城，陝西四路招討部署鄭戩主其事，知秦州文彦博、知渭州尹洙等皆不欲修。會琦自陝西宣撫還，奏請罷之。又罷四路招討，以戩知永興軍。戩因極言築二城之利，不可輒罷〔五〕，遣滬與著作佐郎董士廉依前策修之。議者紛紜不決。詔三司副使魚周詢往視其利害。未至，洙召滬、士廉令罷役，蕃部皆遮止滬等，請自備財力，卒修二城，滬、士廉亦以熟户既集，官物無所付，又恐違蕃部之意，别致生變，遂城之。洙以滬、士廉違節度，命狄青往斬之，青囚之以聞。於是城中蕃漢之民皆逃潰，生户及亡命等争據其地。

韓琦又言：「鄭戩奏乞令臣不預商量。臣常患臣僚臨事多避形逃迹，致賞罰間或有差誤。因退思之，臣在西邊及再任宣撫〔六〕，首尾五年，只在涇原、秦鳳兩路，於水洛城事，比之他人知之甚詳。今若隱而不言，復事形迹，則是臣偷安不忠，有誤陛下委任之意。臣是以不避誅責，輒陳所見利害，凡十三條。」詔劄與周詢等及陝西都轉運使程戩等〔七〕，而周詢及戩已先具奏〔八〕：「二城修之，於邊計甚便，況水洛城今已修畢，惟女牆少許未完，棄之可惜，誠宜遂令訖役。」五月十六日〔九〕，詔戩等卒城之〔一〇〕。

〔一〕水洛結公二城　「水」原作「永」，據長編卷一四五慶曆三年十二月辛丑條、宋史卷八七地理志三及永樂大典卷八〇九〇改，下同。

〔二〕至秦州床穰寨一百三十里　「床」原作「糜」，據長編及宋史地理志改；「三」長編作「八」。

〔三〕已降水洛城一帶生户　「降」上原衍「殺」字，據長編及韓魏公家傳卷四删。

〔四〕於今便與未便　「於」原作「即」，據長編改。

〔五〕不可輒罷　「輒」字原脱，據五朝言行録卷九之六補。

〔六〕臣在西邊及再任宣撫　「任」原作「仕」，據聚珍本及長編改。

〔七〕詔劄與周詢等及陝西都轉運使程戡等　長編卷一四九作「詔劄與魚周詢、程戡等」。

〔八〕而周詢及戡已先具奏　「奏」以上八字原脫，據長編補。

〔九〕五月十六日　長編注云：「記聞稱五月十六日詔戡等卒城水洛，蓋誤以初六日爲十六日。」

〔一〇〕詔戡等卒城之　「戡」原作「戩」，據長編及上文改。

344 琦所論十三條，大略言：水洛左右皆小小種落〔二〕，不屬大朝，今奪取其地，於彼置城，於元昊未有所損，於邊亦無益，一也。緣邊禁軍、弓箭手連年借債修葺城寨，尚未完備，今又修此城堡，大小六七，計須二年方可得成，物力轉見勞弊，二也。將來修成上件城堡，計須分屯正軍不下五千人，所要糧草並須入中和糴，所費不小，三也。自來涇原、秦鳳兩路通進援兵，只爲未知得儀州、黄石河路，所以議者多欲修水洛一帶城寨。自近歲修成黄石河路〔三〕，秦鳳兵往涇原並從腹内經過，逐程有驛舍糧草。若救静邊寨，比水洛只遠一程；若救鎮戎、德順軍，比水洛却近一程。今來水洛勞費如此，又多疎虞，比於黄石河腹内之路，遠近所較不多，四也。

陝西四路自來只爲城寨太多，分却兵勢，每路正兵不下七八萬人，及守城寨之外，不過二萬人。今涇原、秦鳳兩路若更分兵守水洛一帶城寨，則兵勢轉弱；兼元昊每來入寇，不下十餘萬人，若分三四千人於山外静邊、章川堡以來出没〔三〕，則兩路援兵自然阻絶，其城寨内兵力單弱，必不敢出城，不過自守而已。如此，是枉費功力，臨事一無所濟。況自來諸路援兵，極多不過五六千人至一萬人，作節次前來，只是張得虚聲，若先爲賊馬阨其來路，必應援不及；若自黄石河路，則賊隔隴山，不能鈔截，五也。

自隴州入秦州〔四〕，由故關路〔五〕，山阪險隘，行兩日方至清水縣，清水北十里則爲床穰寨〔六〕；自清水又行山路，兩日方至秦州。由是觀之，秦州遠在隴關之外〔七〕，最爲孤絶。其東路隔限水洛城一帶生户，道路不通，秦州恃之以爲籬障〔八〕，只備西路三都口一帶賊馬來路〔九〕。今若開水洛城一帶道路，其城寨之外必漸有人烟耕種，蕃部等更不敢當道住坐，姦細之人易來窺覘。賊若探知此路平快，將來入寇，分一道兵自床穰寨扼斷故關及水洛，則援兵斷絶，秦州必危。所以秦州人聞官中開道〔一〇〕，皆有憂慮之言，不可不知，六也。

涇原路緣邊地土最爲膏腴，自來常有弓箭手家人及内地浮浪之人，詣城寨官員，求先刺手背，候有空閑地土摽占，謂之「强人」〔一一〕。此輩只要官中添置城寨，奪得蕃部土地耕種，又無分毫租稅。緩急西賊入寇，則和家逃入内地，事過之後，却來首身。所以人數雖多，希得其力。又商賈之徒，各務求囑於新城内射地土居住，取便與蕃部交易。昨來劉滬下唱和修城之人，盡是此輩，於官中未見有益，七也。涇原一路，重兵皆在渭州，自渭州至水洛城〔一二〕，凡六程。若將來西賊以兵圍脅水洛城，日夕告急，部署司不可不救，少發兵則不能前進，多發兵則與前來葛懷敏救定川寨覆没大軍事體一般。所以涇原路患見添置城寨者，一恐分却兵馬，二恐救應轉難，八也。

議者言修水洛城不唯通兩路援兵，亦要彈壓彼處一帶蕃部。緣涇原、秦鳳兩路，除熟户外，其生户有蹉鶻谷、者達谷、必利城、臈家城、鵶梟城〔一三〕、古渭州、龕谷、洮河、蘭州、疊、宕州，連宗哥、青唐城一帶〔一四〕，種類莫知其數，然族帳分散，不相君長，故不能爲中國之患，又謂元昊爲草賊，素相仇讎，不肯服從，今水洛城乃其一也。朝廷若欲開拓邊境，須待西北無事、財力强盛之時，當今取之實爲無用，九也。

今修水洛城本要通兩路之兵，其隴城川等大寨〔一五〕，須藉秦鳳差人修置，今秦州文彦博累有論奏，稱其不便，顯是妨礙，不合動移〔一六〕，十也。

凡邊上臣僚圖實效者，特在於選舉將校〔一七〕、訓練兵馬、修完城寨、安集蕃漢，以備寇之至而已；貪功之人則不然，唯務興事求賞，不思國計。故昨來鄭戩差許遷等部領兵馬修城，又差走馬承受麥知微作都大照管名目〔一八〕，若修城功畢，則皆是轉官酬獎之人，不期與尹洙、狄青所見不同，遂致中輟，希望轉官，皆不如意。今若水洛城復修，則隴城川等又須相繼興築〔一九〕，其逐處所差官員將校，人人只望事了轉官，豈肯更慮國家向去兵馬糧草之費？十一也。

昨者涇原路抽回許遷等兵馬之時，只築得數百步，例各二尺以來。其劉滬憑恃鄭戩，輕視本路主帥，一向興工不止，及至差官交割，又不聽從，此狄青等所以收捉送禁、奏告朝廷。今來若以劉滬全無過犯，只是狄青、尹洙可罪，乃是全不計修水洛城經久利害，只聽鄭戩等爭氣加誣，則邊上帥臣自此節制不行，大害軍事，十二也。

陝西四路，唯涇原一路所寄尤重，蓋川原平闊，賊路最多，故朝廷委尹洙、狄青以經略之任。近西界雖遣人議和，自楊守素回後，又經月餘，寂無消耗，環慶等路不住有賊馬入界侵掠。今已五月，去防秋不遠，西賊姦計大未可量，朝廷當獎勵逐路帥臣，豫作支梧。今乃欲以偏裨不受節制爲無過〔二〇〕，而却加罪主帥，實見事體未順，十三也。

更乞朝廷察臣不避形迹，論列邊事，特與究其利害，略去嫌疑，所貴處置不差，事存經久〔一二〕。

〔一〕水洛左右皆小小種落　「水」原作「永」，據長編卷一四九慶曆四年五月壬戌朔條改，下同。

〔二〕修成黃石河路　「成」原作「城」，據同上書改。

〔三〕章川堡以來出没　「川」原作「山」，據宋史卷八七地理志三及上條改。

〔四〕自隴州入秦州　「隴州」原作「隴川」，據宋史地理志改。

〔五〕由故關路　「關」原作「開」，據學海本、聚珍本及長編改。

〔六〕清水北十里則爲床穰寨　「清」字原脱，「床」原作「麻」，據長編補改，下同。

〔七〕隴關之外　「外」字原脱，據李藏本、學海本及長編補。

〔八〕秦州恃之以爲籬障　「障」原作「帳」，據長編改。

〔九〕三都口一帶賊馬來路　「口」原作「公」，據長編改。

〔一〇〕秦州人聞官中開道　「州」字原脱，據長編補。

〔一一〕候有空閑地土摽占謂之强人　「謂」原作「爲」，據長編改。

〔一二〕自渭州至水洛城　「渭」字原脱，據長編補。

〔一三〕鵰梟城　「鵰梟城」三字原脱，李藏本作「梟城」，今據長編補。

〔一四〕青唐城一帶　「唐」原作「塘」，據長編及宋史卷八七地理志三改。

〔一五〕隴城川等大寨　「城」原作「成」，據同上書改，下同。

〔一六〕不合動移　「不」原作「亦」，據李藏本、學海本及長編改。

〔一七〕特在於選舉將校　「在」字原脱，據學海本、聚珍本及長編補。

〔一八〕麥知微作都大照管名目　「麥」原作「賚」，學海本作「費」，今據長編改。

〔一九〕隴城川等又須相繼興築　「城」字原脱，據長編及宋史地理志補。

〔二〇〕今乃欲以偏裨不受節制爲無過　「乃」字原脱，據李藏本、學海本及長編補。

〔二一〕事存經久　「經」原作「終」，據學海本、聚珍本及本條上文改。

345 康定二年，府州奏：「七月二十三日，西賊不知萬數，圍逼州城，攻擊四日夜乃退。尋令鄉兵趙素等探候，西賊尚在後河川、赤土嶺、毛家塢一帶下寨未起，去州三十二里。州司竊慮西賊虛作退勢，誘引大兵追逐，別設伏兵，奔衝州城，見不輟令人探候，及申并、代部署司乞救應次。」

麟府路走馬承受公事樊玉奏：「竊見本路軍馬司準麟州公文，自七月二十一日被西賊攻圍西城一十八日，至八月九日午時，其賊拔寨過屈野河西山上白草平一帶下寨〔一〕，去州約十五里。其夜，當州令通引官魏智及百姓廉千、白政等偷路往州東探候，建寧寨已爲西賊所破，賊於周回下七寨，殺虜寨主、監押及寨内軍民，焚蕩倉場、庫務、軍營、民居〔二〕、敵樓、戰棚皆盡。其賊亦不輟下屈野河來奔衝州城。當州日夜拒守，軍民危困。今遣百姓李珣、飛騎長行王晏偷路告急，乞軍馬司星夜進程，發兵救應。」

河東路轉運使文彦博奏：「昨西賊圍豐州及寧遠寨，其并、代州副部署、通州團練使王元〔三〕，麟府州鈐轄、東染院使、昭州刺史康德輿，只在府州閉壘自守〔四〕，並無出兵救援之意，以至八月七日寧遠寨破，十九日豐州破。二十一日，西賊引退已遠，麟州路通。二十三日，元等乃牒府州索隨軍十日糧草，計人糧馬料九千石、草五萬六千束，以二十六日出軍，臣尋急令保德、火山、岢嵐軍人户各備脚乘，於府州請搬上件隨軍。其王元、康德輿只於府州城外五七里下寨，坐食所搬糧草，經三日，復將所部兵馬入城，亦不先告人户令知，其人户等見軍馬入城，謂是西賊將至，皆倉皇奔竄入城，棄所搬糧草脚乘並在野寨。明日，方令人户搬所餘糧草於倉場回納。竊緣人户請搬糧草、雇賃脚乘，所費至重，臣取得人户雇脚契帖，每搬隨軍草一束、糧一㪷，不以遠近日數，計錢一貫文省。如此費耗，若一兩次，何以任持？若或出軍擊賊，遠救城寨，須要糧草隨行，雖有重費，不可辭勞。其如賊退已遠，麟州道路已通，方領軍馬出城，又不敢前去追襲，却只去府州城外五七里劄寨，令人户運糧，元輩何以自安？方今西事未平，捍邊全藉良將，若王元、康德輿駑下之材，如此舉動，必致敗事。伏乞朝廷明行重典，以戒懦夫；别擇武臣，付以邊事。」

詔：「昨以西賊圍閉麟府州，專差王元及并代州鈐轄、供備庫使楊懷志往彼策應，自部領軍馬到府州，並不出兵廣作聲援救應，致陷没豐州及寧遠寨；其康德輿係專管勾麟府路軍馬公事，亦只在府州端坐，不出救應。已降敕命，王元降右衛將軍、陵州團練使，楊懷志降供備庫副使，康德輿落遥郡軍，令逐路都部署司徧行戒勵。仍令王元、康德輿分析上件因依聞奏。」

〔一〕自七月二十一日被西賊攻圍西城一十八日至八月九日午時其賊拔寨過屈野河西山上白草平一帶下寨　「二十一日」原作「二十七日」，「八月九日」原作「九月九日」，長編卷一三三慶曆元年八月戊子條載：「麟州言：元昊以前月戊辰攻圍州城，是月乙酉踰屈野河西山上白草平」。是年七月戊申朔，八月丁丑朔，故始圍城爲七月二十一日，解圍爲八月九日；今均據以删改。

〔二〕焚蕩倉場庫務軍營民居　「務軍」二字原脱，據李藏本、學海本補。

〔三〕并代州副部署通州團練使王元　「副部署」原作「都部署」，長編卷一三三慶曆元年九月癸西條作「副部署」，宋史卷三二六康德輿傳作「副總管」，據改。

〔四〕閉壘自守　「壘」原作「疊」，據聚珍本改。

346 寶元二年六月壬午，詔元昊在身官爵並宜削奪〔一〕，仍除屬籍。華戎之人，有能捕斬元昊者，即除靜難軍節度使〔二〕，仍賜錢穀銀絹。元昊所部之人能歸順者，並等第推賞。丙戌，詔河東安撫司牒北朝安撫司，以趙元昊背叛，河東緣邊點集兵馬，慮北朝驚疑。

〔一〕詔元昊在身官爵並宜削奪　「詔」原作「趙」，據學海本、聚珍本改。

〔二〕静難軍節度使　「静」，長編卷一二三寶元二年六月壬午條、宋史卷四八五夏國傳上作「定」。

347 寶元二年九月，金明都監李士彬捕得元昊僞署環州刺史劉乞豬，送京師，斬於都市。以元昊令乞豬入延州界誘保塞蕃官故也〔一〕。

〔一〕誘保塞蕃官　「塞」原作「寨」，據李藏本、學海本改。

348 康定元年三月癸酉，韓琦奏：「昨者夏虜寇延州，有西路都巡檢使、侍禁、閤門祇候郭遵從劉平與賊戰。有跨馬舞二劍以出，大呼云欲鬭將者，平問諸將，無敢敵者，遵獨請行，因上馬舞二鐵簡與賊格鬭，賊應手腦碎，餘衆遂却。頃之，遵又横大鎺刀，率百餘人，進陷虜陣，至其帳前而還。凡三出三入，所殺者幾百人。遵馬倒，爲賊所害，聞賊中皆歎服其勇也。乞優賜褒贈及録其子孫。」詔贈遵果州團練使，母、妻皆封郡君，諸子悉除供奉官、侍禁、殿直，兄弟亦以差拜官。丙子，黑風自西北起，京師晝晦如墨，移刻而止。丁丑，始遣中使存問劉平、石元孫家屬，加賜贈。

349 四月戊子，陝西都轉運司奏：「請令淮南、江、浙州軍造紙甲三二萬副〔一〕，給本路防城弓手〔二〕。」詔委逐路州軍以遠年帳籍製造。

〔一〕請令淮南江浙州軍造紙甲三二萬副　「浙州軍」三字原脱，據長編卷一二七康定元年四月己丑條補。

〔二〕給本路防城弓手　「給本路」原倒作「本路給」，「弓手」原作「手力」，據長編改。

350 康定元年六月，言事者以朝廷發兵戍守西邊，恐諸處無備，乞於京東西州軍增置弓手。辛丑，詔天章閣待制高若訥爲京西體量安撫使，侍御史知雜事張奎爲京東體量安撫使，就委點集。甲辰，中書門下奏：「諸路並宜增置弓手，以備盗賊。」詔除陜西、河北、河東、京東西已從點差[一]，及川、陜、廣南、福建更不點外，其餘路分，量户口多少增置。

戊申，三司奏：「乞下開封府并河北買驢三千頭[二]，載軍器輸陜西。」詔減一千頭，仍增京東西兩路[三]。

〔一〕京東西已從點差　「東」字原脱，據長編卷一二七康定元年六月甲辰記事及附注補。

〔二〕買驢三千頭　「買」原作「置」，據李藏本、學海本改。

〔三〕仍增京東西兩路　「兩」原作「南」，據文意改。

351 康定元年九月丙寅，詔河北、河東强壯，陜西、京東、京西新添弓手，皆以二十五人爲團，團置押官一員；四團爲都，置正副都頭一人；五都爲一指揮，置指揮使一人教習。

352 慶曆三年正月，廣南東路轉運司奏：「前此温台州巡檢軍士鄂鄰殺巡檢使，寇掠數十州境，亡入占城。泉州商人邵保以私財募人之占城，取鄰等七人而歸，梟首廣州市。乞旌賞。」詔補殿侍，監南劍州酒税。初，内臣温台巡檢張懷信性苛虐，號張列挈。

康定元年，鄜等不勝怨忿，殺之。至是始獲焉。

353 李士彬世爲屬國胡酋〔一〕，領金明都巡檢使，所部十有八寨，胡兵近十萬人，延州人謂之鐵壁相公，夏虜素畏之。元昊叛，遣使誘士彬，士彬殺之。元昊乃使其民許降士彬，士彬白知延州范雍，請徙置南方，雍曰：「討而擒之，孰若招而致之？」乃賞以金帛，使隸於士彬。於是降者日至，分隸十八寨，甚衆。元昊使其諸將每與士彬遇，輒不戰而走，曰：「吾士卒聞鐵壁相公名，莫不膽墜於地，狼狽奔走，不可禁止也。」士彬由是益驕，又以嚴酷御下，而多有所侵暴〔二〕，故其下多有怨憤者〔三〕。元昊乃陰以金爵誘其所部〔四〕，往往受之，而士彬不知。

是歲，元昊遣衙校賀真來見范雍，自言欲改過自新，歸命朝廷。雍喜，厚禮而遣之，凡先所獲俘梟首於市者，皆斂而葬之，官爲致祭。真既出境，虜騎大入，諸降虜皆爲内應。士彬時在黄惟寨〔五〕，聞虜至，索馬，左右以弱馬進，遂鞚以詣元昊，與其子懷寶俱陷没〔六〕。士彬先使其腹心赤豆軍主以珠帶示母〔七〕、妻使逃，母、妻策馬奔延州，范雍猶疑之〔八〕，使人詗虜，皆爲所擒。明日，騎至城下。元昊割士彬耳而不殺，後十餘年，卒於虜中。

〔一〕世爲屬國胡酋　「屬」原作「萬」，據李藏本、學海本改。

〔二〕而多有所侵暴　「暴」原作「欲」，據同上書改。
〔三〕故其下多有怨憤者　「故」、「有」二字原脱，據同上書補。
〔四〕誘其所部　長編卷一二六康定元年正月庚辰條及治蹟統類卷七「部」下有「渠帥」二字。
〔五〕黄惟寨　「惟」同上書作「堆」，李藏本、學海本作「帷」。
〔六〕與其子懷寶俱陷没　以上八字原脱，據長編補。
〔七〕士彬先使其腹心赤豆軍主以珠帶示母　「先」字原脱，據長編補。
〔八〕范雍猶疑之　「之」字原脱，據同上書補。

354 慶曆初，趙元昊圍麟州二十七日。城中無井，掘地以貯雨水。至是水竭，知州苗繼宣拍泥以塗藁積，備火箭射。賊有諜者潛入城中，出告元昊：「城中水已竭，不過二日，當破。」元昊望見塗積，曰：「城中無水，何暇塗積？」斬諜者，解圍去。麟州之圍，苗繼宣募吏民有能通信求援於外者，通引官王吉應募，繼宣問：「須幾人從行？」吉曰：「今虜騎百重，無所用衆〔一〕。」請髡髮〔二〕，衣胡服〔三〕，挾弓矢，齎糗糧〔四〕，詐爲胡人。夜縋而出，遇虜問，則爲胡語答之。兩晝夜，然後出虜寨之外，走詣府州告急。府州遣將兵救之，吉復間道入城，城中皆呼萬歲。及圍解，詔除吉奉職、本州指使。

〔一〕無所用衆　「衆」原作「處」，據類苑卷五六王吉、長編卷一三三慶曆元年九月壬申條改。

〔二〕請髡髮　「髡」原作「秃」，據類苑、長編改。

〔三〕衣胡服　「胡」類苑作「袒」。

〔四〕齎糗糧　「糗」字原脱，據類苑、長編補。

355 吉嘗從都監王凱及中貴人將兵數千人，猝遇虜數萬騎。中貴人惶恐，以手帛自經，吉曰：「官何患不得死？何不且令王吉與虜戰？若吉不勝，死未晚也。」因使其左右數人守中貴人，曰：「貴人有不虞，當盡斬若屬。」因將所部先登，射殺虜大將，虜衆大奔，衆軍乘之，虜墜崖死者萬餘人。奏上，凱自侍禁除禮賓使、本路鈐轄，吉自奉職除禮賓副使。

吉嘗與夏虜戰，其子文宣年十八，從行。戰罷，不見文宣，其麾下請入虜中求之，吉止之曰〔一〕：「此兒爲王吉之子〔二〕，而爲虜所獲，尚何以求爲？」頃之，文宣挈二首以至，吉乃喜曰：「如此，真我子也！」吉每與虜戰，所發不過一矢，即捨弓肉袒而入，手殺數人，然後返，曰：「及其張弓挾矢之時，直往抱之，使彼倉卒無以拒我，則成擒矣。吾前後數十戰，未嘗發兩矢也〔三〕。」時又有張節〔四〕，與吉齊名，皆不至顯官而卒。

〔一〕吉止之曰　「之」字原脱，據類苑卷五六王吉二、長編卷一三三慶曆元年九月壬申條補。

〔二〕王吉之子　「之」字原脱，據類苑補。

〔三〕未嘗發兩矢也　「發」字原脱，據類苑、長編補。

〔四〕張節　「節」，長編、治蹟統類卷七作「岊」。宋史卷三二六有張岊傳。

356 邈川首領唃厮囉有三子，曰磨氊角、瞎氊、董氊。董氊尤桀黠，殺二兄而并其衆。唃厮囉老，國事皆委之董氊。秦鳳經略使張方平使人誘董氊入貢，許奏爲防禦使，董氊尋遣使入貢〔一〕。會知雜御史吴中復劾奏方平擅以官爵許戎狄〔二〕，啓其貪心，方平議遂不行。先是〔三〕，契丹以女妻董氊，與之共圖夏國，夏主諒祚與之戰，屢爲所敗。嘉祐六年秋，諒祚遣使請尚公主，鄜延經略司奏之，朝廷令鄜延不納其使。會諒祚舉兵擊董氊，屯於古渭州之側，古渭州熟户諸酋長皆懼，以爲諒祚且來併吞諸族，皆詣方平訴求救，方平懼，飾樓櫓，爲守城之備，盡籍諸縣馬，悉發下番兵以自救。樞密張公云

〔一〕董氊尋遣使入貢　「尋」字原脱，據長編卷一九七嘉祐七年八月癸未條補。

〔二〕許戎狄　「狄」字原脱，據同上書補。

〔三〕先是　以上二字原脱，據同上書補。

357皇祐末，古渭州熟户反，增秦州戍兵甚多。事平，文公悉分屯於永興、涇原、環慶三路，期以有警急則召之，以省芻糧，謂之「下番兵」。方平既發下番兵〔一〕，關西震聳。方平仍驛書言狀，乞發京畿禁軍十指揮赴本路。樞密使張昇言於上曰：「臣昔在秦鳳，邊人言虜欲入寇者前後甚衆〔二〕，皆無事實。今事未可知，而發京畿兵以赴之〔三〕，驚動遠近，非計也，請少須之。」上從之。數日，方平復奏，諒祚已引兵西去擊董氊矣。諒祚尋復爲董氊所敗，築堡於古渭州之側而還。薛向云

〔一〕方平既發下番兵　以上七字原脱，據長編卷一九七嘉祐七年七月癸未條補。

〔二〕邊人言虜欲入寇者前後甚衆　「者」字原脱，據類苑卷五五張文定及長編補。

〔三〕而發京畿兵以赴之　「兵」字原脱，據類苑、長編補。

358寶元二年三月甲寅〔一〕，保順軍節度使邈川大首領唃厮囉遣使李波末裹瓦等入貢方物。四月辛酉朔，癸亥，樞密院奏：「唃厮囉前妻今爲尼，已有二子，曰瞎氊、磨氊

角〔三〕。唃厮囉再娶喬氏女，今爲妻。」詔唃厮囉前妻賜紫衣、師號及法名，今妻賜邑號，瞎氊、磨氊角並除團練使。

〔一〕寶元二年三月甲寅　「三月」原作「二月」，據長編卷一二三改。

〔二〕瞎氊磨氊角　「角」字原脱，據宋史卷四九二唃厮囉傳及下文補。

359 康定元年四月癸巳，秦鳳路部署司奏：磨氊角自請奮擊夏虜〔一〕，乞朝廷遣使監護。乃降詔命從之。八月辛丑，詔屯田員外郎劉涣往秦州至邈川以來勾當公事〔二〕。涣知晉州，自言請使外國故也。

〔一〕磨氊角自請奮擊夏虜　「角」字原脱，據前條及宋史唃厮囉傳補。

〔二〕邈川以來勾當公事　「川」原作「州」，據类苑卷五六唃厮囉改。

涑水記聞卷第十三

360 熙寧中，朝廷遣沈起、劉彝相繼知桂州，以圖交趾。起、彝作戰船，團結峒丁以爲保甲，給陣圖，使依此教戰，諸峒騷然。士人執交趾圖言攻取之策者〔一〕，不可勝數。嶺南進士徐百祥屢舉不中第〔二〕，陰遺交趾書曰：「大王先世本閩人，聞今交趾公卿貴人多閩人也。百祥才略不在人後，而不用於中國，願得佐大王下風。今中國欲大舉以滅交趾，兵法：『先人有奪人之心』，不若先舉兵入寇，百祥請爲内應。」於是交趾大發兵入寇，陷欽、廉、邕三州〔三〕，百祥未得間往歸之。會石鑑與百祥有親，奏稱百祥有戰功，除侍禁，充欽廉白州巡檢〔四〕。朝廷命宣徽使郭逵討交趾，交趾請降，曰：「我本不入寇，中國人呼我耳。」因以百祥書與逵，逵檄廣西轉運司按鞫，百祥逃去，自經死〔五〕。郭帥云

〔一〕士人執交趾圖言攻取之策者 「者」字原脱，據類苑卷七三交趾入寇、長編卷二七三熙寧九年三月丁丑條注引記聞補。

〔二〕徐百祥屢舉不中第 「百」長編作「伯」。

〔三〕陷欽廉邕三州　「邕」原作「雍」，據類苑、長編改。

〔四〕充欽廉白州巡檢　「白州」二字原脱，據長編補。

〔五〕自經死　「經」原作「縊」，據類苑、長編改。

361 交趾賊熙寧八年十一月二十一日、二十五日連破欽、廉二州，又破邕州管下太平、永平二寨。二十七日，圍邕州。知州、皇城使蘇緘晝夜築城力戰，所殺傷蠻人甚多，城因以固。

九年正月四日，廣西鈐轄張守節等過崑崙關赴援，兵少輕進，三千餘人悉爲蠻衆所掩〔一〕，殺傷殆盡。劉執中與廣西提刑遁回，後更無援兵。王師自京師數千里赴援，孤城抗賊，晝夜不得休息。正月二十一日，矢石且盡，城遂潰破，蘇緘猶誓士卒殊死戰，兵民死者十萬餘口，擄婦女小弱者七八萬口。二十二日，賊焚邕州城。二十三日，遂回本洞。

今王師前軍三將已達桂林，一將暫戍長沙；中軍旦夕過府，亦長沙置局；後軍三將分屯荆、鼎、澧三郡〔二〕，一將襄州〔三〕。

湖北飢，米斗計百五十鈔，餒死者無數。任公格云

〔一〕悉爲蠻衆所掩　「所掩」以下至本條末及以下兩條，原脱，據李藏本補。

〔二〕分屯荆鼎澧三郡　「澧」原作「灃」，據長編卷二七二熙寧九年正月乙亥條注、宋史卷八八地理志四改。

〔三〕一將襄州　「襄州」，長編作「辰州」。又按：自「今王師前軍」句至此句，與上下文俱不連屬，疑其上下俱有脱文。

362 勑榜下交趾管内州峒官吏軍民等云：「已差吏部員外郎、天章閣待制趙卨充安南道行營馬步軍都總管、經略招討使兼廣南西路安撫使〔一〕，昭宣使、嘉州防禦使、内侍押班李憲充副使，龍神衛四廂都指揮使、忠州刺史燕達充馬步軍副都總管〔二〕。順時興師〔三〕，水陸兼進。天示助順，已兆布新之祥；人知侮亡〔四〕，咸懷敵愾之氣。然王師所至，弗迓克奔〔五〕。咨爾士庶，久淪塗炭，如能諭王内附，率衆自歸，執虜獻功，拔身助順〔六〕，爵賞賜予〔七〕，當倍常科；舊惡宿負，一皆原滌。乾德幼穉，政非己出〔八〕，造庭之日，待遇如初。朕言不渝，衆聽毋惑。比聞編户，極困誅求，已戒使人，具宣恩旨：暴征横賦，到即蠲除，冀我一方，永爲樂土。」時交趾所破城邑，即爲露布，榜之衢路〔九〕，言：「所部之民叛如中國者〔一〇〕，官吏容受庇匿。我遣使訴於桂管，不報〔一一〕；又遣使泛海訴於廣州，亦不報。故我帥兵追捕亡叛者〔一二〕。而鈐轄張守節等輒相邀遮，士衆奮擊，應時授首。」又言：「桂管點閱峒兵〔一三〕，明言又見討伐〔一四〕。」又言：「中國作青苗、助役之法，窮困生民，我今出師，欲相拯濟。」故介甫自作此榜以報覆之。王正甫云

〔一〕充安南道行營馬步軍都總管經略招討使兼廣南西路安撫使　「馬步軍」三字原脱，「略」下原衍「安撫」二字，「廣南西路」原倒作「廣西南路」，據宋大詔令集卷二三八討交趾敕諭、長編卷二七一熙寧八年十二月癸丑條删補改正。

〔二〕燕達充馬步軍副都總管　「馬步軍」三字原脱，「管」原作「領」，據同上書補改。

〔三〕順時興師　「順」原作「應」，長編作「須」，今據宋大詔令集、王文公文集卷九並參長編改。

〔四〕人知侮亡　「侮」原作「悔」，據長編、宋大詔令集改。

〔五〕然王師所至弗迓克奔　以上九字原脱，據同上書補。

〔六〕拔身助順　「助」同上書作「效」。

〔七〕爵賞賜予　「爵賞賜予」同上書作「爵禄賞賜」。

〔八〕政非己出　「政」原作「罪」，據同上書改。

〔九〕時交趾所破城邑即爲露布榜之衢路　「所破城邑即」五字原脱，據長編補；又「榜」長編作「揭」。
〔一〇〕叛如中國者　長編作「亡叛入中國者」。
〔一一〕不報　「報」原作「服」，據同上書改，下同。
〔一二〕故我帥兵追捕亡叛者　「故我」原倒，「叛」字原脱，據長編改補。
〔一三〕峒兵　「兵」長編、治蹟統類作「丁」。
〔一四〕又見討伐　「又」同上書作「欲」。

363 提點刑獄楊畋自將擊破叛蠻。癸酉，詔特支荆湖擊蠻諸軍錢有差，仍命中使齎詔察視，具功狀以聞。〔一〕

〔一〕具功狀以聞　「具」原作「其」，據聚珍本改。

364 慶曆四年夏四月壬辰朔，丁酉，潭州奏：「山蠻鄧和尚等寇掠衡、道、永、郴州、桂陽監。」先是，宜州奏：「本管環州蠻賊歐希範僭稱桂王〔二〕，歐正辭僭稱桂州牧，攻環州，殺官吏。」詔以虞部員外郎杜杞〔三〕，爲刑部員外郎、直集賢院，充廣南西路轉運按察使兼本路安撫使〔三〕，委以便宜經略。

〔一〕慶曆四年……歐希範僭稱桂王　「稱」以上四十六字原脱，據李藏本、學海本補。

〔二〕虞部員外郎杜杞　「郎」字原脱，據長編卷一四八慶曆四年四月丁酉條補。

〔三〕兼本路安撫使　「使」字原脱，據同上書補。

365 茂州舊領羈縻九州，皆蠻族也。蠻自推一人爲州將，治其衆。州將常在茂州受處分。茂州居羣蠻之中，地不過數十里，舊無城，惟植鹿角。蠻人屢以昏夜入茂州，剽掠民家六畜及人，茂州輒取貨於民家，遣州將往贖之，與之講和而誓，習以爲常。茂州民甚苦之。

熙寧八年，屯田員外郎李琪知茂州，民投牒請築城，琪爲奏之，乞如民所請，築城繞民居，凡八百餘步。朝廷下成都路鈐轄司，度其利害。時龍圖閣直學士蔡延慶領都鈐轄，李琪已罷去，大理寺丞范百常知茂州。延慶下百常檢度，百常言其利，朝廷遂令築之。既而，蠻酋羣訴於百常，稱城基侵我地，乞罷築，百常不許，訴者不已，百常以梃驅出。

九年三月二十四日，始興築，城纔丈餘〔一〕，靜州等羣蠻數百奄至其處。茂州兵纔二百人，百常帥之拒擊，殺數人，蠻乃退，百常帥遷民入牙城。明日，蠻數千人，四面大至，悉焚鹿角及民廬舍，引梯衝攻牙城，矢石雨下，百常率衆乘城拒守。至二十九日，其酋長二人爲檑木所殺，蠻兵乃退。既而四月初，屢來攻城，皆不克而退。然遊騎猶繞四山，城中人不敢出。

茂州南有箕宗關路通永康軍，北有隴東路通緜州，皆爲蠻所據。百常募人間道詣成都，及書木牌數百投江中，告急求援。於是蜀州駐泊都監孫青〔二〕，將數千人自箕宗關入，蠻伏兵擊之，青死而士卒死傷不多〔三〕。又有王供備等將數千人自隴東道入，時州蠻請降，從者殺其二子，蠻怒，密告静州等蠻，使遮其前，而自後驅之，壅溪上流，官軍既涉而決之，殺溺殆盡。既而鈐轄司命百常與之和誓，蠻人稍定。

蔡延慶奏乞朝廷遣近上内臣共經制蠻事，朝廷命押班王中正專制蠻事。中書、密院劄子皆云「奉聖旨：講和」，而中正自云「受御前劄子，掩襲叛蠻」。其年五月，中正將兵數千自箕宗關入，經恭州、蕩州境〔四〕，乘其無備掩擊之，斬首數百級，擄掠畜産，焚其廬舍皆盡。既而復與之和誓。至七月，又襲擊之，又隨而與之和誓，乃還，奏云事畢。始，蔡帥恐監司不肯應給軍須，故奏乞近上内臣共事。中正受宣命，凡軍事皆與都鈐轄司商議，中正將行，奏云：「茂州去成都府遠〔五〕，若事大小一一與鈐轄司商議，恐失事機，乞委臣專決，關鈐轄司知。」有旨依奏。中正既至，軍事進止，皆由己出〔六〕，蔡不復得預聞，事既施行，但關知而已〔七〕，監司皆附之。遂奏：「蔡延慶區處失宜，致生邊患。又延慶既與之和誓〔八〕，而臣引兵入箕宗關，蠻渝約出兵拒戰。」蔡由是徙知渭州，以資政殿學士馮京代之。又奏：「范百常築城侵蠻地，生邊患。」坐奪一官、勒停。隴西土田肥美〔九〕，靜、時等六州引生羌據其地，中正不能討，北路遂絶。

故事，與蠻爲和誓者，蠻先輸貨，謂之「抵兵」，又輸求和物〔一〇〕，官司乃籍所掠人畜財物使歸之，不在者增其價。然後輸誓牛羊豕棘耒耜各一，乃縛劍門於誓場，酋豪皆集〔一一〕，人人引於劍門下過，刺牛羊豕血歃之〔一二〕；掘地爲坎，反縛羌婢坎中，加耒耜及棘於上，人投一石擊婢，以土埋之，巫師詛云：「有違誓者，當如此婢。」及中正和誓，初不令輸「抵兵」、求和等物，亦不索其所掠；自備誓具〔一三〕，買羌婢，以氈蒙之，經宿而失；中正先自劍門過，蠻皆怨而輕之。自是剽掠不絶。狄諮、范百常云

〔一〕城纔丈餘　「城」字原脱，據類苑卷七六茂州蠻補。

〔二〕蜀州駐泊都監孫青　「州」原作「川」，據李藏本、學海本及類苑改。

〔三〕青死而士卒死傷不多　「士卒死傷不多」，長編卷二七四熙寧九年四月辛亥條作「士卒多死傷」，據此，「不」似當爲「亦」之誤。

〔四〕經恭州蕩州境　「蕩」宋史卷四九六茂州蠻傳作「宕」。
〔五〕茂州去成都府遠　「府」字原脱，據類苑補。
〔六〕皆由己出　「由」原作「乙」，據同上書改。
〔七〕但關知而已　長編卷二七五熙寧九年五月戊寅條下有「既而王中正欲自以茂州事爲功」十三字。
〔八〕既與之和誓　「之」字原脱，據類苑補。
〔九〕隴西土田肥美　「土」字原脱，據長編卷二七八熙寧九年十月庚寅條補。
〔一〇〕求和物　「求」原作「永」，據學海本、聚珍本及類苑、長編卷二七九熙寧九年十一月癸酉條改。
〔一一〕酋豪皆集　「豪」原作「家」，據類苑及長編卷二七九改。
〔一二〕刺牛羊豕血歃之　「羊」字原脱，據李藏本、學海本及長編補。
〔一三〕自備誓具　「具」原作「其」，類苑作「直」，據李藏本、學海本改。

366 慶曆四年四月丁巳，梓夔路鈐轄司奏：「瀘州淯井監蠻攻三江寨。」詔秦鳳路發兵千人擊之〔一〕。

〔一〕發兵千人擊之　「發」字原脱，據長編卷一四八慶曆四年四月丁巳條、宋史卷四九六西南諸夷傳補。

367 慶曆四年七月，梓州路轉運司奏：「知瀘州、左侍禁〔一〕、閤門祇候李康伯，令教練使史愛招諭淯井叛蠻〔二〕，酋長斗敖等出降〔三〕。乞旌賞及補愛殿侍，充淯井監一路巡檢，李康伯與提點刑獄。」

〔一〕知瀘州左侍禁　「左」字原脱，據長編卷一五一慶曆四年七月戊子條補。

〔二〕教練使史愛招諭淯井叛蠻　「愛」原作「受」，據長編卷一五一慶曆四年七月辛未條、宋史卷四九六西南諸夷傳改，下同。

〔三〕酋長斗敖等出降　「敖」原作「敫」，「敫」蓋「敖」本字「敖」之誤，今據長編改。

368 皇祐四年，儂智高世爲廣源州酋長，役屬交趾，稱廣源州節度使。有金坑，交趾賦斂無厭，州人苦之。智高桀黠難制，交趾惡之，以兵掩獲其父，留交趾以爲質，智高不得已，歲輸金貨甚多。久之，父死，智高怨交趾，且恐終爲所滅，乃叛交趾，過江，徙居安德州，遣使詣邕州求朝命補爲刺史。朝廷以智高叛交趾而來，恐疆埸生事，却而不受。智高由是怨，數入爲盜。

先是，禮賓使亓贇坐事出爲洪州都指揮使〔一〕，會赦，有薦其材勇，前所坐薄，可收使，詔除御前忠佐，將兵戍邕州。贇欲邀奇功，深入其境，兵敗，爲智高所擒，恐智高殺之，乃紿言：「我來非戰也，朝廷遣我招安汝耳。不幸部下人不相知，誤相與鬭，遂至於此。」因諭以禍福。智高喜，以爲然，遣其黨數十人隨贇至邕州，不敢復求刺史，但乞通貢朝廷。邕州言狀，朝廷以贇妄入其境，取敗，爲賊所擒，又欲脱死，妄許其朝貢，爲國生事，罪之，黜爲全州都指揮使，智高之人皆却還。智高大恨，且以朝廷及交趾皆不納，窮無所歸，遂謀作亂。有黄師宓者，廣州人，以販金常往來智高所，因爲之畫取廣州之計，智高悦之，以爲謀主。是時，武臣陳珙知邕州，智高陰結珙左右，珙不之知。

皇祐四年四月，智高悉發所部之人及老弱盡空，沿江而下，凡戰兵七千餘人。五月乙巳朔，奄至邕，珙閉城拒之，城中之人爲内應，賊遂陷邕州，執珙等官吏，皆殺之。司户參軍孔宗旦罵賊而死。智高自稱仁惠皇帝，改元啓曆，沿江東下。横、貴、潯、龔、藤、梧、康、封、端諸州無城栅，皆望風奔潰，不二旬，至廣州。

知廣州仲簡性愚且狠〔二〕，賊未至間，僚佐請爲之備，皆不聽。至遣兵出戰，賊使勇士數十人，以青黛塗面，跳躍上岸，廣州兵皆奔潰。先是，廣州地皆蜆殼，不可築城，前知州魏瓘以甓爲之〔三〕，其中甚隘小〔四〕，僅可容府署、倉庫而已。百姓驚走，輦金寶入城，簡閉門拒之，曰：「我城中無物，猶恐賊來，況聚金寶於中邪？」城外人皆號哭，金寶悉爲賊所掠，簡遂閉門拒守。

轉運使王罕時巡按至梅州，聞之，亟還番禺。鄉村亡賴少年，乘賊勢互相剽掠〔五〕，州縣不能制，民遮馬自訴者甚衆。罕乃下馬，召諸老人坐而問之，曰：「汝曹嘗經此變乎？」對曰：「昔陳進之亂，民間亦如是。時有縣令，籍民間强壯者，悉令自衛鄉里，無得他適。於是鄉村下不能侵暴〔六〕，亦不能侵暴鄰村，一境獨安。」罕即徧移牒州縣，用其策，且斬爲暴者數人，民間始安。罕既入城，鈐轄侍其淵等共修守備。賊掠得海船崑崙奴，使登樓車以瞰城中，又琢石令圓以爲礮，每發輒殺數人，晝夜攻城，五十餘日，不克而去。

時提點刑獄鮑軻欲遷其家置嶺北，至南雄州，知州責而留之。軻乃詗廣聲聞，日有所奏；罕在圍城中，無奏章。賊退，朝廷賞軻而責罕〔七〕，罕坐左遷。

〔一〕禮賓使亓贇坐事　「亓」原作「开」，據宋史卷四九五廣源州蠻傳改。

〔二〕知廣州仲簡性愚且狠　「知廣州」三字原脱，據學海本、聚珍本補。

〔三〕以甓爲之　「甓」原作「壁」，據類苑卷七六儂智高改。
〔四〕其中甚隘小　「甚隘小」原作「隘甚小」，據李藏本、學海本改。
〔五〕乘賊勢互相剽掠　「互」原作「至」，據李藏本、學海本及類苑改。
〔六〕鄉村下不能侵暴　以上七字原作「鄰村」，據類苑改。
〔七〕朝廷賞輌而責罕　「輌」原作「汝弼」，據學海本及類苑改。

369 五月乙巳朔，丙寅，儂智高攻廣州。壬申，詔知桂州陳曙將兵救之。初，直史館楊畋，繼業之族人也，嘗爲湖南提點刑獄，討叛蠻，與士卒同甘苦，士卒愛之，時居父喪。六月乙亥，詔起畋爲廣南西路體量安撫使。畋儒者，迂闊無威，諸將不服，尋罷之。

七月丙午，以余靖經制廣南東西路賊盜。壬戌，智高解廣州圍，西還攻賀州，不克。廣南東路鈐轄張忠初到官，所將皆烏合之兵，智高遇戰於白田，忠敗死。西路鈐轄蔣偕性輕率，舉措如狂人，軍於太平場，初不設備。九月戊申，智高襲擊殺之。丙寅，又敗官軍於龍岫洞。丁巳，以余靖提舉廣南東西路兵甲，尋爲經略使，又命樞密直學士孫沔、入内押班石全彬與靖同討智高。西路鈐轄王正倫敗於館門驛，遂陷昭州。

樞密副使狄青請自出戰擊賊，庚午，以青爲宣徽使、荆湖南北路宣撫使、都大提舉經制廣南東西路盜賊事。諫官韓絳上言，狄青武人，不足專任，固請以侍從文臣爲之副。上以訪執政，時龐籍獨爲相，對云：「屬者王師所以屢敗，皆由大將權輕，偏裨人人自用，遇賊或進或退，力不能制故也〔一〕；今青起於行伍，若以侍從之臣副之，彼視青如無，青之號令復不得行，是循覆車之軌也。青素名善戰，今以二府將大兵討賊，若又不勝，不惟嶺南非陛下之有，荆湖、江南皆可憂矣。禍難之興，未見其涯，不可不慎。青昔在鄜延，居臣麾下，沉勇有智略，若專以智高事委之，使青先以威齊衆，然後用之，必能辦賊，幸陛下勿以爲憂也。」上曰：「善。」於是詔嶺南用兵皆受青節度〔二〕，處置民事〔三〕，則與孫沔等議之。時余靖軍於賓州，聞智高將至，棄其城及芻糧〔四〕，走保邕。丁丑，智高陷賓州，靖引兵出〔五〕，揚言邀賊，留監押守邕州，監押亦走。甲申，智高復入邕州。

十一月，狄青至湖南，諸道兵皆會，諸將聞宣撫使將至，爭先立功。余靖遣廣南西路鈐轄陳曙將萬人擊智高，爲七寨，逗遛不進。

十二月壬申朔，智高與曙戰於金城驛，曙敗，遁歸，死者二千餘人，棄捐器械輜重甚衆。交趾王德政請出兵二萬助收智高，狄青奏：「官軍自足辦賊，無用交趾兵。」丁未，詔交趾毋出兵。青又請西邊蕃落廣鋭近二千騎與俱。

五年正月，青至賓州，余靖、陳曙皆來迎謁。時饋運未至，青初令備五日糧，既又備十日糧。智高聞之，由是懈惰不爲備，上元張燈高會。先是，諸將視其帥如寮寀〔六〕，無所嚴憚，每議事，各執所見，喧争不用其命。己酉，狄青悉集將佐於幕府，立陳曙於庭下，數其敗軍之罪，并軍校數十人皆斬之。諸將股栗，莫敢仰視。余靖起拜曰：「曙之失律，亦靖節制之罪。」青曰：「舍人文臣，軍旅之責，非所任也。」於是勒兵而進，步騎二萬人。

或説儂智高曰：「騎兵利平地，宜遣兵守崑崙關〔七〕，勿使度險，俟其兵疲食盡，擊之無不勝者。」智高驟勝，輕官軍，不用其言。青倍道兼行，出崑崙關，直趨其城。智高聞之，狼狽發兵出戰。戊午，相遇於歸仁鋪。青使步卒居前，匿騎兵於後。蠻使驍勇者執長槍居前，羸弱悉在其後。其前鋒孫節戰不利而死〔八〕，將卒畏青令嚴，力戰莫敢退者。青登高丘，執五色旗，麾騎兵爲左右翼，出長槍之後，斷蠻軍爲三，旋而擊之，槍立如束，蠻軍大敗〔九〕，殺獲三千餘人，獲其侍郎黄師宓等。智高走還城，官軍追之，營其城下〔一〇〕。夜，營中驚呼，蠻聞之，以爲官軍且進攻，棄城走。明日，青入城，遣裨將于振追之，過田州不及而還〔一一〕，智高奔大理。捷書至，上喜，謂龐籍曰：

「嶺南非卿執議之堅，不能平，今日皆卿功也。」

狄青還，上欲以爲樞密使、同平章事，籍曰：「昔曹彬平江南，太祖謂之曰：『朕欲以卿爲使相，然今外敵尚多，卿爲使相，安肯復爲朕盡死力邪？』賜錢二十萬緡而已。今青雖有功，未若彬之大，若賞以此官，則富貴極矣，異日復有寇盜，青更立功，將以何官賞之？且青起軍中，致位二府，衆論紛然，謂國朝未有此比〔一二〕；今幸而立功，論者方息，若又賞之太過，是復使青得罪於衆人也。臣所言非徒便於國體，亦爲青謀也。昔衞青已爲大將軍，封侯立功，漢武帝更封其子爲侯；陛下若謂賞功未盡，宜更官其諸子。」爭之累日，上乃許之。二月癸未，加青護國軍節度使，樞密副使如故，仍遷諸子官。既而議者多謂青賞薄，石全彬復爲青訟功於中書〔一三〕。五月乙巳，竟以青爲樞密使。

〔一〕力不能制故也　「能」字原脱，據五朝言行録卷八之二補。

〔二〕於是詔嶺南用兵皆受青節度　「詔」字原脱，據類苑卷七六儂智高、五朝言行録補。

〔三〕處置民事　「處」上原衍「并」字，據五朝言行録删。

〔四〕棄其城及芻糧　「其」字原脱，據類苑、五朝言行録補。

〔五〕丁丑智高陷賓州靖引兵出　長編卷一七三、宋史卷一二仁宗本紀四均作「十月丁丑」；

「靖」原作「青」，「出」字原脱，據類苑、五朝言行録改補。

〔六〕諸將視其帥如寮寀　「其」原作「元」，據類苑、五朝言行録改。

〔七〕宜遣兵守崑崙關　「兵」原作「人」，據同上書改。

〔八〕其前鋒孫節戰不利而死　「其」字原脱，據同上書補。

〔九〕槍立如束蠻軍大敗　「如」原作「爲」，「大」字原脱，據同上書改補。

〔一〇〕官軍追之營其城下　「之」、「其」二字原脱，據同上書補。

〔一一〕過田州不及而還　「田」原作「由」，據李藏本、學海本及五朝言行録改。

〔一二〕謂國朝未有此比　「謂」原作「爲」，據李藏本、學海本及類苑改。

〔一三〕訟功於中書　「書」字原脱，據類苑、五朝言行録補。

370 先朝時，所司奏〔一〕：余安道募人能獲智高者〔二〕，有孔目官楊元卿、進士石鎮等十人皆獻策請行，安道一一問之，以元卿策爲善。元卿曰：「西山諸蠻，凡六十族，皆附智高，其中元卿知其一族，請往以逆順諭之，一族順從，使之轉諭他族，無不聽矣。若皆聽命，則智高將誰與處此？必成擒矣。」安道悦，使齎黄牛、鹽等往説之〔三〕。二族隨元卿出見安道，安道皆補教練使〔四〕，裝飾補牒如告身狀〔五〕，慰勞燕犒，厚賜遣之。

於是轉相説諭，稍稍請降。

先是，智高築宫於特磨寨，及敗，擕其母、弟、妻、子往居之，聞諸族俱叛，惶懼，留其母及弟智光、子繼封於特磨寨〔六〕，使押衙一人將兵衛之，智高自將兵五百及其妻、六子奔大理國，欲借兵以攻諸族。諸族走告石鎮兄鑑〔七〕，安道使元卿等十人，發諸族揀完等六州兵襲特磨寨〔八〕，殺押衙，獲其母、弟、子以歸。安道欲烹之，廣南西路轉運司奏：「所獲非智高母、子，蠻人妄執之以干賞耳。」於是安道奏送京師，請囚之，以俟得智高辨其虚實。詔許之。緣道皆不縻縶，供侍甚嚴。至京師，館於故府司，朝夕給飲膳，惟所欲，如奉驕子，月費錢三百餘貫，病則國醫臨視。後數月，智光狂發，毆防衛者，欲突走。伯庸上言：「智高母數病〔九〕，不幸死〔一〇〕，無以懲蠻夷；又徒費國財，養之無用，請戮之。」上怒曰：「余靖欲存此以招智高，而卿等專欲殺之邪？」自是羣臣不敢言。智高母年六十餘〔一一〕，隆準方口。智光年二十八，神識不慧，智高使知所部州，不能治，黜之；其妻美色，智高奪之。繼封年十四，智高長子，智高之僭，立爲太子。繼明八歲。

安道以獲智高母，召其所親黄汾於韶州，使部送至京師。汾自幕職遷大理寺丞，元卿除三班奉職，鎮除齋郎，其餘皆除齋郎、殿侍。以元卿、鎮曉蠻語，使留侍儂母〔一二〕。元卿等皆憤歎曰：「昔我初獲智高母〔一三〕，余侍郎謂我等勿入京師，留此待官賞耳。我等皆曰：『智高殺我等親戚近數十口，我願至京師，分此嫗一臠食之。』豈知今日朝夕事之，若孝子之養母。執政者仍戒我云：『汝勿得以私憤逼殺此嫗。』設有不幸，我等當償其死邪？」數見執政，涕泣求歸，不許。

〔一〕先朝時所司奏　「奏」下原作缺十九字。

〔二〕能獲智高者　類苑卷七六儂智高作「能獲儂智高者」。

〔三〕使齎黄牛鹽等往説之　「黄牛鹽」類苑作「黄魚牛鹽」。

〔四〕皆補教練使　「教練使」原作「校綵」，據類苑改。

〔五〕裝飾補牒如告身狀　「補」原作「譜」，據同上書改。

〔六〕子繼封於特磨寨　「子」字原脱，據李藏本、學海本及類苑補。

〔七〕諸族走告石鎮兄鑑　「兄」字原脱，據類苑補。

〔八〕發諸族揀完等六州兵襲特磨寨　「揀完」原作「揀完」，據類苑改。學海本作「陳充」。「揀完」蓋爲州名，然查無此州，疑有脱訛。

〔九〕智高母數病　「數」原作「致」，據類苑改。

〔一〇〕不幸死　「死」字原脱，據類苑補。

〔一〕智高母年六十餘　「年」下原衍「高」字，據類苑刪。

〔二〕使留侍儂母　「使」原作「皆」，據類苑改。

〔三〕昔我初獲智高母　「智高」二字原脱，據李藏本、學海本、聚珍本補。

371 皇祐中，儂智高自邕州乘流東下，時承平歲久，緣江諸州城栅隳弊，又無兵甲，長吏以下皆望風逃潰。贊善大夫、知康州趙師道謂僚屬曰〔一〕：「賊鋒甚盛，吾州衆寡不敵，必不能拒賊。然吾與兵馬監押爲國家守城，賊至死之，職也。諸君先賊未至，宜與家屬避之山中。」師道亦置其家屬山中，師道妻方産，棄子於草間而去。師道在城上，妻遣奴與師道相聞，師道怒曰：「吾已與汝爲死訣，尚寄聲何爲！」引弓射奴〔二〕，殺之。時賊已在近，師道與監押閉門守城，賊攻陷之，師道坐正廳事，射殺賊數人，然後死。賊以城人拒己，悉焚其官府民舍，殘滅之。進至於封州，太子中舍、知封州曹覲微服懷州印匿於民間，賊搜得之，延坐與食，謂曰：「爾能事我，我以爾爲龍圖閣學士。」覲罵曰：「死蠻！汝安知龍圖閣學士爲何物，乃欲汙我？」賊怒，斬之。及事平，朝廷贈覲諫議大夫，師道太常少卿〔三〕，妻子皆受官邑，賜賚甚厚。棄城者皆除名編管。前廣州通判康衛云

〔一〕趙師道謂僚屬曰　「師道」長編卷一七三皇祐四年九月己未條、宋史卷四四六趙師旦傳作「師旦」。

〔二〕引弓射奴　「弓」原作「手」，據李藏本、學海本、聚珍本改。

〔三〕朝廷贈覲諫議大夫師道太常少卿　長編、宋史曹覲傳、趙師旦傳均作覲「贈太常少卿」，師旦「贈光禄少卿」。

372 儂智高將至廣州，天章閣待制、知廣州仲簡尚未之信，殊不設備，榜於衢路，令民敢有相扇動欲逃竄者斬。及賊至，簡閉子城拒守。郊野之民欲入城者，閉門不納，悉爲賊所殺掠。簡陰具舟，欲與家屬逃去，僚屬以爲不可。會轉運使王罕巡行他州，聞賊至，亟還入廣州城，悉力拒守，幾陷者數四，僅而得完。提點刑獄鮑軻止於南雄州，詗賊動静，相繼以聞。及賊退，朝廷責罕奏章稀少，黜監信州税，仲簡落職知筠州，以鮑軻爲勤職，欲以爲本路轉運使，臺諫有言而止。

373 蔣偕將千餘人，晝夜兼行，追儂智高至黄富場。蠻人詗知官軍飢疲〔一〕，夜以酒設寨飲之〔二〕，即帳中斬偕首〔三〕，因縱擊其衆，大破之，梟偕及偏裨首於戰處而去。李章云

〔一〕詗知官軍飢疲　「詗」原作「伺」，據李藏本、學海本、聚珍本改。

〔二〕以酒設寨飲之　「酒設」原作「偕傳」，據同上書改。

〔三〕即帳中　「帳」原作「將」，據同上書改。

374 儂智高圍廣州既久，城中窘急，而賊亦疲乏，又不習水戰，常懼海賊來抄其寶貨。東莞縣主簿兼令黃固素爲吏民所愛信，偵知賊情，乃募海上無賴少年，得數千人，船百餘艘，泝流而下，夜趨廣州城，鼓譟而進，賊大驚，即時遁去。廣州命固率所募之衆泝流追之，而賊棄船自他路去，追之不及。會通判孟造素不悦固，乃按固所率舟中之民私載鹽鮝於上流販賣，及縣中官錢有出入不明者，攝固下獄治之，誣以贓罪，固竟坐停任。既而上官數爲辨雪，治平中乃得廣州幕職。蔡子直云

375 石鑑，邕州人，嘗舉進士，不中第。儂智高陷邕州，鑑親屬多爲賊所殺，鑑逃奔桂州。智高攻廣州不下，還據邕州。祕書監余靖受朝命討賊，鑑以書干靖，言：「邕州三十六洞蠻，素受朝廷官爵恩澤，必不附智高。暴者從智高東下，皆廣源州蠻及中國亡命者，不過數千人，其餘皆驅掠二廣之民也。今智高據邕州〔二〕，財力富强，必誘脅諸蠻，再圖進取，若使智高盡得三十六洞之兵，其爲中國患未可量也。鑑素知諸洞山川人情，請以朝廷威德説諭諸蠻酋長，使之不附智高，智高孤立，不足破矣。」靖乃假鑑昭

州軍事推官，問道説諸洞酋長，皆聽命。

惟結洞酋長黄守陵最强，智高深與相結。洞中有良田甚廣，饒粳糯及魚，四面阻絶，惟一道可入。智高遺守陵書曰：「吾鄉者長驅至廣州，所向皆捷，所以復還邕州者，欲撫存汝諸洞耳。中國名將如張忠、蔣偕輩，皆望風授首，不足憂，所未知者騎兵耳。今聞狄青以騎兵來，吾當試與之戰，若其克捷，吾當長驅以取荆湖、江南，以邕州授汝；不捷，則吾寓汝洞中，休息士卒，從特磨洞借馬，教習騎戰，俟其可用，更圖後舉，必無敵矣。」并厚以金珠遺守陵。守陵喜，運糯米以餉智高。鑑使人説守陵曰：「智高乘州縣無備，横行嶺南，今力盡勢窮，復還邕州，朝廷興大兵以討之，敗在朝夕。汝世受國恩，何爲無事隨之以取族滅？且智高父存勖，本居廣源州〔二〕，弟存禄爲武勤州刺史〔三〕，存勖襲殺存禄而奪其地；又以女嫁廣源州刺史，因省其女，遂引兵襲殺刺史及其壻而奪其地，此皆汝耳目親見也。智高父子貪詐無恩，譬如虎狼，不可親也。今汝乃欲延之洞中，吾見汝且爲虜矣，不可不爲之備。」守陵由是狐疑，稍疎智高。智高怒，遣兵襲之，守陵先爲之備，逆戰，大破之。會智高亦爲狄青所敗，遂不敢入結洞而逃奔特磨。

特磨西接大理〔四〕，地多善馬，智高悉以所得二廣金帛子女遺特磨布燮儂夏誠，又以其母妻夏誠弟夏卿相結納，夏誠許以兵馬借之。智高留其母及一弟一子并其將於夏誠所居之東十五里絲葦寨，而身詣大理，欲借兵共寇西川，使其母以特磨之兵自邕州寇廣南。鑑請詣特磨寨説夏誠，使圖智高。智高以兵守三絃水，鑑幾爲所獲，不得進而還。鑑言於靖曰：「特磨距邕州四十日程，智高恃其險遠，必不設備。鑑請不用中國尺兵斗糧，募諸洞丁壯往襲之，仍以重賂説特磨，使爲内應，取之必矣。」靖許之，仍許蕭繼將大兵爲鑑後，繼常與鑑相距十程。鑑募洞丁，得五六千人，率之以進〔五〕。

〔一〕今智高據邕州　「據」字原脱，據學海本、聚珍本補。

〔二〕廣源州　「廣源」二字原脱，據李藏本、學海本及類苑卷七七儂智高改。

〔三〕武勤州刺史　「勤」聚珍本及類苑作「勒」。

〔四〕特磨西接大理　「特磨」二字諸本皆脱，今據文意補。

〔五〕率之以進　「進」上原衍「前」字，據類苑删。

376 前知邕州蕭注曰〔一〕：廣源州本屬田州，儂智高父本山獠，襲殺廣源州酋豪而據之。田州酋長請往擊之，知邕州者恐其生事，禁不許。廣源州地産金，一兩直一縑，智高父由是富强，招誘中國及諸洞民，其徒甚盛。交趾惡之，遣兵襲虜之。智高時年十四，與其母逃竄得免，收其餘衆，臣事交趾。既長，因朝於交趾，陰結李德政左右，欲奪其國，事覺，逃歸，因求内附。朝廷恐失交趾之心，不納。智高謂其徒曰：「今吾既得罪於交趾，中國又不我納，無所自容，止有反耳。」乃自左江轉掠諸洞，徙居右江文村，陰察官軍形勢，與邕州姦人相結，使爲内應。在文村五年，遂襲邕州，陷之。

〔一〕前知邕州蕭注曰　「前」字原脱，據類苑卷七七儂智高補。

377 儂智高圍廣州，轉運使王罕嬰城拒守，都監侍其淵晝夜未嘗眠。久之，將士疲極。有裨將誘士卒下城，欲與之開門降賊，淵適遇之，諭士卒曰：「汝曹降賊，必驅汝爲奴僕，負擔歸其巢穴，朝廷又誅汝曹父母妻子；不若併力完城，豈唯保汝家，亦將有功受賞矣。」士卒乃復還，登城。罕夜寢於城上，淵忽來，徐撼而覺之，曰：「公勿驚，公隨身有弓弩手否？」罕曰：「有。」乃與罕帥弩手二十餘人，銜枚至一處，俯見賊已踰壕，蟻附登城，將及堞矣。城上人皆不覺，淵指示弩手使射之，賊乃走出壕外。及賊退，淵終不言裨將謀叛之事。熙寧中致仕，介甫知其爲人，特除一子官，給全俸。淵年八十餘，氣志安壯。范堯夫以爲陰德之報云。〔一〕堯夫云

〔一〕以爲陰德之報云　「德」字原脱，據李藏本、學海本及類苑卷五五侍其淵補。

378 元豐五年，韓持國知潁昌府，官滿，有旨許令再任，中書舍人曾鞏草告詞，稱其「純明直亮」。既進呈，上批其後曰：「按維天資忿戾，素無事國之意。朋俗罔上，老不革心。朕以東宮之舊，姑委便郡，非所望於承流宣化者也。而曾鞏草詞乖僻，可贖銅十斤，別草詞以進。」

379 元豐三年，瀘州蠻乞第犯邊〔一〕，詔四方館使韓存寶將兵討之。乞第所居曰歸來州，距瀘州東南七百里。十月，存寶出兵，值久雨，十餘日〔二〕，出寨纔六十餘里，留屯不進，遣人招諭。乞第有文書服罪請降，軍中食盡，存寶引還。自發瀘州至還，凡六十餘日。朝廷責其不待詔擅引兵還，命知雜御史何正臣就按斬之。更命林廣將存寶部兵及環慶兵、黔南兵合四萬人，以四年十二月再出擊之。離瀘州四百餘里即是深箐〔三〕，七薦切，竹茂也，俗讀若婧。皆高阪險絕，竹木茂密，華人不能入，蠻所恃以自存者也。蠻逆戰於箐外，廣擊敗之，蠻走，廣伐木開道，引兵踵之。又二百餘里，至歸來州，乞第逆戰，又敗，乃帥其衆竄匿。

五年正月己丑，廣入歸來州，唯茅屋數十間，分兵搜捕山箐，皆無所獲。所齎食盡，得蠻所儲粟千餘斛，數日亦盡，饋運不繼。先是，有實封詔書在走馬承受所，題云：「至歸來州乃開。」至是，開之，詔云：「若至歸來〔四〕，討捕乞第，必不可獲，聽引兵還。」是役也，頗得黔南兵，皆土丁，遇出征，日給米二升，餘無廩給。諸州民夫負糧者，既輸糧，官不復給食，以是多餒死不還，有名籍可知者四萬人，其家人輔行及送資裝者不預焉。軍士屯瀘州歲餘，罹瘴疫物故者六七千人，所費約緡錢百餘萬。

〔一〕瀘州蠻乞第犯邊　「乞第」，類苑卷七六瀘州蠻、長編卷三〇四元豐三年五月甲申條、宋史卷四九六瀘州蠻傳作「乞弟」，下同。

〔二〕十餘日　「十」上原衍「四」字，據類苑及長編卷三一一元豐四年正月辛卯條删。

〔三〕即是深箐　「箐」原作「蒨」，據類苑改，下同。

〔四〕若至歸來　類苑「歸來」下有「州」字。

380 元豐中，文潞公自北都召對，上問以至和繼嗣事，潞公對曰〔一〕：「臣等備位兩府，當此之際，議繼嗣乃職分耳。然亦幸值時無李輔國、王守澄之徒用事於中，故臣等得效其忠懇耳〔二〕。」上憮然有間而善之。仁宗宦官雖有蒙寵信甚者〔三〕，臺諫言其罪，輒斥之，不庇也。由是不能弄權。

〔一〕潞公對曰　類苑卷一五文潞公、三朝言行録卷三之一作「公對曰」。

〔二〕忠懇耳　「懇」原作「懃」，據類苑、三朝言行録及長編卷三〇九元豐三年閏九月乙卯條改。

〔三〕雖有蒙寵信甚者 「甚」，學海本作「任」。

涑水記聞卷第十四

381 熙寧中，王韶開熙河，諸將皆以功遷官，皇城使、知原州桑湜獨辭不受，曰：「羌虜畏國威靈，不戰而降，臣何功而遷官？」執政曰：「衆人皆受，獨君不受，何也？」對曰：「衆人皆受〔一〕，必有功也；湜自知無功，故不受。」竟辭之。時人重其知恥。

〔一〕衆人皆受　「受」字原脱，據李藏本、學海本及類苑卷一三桑湜補。

382 孔嗎于鬼切，魯山處士旼之弟也。爲順陽令，有虎來至城南，嗎率吏卒往逐之，嗎最居其前。虎據山大吼，吏卒皆失弓槍偃仆，虎來搏嗎，有小吏執硯，趨當其前〔一〕，虎銜以去。嗎取獵户毒矢，挺身逐之，左右諫不可，嗎曰：「彼代我死，我何忍不救之？」逐虎入山十餘里，竟射中虎，奪小吏而還，小吏亦不死。

〔一〕趨當其前　「趨」原作「遂」，據學海本及類苑卷六二孔嗎射虎改。

383 汪輔之爲河北監司，坐輕躁得罪〔一〕，勒令分司，久之，除知虔州。到官日，上表云：「清時有味，白首無成。」又云：「插筆有風，空圄無日。」或解之曰：「杜牧詩云：『清時有味是無能，閑愛孤雲静愛僧。欲把一麾江海去，樂遊原上望昭陵。』屬意怨望。」有旨，復令分司。

〔一〕汪輔之爲河北監司坐輕躁得罪　「監司坐」三字原作「以」，據長編卷三三一元豐五年十一月癸巳條注引記聞改。

384 永樂既失守〔一〕，夏國以書繫矢，射於環慶境上，經略使盧秉棄之。虜乃更遣所得俘囚，齎書移牒以遺秉，秉不敢不以聞。其詞曰：

十一月八日，夏國南都統星昂嵬名濟乃謹裁書致於安撫經略麾下：

伏審统戎方面，久嚮英風，應慎撫綏，以副傾注。昨於兵役之際，提戈相軋，今以書問贄信，非變化曲折之不同，蓋各忠於所事，不得不如此耳。

夫中國者，禮義之所從出，必動止猷爲，不失其正。苟聽誣受間，肆詐窮兵，侵人之土疆，殘人之黎庶，是乖中國之體，豈不爲夷狄之羞哉！

昨朝廷暴驅甲兵，大行侵討，蓋天子與邊臣之議，謂夏國方守先誓，宜出不虞〔二〕，五路進兵，一舉可定，遂有去年靈州之役、今秋永樂之戰。較其勝負，與夫前日之議爲何如哉〔三〕？且中國祖宗之世，於夏國非不經營之。五路窮討之策既嘗施之矣，諸邊肆撓之謀亦嘗用之矣，知僥倖之無成，故終歸樂天事小之道〔四〕。今兼夏國提封一萬里，帶甲數十萬，西連于闐，作我歡鄰，北有大燕，爲我强援。今與中國乘隙伺便，角力競鬬，雖十年豈得休息哉？即念天民無辜，被茲塗炭之苦，孟子所謂未有好殺能得志於天下也。况夏國主上自朝廷見伐之後，夙宵興念，謂自祖先之世，於今八十餘年，臣事中朝，恩禮無所虧，貢聘無所怠，何期天子一朝見怒，舉兵來伐？令膏血生民，勦戮師旅，傷和氣，致凶年，覆亡之由，發不旋踵，朝廷豈不恤哉？蓋邊臣幸功，上聽致惑，使祖宗之盟既沮，君臣之分不交。載省厥由，悵然何已。濟乃遂探主意，得移音翰〔五〕。

伏惟經略以長才結上知，以沉謀幹西事，故生民之利病，宗社之安危，皆得別白而言之。至於魯國之憂不在顓臾，而隋室之變生於玄感，此皆明智已得於胷中，不待言而後諭也。方今解天下之倒懸，必假英才鉅德，經略何不進讜言、排邪議，使朝廷與夏國歡和如初，生民重覩太平，寧有意也？倘如此，則非唯敝國蒙幸，實天下之大惠也。意鯁詞直，塵瀆安撫經略麾下。

〔一〕永樂既失守　「樂」原作「洛」，據長編卷三三一元豐五年十一月末、宋史卷一六神宗本紀三改，下同。

〔二〕宜出不虞　「出」字原脱，據學海本及長編補。

〔三〕與夫前日之議爲何如哉　「夫」字原脱，據長編補。

〔四〕故終歸樂天事小之道　「小」原作「人」，據長編改。

〔五〕得移音翰　「音翰」原作「旨諭」，據長編改。

385 元豐四年秋，朝廷大舉討夏國，命内臣李憲措置秦鳳熙河，節制環慶涇原，照應河東鄜延路軍馬，昭宣使、眉州防禦使王中正措置河東路，節制鄜延，照應環慶等路軍馬。九月丙午，中正將河東兵六萬、民夫荷糧者亦六萬餘人發麟州，纔數里，至白草平，即奏已入虜境。留屯九日不進，遣士卒往來就芻糧於麟州。十月乙卯，始自白草平引兵西行三十里，至鵝枝谷止。丙辰，至四皓峰。丁巳，以陰霧復留一日，是日行不過四十餘里。丙寅，渡無定河，循水而行，地多濕沙〔一〕，人畜往往陷不得出。晚至横山下神堆驛〔三〕，遇鄜延副使、都總管种諤，兩營相距數里。

先是，諤上言，乞不受王中正節制，會諤有破米脂城功，天子許之。明日詔書至，謂不復見中正，引兵先趣夏州。時河東夫聞鄜延夫言〔三〕，此去綏德城甚近，兩日中亡歸者二千餘人，河東轉運判官莊公岳等斬之不能禁。

初，王中正在河東，奴視轉運使，又奏提舉常平倉趙成管勾隨軍錢糧草〔四〕。凡有所需索，不行文書，但遣人口傳指揮，轉運使惕息不敢違〔五〕。公岳等以口語無所憑，從容白中正云：「太尉所指揮事多，恐將命者有所忘誤〔六〕，乞記之於紙筆。」自後，始以片紙書之。公岳等白中正軍出境應備幾日糧，中正以爲鄜延受我節制，前與鄜延軍遇，彼糧皆我有也，乃書片紙云：「止可備半月糧。」公岳等恐中道乏絶，陰更備八日糗糒。及种諤既得詔不受中正節制，委中正去，鄜延糧不可復得，人馬漸乏食，乃遣官屬引民夫千餘人索胡人所窖穀糜，發之，得千餘石。

庚午，至夏州，時夏州已降种諤。中正軍於城東，城中居民數十家。時朝旨禁入賊境抄掠，賊亦棄城邑皆走河北，士卒無所得，皆憤悒思戰。諸將皆言於中正曰：「鄜延軍先行，所獲功甚多；我軍出境近二旬，所獲纔三十餘級，何以復命於天子？且食盡矣，請襲取宥州，聊可藉口。」中正從之。癸酉，至宥州，城中有民五百餘家，遂屠之，斬首百餘級，降者十餘人，獲牛馬百六十，羊千九百，軍於城東二日，殺所得馬牛羊以充食〔七〕。甲戌，畿内將官張真、知府州折克行引兵二千餘人發糜窖，遇虜千餘人，與戰，敗之，斬首九百餘級。丙子，至牛心亭，食盡。丁丑，至柰王井，遇鄜延掌機宜景思誼〔八〕，得其糧，遂引兵趣保安軍順寧寨。己卯，王中正軍於歸娘嶺下，不敢入寨，遣官屬請糧於順寧〔九〕，兵夫凍餒，僵仆於道，未死，衆已剮其肉食之。

十一月丙戌，得朝旨班師，乃歸延州。計士卒死亡者近二萬人；民夫逃歸者太半〔一〇〕，死者近三千人，隨軍入寨者萬一千餘人；馬二千餘匹，死者幾半；驢三千餘頭，無還者。

〔一〕地多濕沙　「沙」字原脱，據長編卷三一八元豐四年十月丙寅條、太平治蹟統類卷一五補。

〔二〕晚至横山下神堆驛　「堆驛」原作「惟澤」，據長編改。

〔三〕時河東夫聞鄜延夫言　「聞」原作「見」，據長編改。

〔四〕提舉常平倉趙成管勾隨軍錢糧草　「成」長編作「咸」。

〔五〕轉運使惕息不敢違　「惕」原作「楊」，據長編卷三一九元豐四年十一月甲申條改。

〔六〕有所忘誤　「所」字原脱，據李藏本、聚珍本及長編補。

〔七〕殺所得馬牛羊以充食　「所」字原脱，據長編卷三一八、治蹟統類補。

〔八〕景思誼　「誼」原作「義」，據長編、治蹟統類、宋史卷四五二景思忠傳改。

〔九〕遣官屬請糧於順寧　「請」字原脱，據學海本補，而長編作「運」；「順」原作「福」，據學海本及上文改。

〔一〇〕民夫逃歸者太半　「民」字原脱，據長編卷三一九元豐四年十一月丙戌條補。

386 初，上令王中正、种諤皆趨靈州、興州。中正不習軍事，自入虜境〔一一〕，望空而行，無鄉導斥候。性畏怯，所至逗留；恐虜知其營柵之處，每夜二更輒令軍士滅私火〔一二〕，後軍飯尚未熟，士卒食之多病；又禁軍中驢鳴。及食盡，士卒憤怨，流言當先殺王昭宣及莊、趙二漕乃潰歸〔一三〕。中正頗聞之，乃於衆中揚言：「必竭力前進，死而後已。」陰令走馬承受金安石奏〔一四〕：「轉運司糧運不繼，故不能進軍。今且於順寧寨境上就食。」莊公岳亦奏：「本期得鄜延糧，因朝廷罷中正節制，故糧乏。」上怒，命械繫公岳等於隰州獄，治其罪。公岳等急，乃奏：「臣等在麟府，本具四十日糧，王中正令臣等止備半月糧，片紙爲驗。臣等又陰備八日糗糒〔一五〕。今出塞二十餘日始至宥州〔一六〕，糧不得不乏。」上乃命脱械出外答款。中正恐公岳復有所言，甚懼。及還朝，過隰州〔一七〕，謂公岳等曰：「二君勿憂，保無它。」既而公岳等各降一官，職事皆如故。

〔一一〕自入虜境　「自」字原脱，據長編卷三一九元豐四年十一月甲申條補。

〔一二〕滅私火　「私」原作「松」，據李藏本、學海本、聚珍本改。

〔三〕乃潰歸 「乃潰」二字原脱，據長編及治蹟統類卷一五補。
〔四〕陰令走馬承受金安石奏 「金安石」長編作「全安石」。
〔五〕臣等又陰備八日糗糒 「又」字原脱，據長編卷三一七元豐四年十月乙丑條注引記聞補。
〔六〕今出塞二十餘日始至宥州 「塞」原作「寨」，據長編及治蹟統類改。
〔七〕過隰州 「州」字原脱，據同上書補。

387 初，河東發民夫十一萬，中正減糧數，止用六萬餘人〔一〕，餘皆令待命於保德軍。既而朝旨令餘夫運糧自麟州出，踵中正軍後〔二〕，凡四萬餘人，遣晉州將官訾虎將兵八千護送之。虎等奏：「兵少夫多，不足護送，乞益兵出塞。及不知道所從出，又不知中正何所之。」有詔召夫還〔三〕，更令自隰州趣延州餉中正軍〔四〕。會天章閣待制趙卨領河東轉運使〔五〕，奏：「冬氣已深，水凍草枯，饋運難通。」乃罷之。

〔一〕止用六萬餘人 「用」原作「有」，據長編卷三一九元豐四年十一月乙酉改。
〔二〕踵中正軍後 「後」字原脱，據長編補。
〔三〕有詔召夫還 「召」字原脱，據長編補。
〔四〕更令自隰州趣延州餉中正軍 「自」、「軍」二字原脱，據長編補。

〔五〕趙卨領河東轉運使　「河」原作「江」，據長編及治蹟統類卷一五改。

388 王中正既還延州，分所部兵屯河東諸州。山東兵往往百十爲羣，擅自潰歸，朝廷命所在招撫，給券遣歸本營；土兵亦有擅去者。會高遵裕靈州失利，詔中正自延州引所部兵救之，中正移書召河東分屯兵。知石州趙宗本將州兵屯隰州，士卒不肯行，集庭下喧譁呼萬歲，宗本父子閉門相保。又有山東將官王從丕部兵不肯發，從丕曉諭數日乃行。會遵裕已至慶州，詔中正引還，宗本、從丕各降二官，士卒不問。

389 王中正在河東，令轉運司勾押吏與陳安石同坐計度軍糧，吏曰：「都運在此，不敢坐。」中正叱曰：「此中何論都運？若事辦〔一〕，奏汝班行；不辦，有劍耳。」

〔一〕若事辦　「若」原作「司」，據長編卷三一七元豐四年十月乙丑條改。

390 高遵裕既敗歸，元豐五年，李憲請發兵自涇原築寨稍前，直抵靈州攻之，可以必取。詔從之。先是，朝廷知陝西困於夫役，下詔諭民，更不調夫。至是，李憲牒都轉運司，復調夫饋糧，以和雇爲名，官日給錢二百，仍使人逼之，云「受密詔：若乏軍興〔一〕，斬都運使以下。」民間騷然，出錢百緡不能雇一夫，相聚立栅於山澤，不受調，吏往輒毆之。解州枷知縣以督之，不能集〔二〕；知州、通判自詣縣督之，亦不能集〔三〕；命巡檢、縣尉逼之，則執梃欲鬭，州縣無如之何。士卒前出塞〔四〕，涷餒死者什五六，存者皆憚行，無鬭志。倉庫蓄積皆竭〔五〕。羣臣莫敢言，獨西京留守文潞公上言：「師不可再舉。」天子遜辭謝之。樞密副使呂晦叔亦言其不可，上不懌，晦叔因請解機務，即除知定州。會内侍押班李舜舉自涇原來，爲上泣言：「必若出師，關中必亂。」上始信之，召晦叔慰勞之。舜舉退，詣執政王禹玉，禹玉迎見，以好言悦之，曰：「朝廷以邊事屬押班及李留後，無西顧之憂矣。」舜舉曰：「四郊多壘，此卿大夫之辱也。相公當國，而以邊事屬二内臣可乎〔六〕？内臣正宜供禁庭灑掃之職耳，豈可當將帥之任邪？」聞者代禹玉發慙。

〔一〕若乏軍興　原作「若軍乏糧」，據三朝言行録卷八之一改。

〔二〕解州枷知縣以督之不能集　「集」原作「進」，據長編卷三二七元豐五年六月乙卯條、永樂大典卷八〇八九及三朝言行録改。

〔三〕知州通判自詣縣督之亦不能集　以上十三字原脱，據同上書補。

〔四〕前出塞　原作「出前寨」，據三朝言行録及永樂大典改。

〔五〕倉庫蓄積皆竭　「庫」原作「卒」，據李藏本、學海本及長編、三朝言行録改。

〔六〕而以邊事屬二内臣可乎　「以」字原脱，據長編、三朝言行録補。

391 六月，詔罷涇原之役，更命鄜延修六寨以包横山之地，遣舜舉與承議郎、直龍圖閣徐禧往視之，乃命禧節制軍事。

八月，禧、舜舉與鄜延經略使沈括、轉運使李稷將步騎四萬及諸路役兵，始修永樂〔一〕，與米脂、綏德皆在無定川中。永樂北倚山，南臨無定河，三面皆絶崖，地誠險要，虜騎數來争之，皆敗去。先是，夏虜發國人，十丁取九以爲兵，近二十萬人〔二〕，齎百日糧屯於涇原之北，俟官軍出塞而擊之。既聞城永樂，即引兵趣鄜延。邊人來告者前後十數，禧等皆不之信，且曰：「虜若大來，是吾立功遷官之秋也。」上賜禧等黄旗，曰：「將士立功，受賞當倍於米脂。」禧等恐沈括分其功，乃曰：「城略已就矣，當與存中歸延安〔三〕。」

九月乙酉，留李稷及步兵三萬餘人於永樂，括、禧、舜舉以八千人還米脂。是日，永樂遣人走告虜騎且至。丙戌，括留屯米脂，禧、舜舉復如永樂〔四〕。丁亥，虜騎至城下，禧命鄜延總管曲珍領城中兵陣於崖下水際，禧、舜舉、稷植黄旗坐於城上臨視之。

虜自未明引騎過陣前，至食時未絕。裨將高永能曰：「吾衆寡不敵，宜及其未成陣衝擊之，庶幾可破。」不從。虜與官軍夾水而陣，前後無際，將士皆有懼色。曲珍白禧〔五〕：「今衆心已搖，不可復戰，戰必敗，請收兵入城。」禧曰：「君爲大將，奈何遇敵不戰，先自退邪？」俄而，虜鳴笳於陣〔六〕，虜騎争渡水犯官軍。先是，選軍中勇士良馬，謂之「選鋒」，使居陣前。戰未幾，選鋒先敗，退走，蹂踐後陣。虜騎乘之，官軍大潰，偏裨死者數人，士卒死及棄甲南走者幾半，曲珍與殘兵萬餘人入城，崖峻逕狹，騎兵棄馬緣崖而上，喪馬八千餘匹，虜遂圍之。時樓堞皆未備，水寨爲虜所據，城中乏水，至絞馬糞、食死人腦。被圍累日，曲珍度城必不能守，白禧：「請帥衆突圍南走，猶愈於坐而待死。」禧怒曰：「君已敗軍，又欲棄城邪？」戊戌，夜大雨，城遂陷，珍帥衆數百人踰城走免，禧、舜舉、稷皆没，命官死者三百餘人，士卒得免者十無一二。沈括聞曲珍敗，永樂被圍，退保綏德，遂歸延州。時有詔令李憲將環慶兵數萬救永樂，比至延州，永樂已陷矣。

〔一〕始修永樂　「樂」原作「洛」，據長編卷三二九元豐五年九月甲申條及太平治蹟統類卷一五、宋史卷四六七李舜舉傳改，下同。

〔二〕近二十萬人　「二」，長編、治蹟统類作「三」。

〔三〕當與存中歸延安　「當」字原脱，據長編補。

〔四〕括留屯米脂禧舜舉復如永樂　「禧」字原錯置「括」字之上，今據長編九月丙戌條、治蹟統類及宋史卷三三四徐禧傳改。

〔五〕曲珍白禧　「白」原作「曰」，據李藏本、治蹟統類及宋史徐禧傳改。

〔六〕虜鳴笳於陣　「笳」原作「笛」，據治蹟統類改。

392 徐禧在鄜延，乘勢使氣，常言：「用此精兵，破彼羸虜，左縈右拂，直前刺之，一步可取三級。」諸將有獻策者，禧輒大笑曰：「妄語可斬。」虜陣未成，高永能請擊之，禧曰：「王者之師，豈可以狙詐取勝邪？」由是遂敗。

393 趙閱道抃熙寧中以資政殿大學士知越州，兩浙旱蝗，米價踊貴，餓死者十五六。諸州皆牓衢路，立賞禁人增米價，閱道獨牓衢路，令有米者任增價糶之。於是，諸州米商輻湊詣越〔一〕，米價更賤，民無餓死者。閱道治民，所至有聲，在成都、杭、越尤著。張濟云

〔一〕諸州米商輻湊詣越　「詣越」二字原脱，據長編卷二八二熙寧十年五月癸亥條、三朝言行録卷五之二及事類備要卷二〇通商販米補。

394趙閱道爲人清素，好養生，知成都，獨與一道人及大龜偕行。後知成都，并二侍者無矣。蜀人云

395至和中，范景仁爲諫官，趙閱道爲御史，以論陳恭公事有隙。熙寧中，介甫執政，恨景仁，數訐之於上，且曰：「陛下問趙抃，即知其爲人。」他日，上以問閱道，對曰：「忠臣。」上曰：「卿何以知其忠？」對曰：「嘉祐初，仁宗違豫〔一〕，鎮首請立皇嗣以安社稷，豈非忠乎？」既退，介甫謂閱道曰：「公不與景仁有隙乎？」閱道曰：「不敢以私害公。」景仁云

〔一〕仁宗違豫　「違」原作「不」，據類苑卷一七趙閱道、三朝言行録卷五之二改。

396曾布爲三司使，與呂嘉問争市易事，介甫主嘉問，布坐左遷。詔命始出，朝士多未知之。布字子宣，嘉問字望之。或問劉貢父，曰：「曾子避席。」又問：「望之何如？」曰：「望之儼然。」介甫聞之，不喜，由是出貢父知曹州。公佐云

397馮當世、孫和甫、呂晦叔、薛師正同在樞府〔一〕，三人屢於上前争論，晦叔獨默不言。既而上顧問之，晦叔方爲之開析可否，語簡而當，上常納之，三人亦不能違也。出

則未嘗語人。外皆譏晦叔循默〔二〕，不副衆望，晦叔亦不辨也，而同僚或爲辨之。伯淳云

〔一〕馮當世孫和甫呂晦叔薛師正同在樞府　「孫和甫」原作「孫和叔」，據類苑卷一七呂晦叔改；「樞」下原衍「密」字，據類苑及長編卷三〇八元豐三年九月丁亥條删。

〔二〕外皆譏晦叔循默　「外」字原脱，據長編補。

398 上好與兩府議論天下事，嘗謂晦叔曰：「民間不知有役矣。」對曰：「然。上户昔以役多破家，今則飽食安居，誠幸矣；下户昔無役，今率錢，則苦矣。」上曰：「然則法亦當更矣。」伯淳云

399 晦叔與師正並命入樞府，師正事晦叔甚恭，久之，晦叔亦稍親之，議事頗相佐佑。閤門副使韓存寶將陝西兵討戎瀘蠻，拔數栅，斬首數百級。上欲優進官秩，以勸立功者，師正曰：「戎瀘本無事，今優賞存寶，後有立功大於此者，何以加之？」晦叔曰：「薛向言是也。」乃除四方館使。伯淳云

400 市易司法〔一〕，聽人賒貸縣官貨財，以田宅或金帛爲抵當，無抵當者〔二〕，三人相保則給之，皆出息十分之二，過期不輸，息外每月更加罰錢百分之二〔三〕。貧人及無賴子弟，多取官貸，不能償，積息、罰愈滋，囚繫督責，徒存虛數，實不可得。刑部郎中

王居卿初提舉市易司，奏以田宅金帛抵當者，減其息；無抵當徒相保者〔四〕，不復給。自元豐二年正月七日以前，本息之外，所負罰錢悉蠲之，凡數十萬緡；負本息者，延期半年。衆議頗以爲愜。楊作云

〔一〕市易司法　長編卷二九六元豐二年正月己卯條、治蹟統類卷二二熙寧元祐議論市易「司」作「舊」。

〔二〕無抵當者　以上四字原脱，據同上書補。

〔三〕息外每月更加罰錢百分之二　「更」字原脱，據類苑卷二三王居卿及同上書補。

〔四〕無抵當徒相保者　「無」字原脱，據長編、治蹟統類補。

401 李南公知長沙縣，有鬭者，甲强乙弱，各有青赤，南公召使前，自以指捏之，曰〔一〕：「乙真甲僞也。」詰之，果服。蓋南方有櫸柳〔二〕，以葉塗膚，則青赤如毆傷者；剥其皮，横置膚上，以火熨之，則如棓傷者〔三〕，水洗不落。南公曰：「毆傷者血聚而内硬〔四〕，僞者不然，故知之。」

有一村多豪户，税不可督，所差户長輒逃去。南公曰：「然則此村無用户長〔五〕，知縣自督之。」書其村名，帖之於柱。豪右皆懼，是歲初限未滿，此村税最先集。

又諸村多詭名，税存户亡，每歲户長代納，亦不可差。南公悉召其村豪右，謂之曰：「此田不過汝曹所典買耳，與汝期一月，爲我推究，不則汝曹均分輸之。」及期，盡得冒佃之人，使各承其税。

河北提點刑獄有班行犯罪，下獄按之，不服，閉口不食百餘日，獄吏不敢考訊，甚患之。南公曰：「吾立能使之食。」引出，問曰：「吾欲以一物塞君鼻，君能終不食乎？」其人懼，即食，且服罪。人問其故，南公曰：「彼必善服氣者，以物塞鼻則氣結，故懼。」

〔一〕自以指捏之曰　「曰」字原脱，據類苑卷二三李南公補。
〔二〕蓋南方有欅柳　「南」字原脱，據類苑補。
〔三〕則如掊傷者　「掊」原作「棓」，據類苑改。
〔四〕血聚而内硬　「内硬」原作「閃硬」，據類苑改。
〔五〕然則此村無用户長　「然則」二字原脱，據類苑補。

402 王罕知潭州，州素號多事，知州多以威嚴取辦，罕獨以仁恕爲之，州事亦治。有老嫗病狂，數邀知州訴事，言無倫理，知州却之則悖詈〔一〕。先後知州以其狂，但命徼者屏逐之。罕至，嫗復出〔二〕，左右欲逐之，罕命引歸廳事，召使前，徐問。嫗雖言雜亂無次，亦有可曉者〔三〕：乃本爲人嫡妻，無子，其妾有子，夫死爲妾所逐，家貲爲妾盡據之。嫗屢訴於官，不得直，因憤恚發狂。罕爲直其事，盡以家貲還之〔四〕，吏民服其能察冤。李南公云

〔一〕悖詈　「詈」原作「罵」，據類苑卷二三王罕改。
〔二〕嫗復出　「嫗」原作「媪」，據李藏本、學海本及類苑改。
〔三〕亦有可曉者　「亦」原作「而」，據李藏本、學海本改。
〔四〕盡以家貲還之　「盡」字原脱，據類苑補。

403 舊制，試院門禁嚴密，家人日遣報平安，傳數人口，訛謬皆不可曉，常苦之。皇祐中，王罕爲監門，始置平安曆，使吏隔門問來者，詳録其語於曆；傳入院中，試官復批所欲告家人之語及所取之物於曆；罕遣吏隔門呼其人讀示之，往來無一差失。自知舉至封彌、謄録、巡鋪共一曆，人皆見之，不容有私，人甚便之。是後遵以爲法。身見

404 元豐元年正月十五日夜，張燈，太皇太后以齒疾不能食，不出觀。故上於閏月十五日夜於禁中張燈，露臺妓樂俱入，太皇太后疾尚未平，酒數行而起。李偕臣云

405 其年冬，太皇太后得水疾，御醫不能愈。會新知邠州薛昌期久病水疾〔一〕，得老兵王麻胡療之，數日而愈。上聞之，遣中使召麻胡入禁中療太皇太后疾，亦愈。上喜，即除麻胡翰林醫官，賜金紫，仍賜金帛，直數千緡。

〔一〕薛昌期　「期」原作「朝」，據李藏本、學海本及長編卷二九三元豐元年十月癸卯條注引記聞改。

406 岐王夫人，馮侍中拯之曾孫也，失愛於王，屏居後閤者數年。元豐二年春，岐王宮遺火，尋撲滅。夫人聞有火，遣二婢往視之。王見之，詰其所以來，二婢曰：「夫人令視大王耳。」王乳母素憎夫人，與王二嬖人共譖之，曰：「火殆夫人所爲也。」王怒，命内知客鞫其事，二婢不勝拷掠，自誣云：「夫人使之縱火。」王杖二婢，且泣訴於太后曰〔二〕：「新婦所爲如是，臣不可與同處。」太后怒，謂上：「必斬之！」上素知其不睦，必爲左右所陷，徐對曰：「彼公卿家子，豈可遽爾？俟按驗得實，然後議之。」乃召二婢使宮官鄭穆同鞫於皇城司。數日，獄具，無實，又命宮官馮誥録問。上乃以具

獄白太后，因召夫人入禁中，夫人大懼，欲自殺，上遣中使慰諭曰：「汝無罪，勿恐。」且命徑詣太皇太后宮，太皇太后亦慰存之。太后與上繼至，詰以火事，夫人泣拜謝罪，乃曰：「縱火則無之；然妾小家女，福薄，誠不足以當岐王伉儷，幸赦其死，乞削髮出外爲尼。」太后曰：「聞汝詛詈岐王，有諸？」對曰：「妾乘忿，或有之。」上乃罪乳母及二嬖人，命中使送夫人於瑶華宮，不披戴，舊俸月錢五十緡，更增倍之，厚加資給〔二〕，曰：「俟王意解，當復迎之。」君貺云

〔一〕且泣訴於太后　「且泣訴」原作「而且哭」，據長編卷二九七元豐二年三月末條改。

〔二〕厚加資給　「給」原作「送」，據長編改。

407 元豐四年冬，朝廷大舉討夏國。十一月，環慶都總管高遵裕出旱海，皇城使、涇原副都總管劉昌祚出胡盧河，共趣靈州，詔昌祚受遵裕節制。昌祚上言軍事不稱旨，上賜遵裕書云：「昌祚所言迂闊，必若不任事者，宜擇人代之。」遵裕由是輕昌祚。既而昌祚先至靈武城下，或傳昌祚已克靈武城，遵裕在道中聞之〔一〕，即上表賀曰〔二〕：「臣遣昌祚進攻，已克其城。」既而所傳皆虛。遵裕至靈武城，以爲城朝夕可下，徙昌祚軍於閑地，自以環慶兵攻之。時軍中皆無攻具，亦無知其法者，遵裕旋令採木造之，皆細

小樸拙不可用。又造土囊，欲以填塹。又欲以軍法斬昌祚，衆共救解之〔三〕。昌祚憂恚成疾〔四〕，涇原軍士皆憤怒。轉運判官范純粹謂遵裕曰：「兩軍不叶，恐生他變。」力勸遵裕詣昌祚營問疾，以和解之。遵裕又使呼城上人曰：「何不亟降？」其人曰：「我未嘗戰，何謂降也〔五〕？」

〔一〕遵裕在道中聞之　「中」字原脱，據類苑卷七二高遵裕補。

〔二〕即上表賀曰　「表賀」原倒，據類苑及長編卷三一九元豐四年十一月癸未朔條改。

〔三〕衆共救解之　「救」字原脱，據類苑及長編卷三一九元豐四年十一月戊子條補。

〔四〕昌祚憂恚成疾　「恚」原作「患」，據李藏本及類苑、長編改。

〔五〕我未嘗戰何謂降也　「我未嘗戰」四字長編作「我未嘗叛亦未嘗戰」。

涑水記聞卷第十五

408 元豐三年，開封府界提點陳向建議，令民貲及三千緡者養戰馬一匹，民甚苦之。薛師正時爲樞密副使，初無異議，及事已施行，向詣樞密院白事，師正欲壓衆議〔一〕，折難甚苦。向怒，以告諫官舒亶，劾奏師正爲大臣，事有不可，不面陳而背誹以盜名。由是罷爲正議大夫、知潁州。諫官又言其罷黜之後，不杜門省愆念咎〔二〕，而賓客集其門日以百數，對客有怨懟語，改知隨州。翰林學士、御史中丞李定坐不糾彈，落職知河陽。

〔一〕師正欲壓衆議　「壓」原作「厭」，據長編卷三〇八元豐三年九月丙戌條注引記聞改。

〔二〕不杜門省愆念咎　「愆念」二字原脱，據長編補。

409 富公爲人温良寛厚，汎與人語，若無所異同者；及其臨大節，正色慷慨，莫之能屈。智識深遠，過人遠甚，而事無巨細，皆反復熟慮，必萬全無失然後行之。宰相，自唐以來謂之禮絶百僚，見者無長幼皆拜，宰相平立，少垂手扶之；送客，未嘗下堦；客坐稍久〔一〕，則吏從傍唱「相公尊重」，客蹴踖起退。及公爲相，雖微官及布衣謁見，皆與之抗禮，引坐，語從容，送之及門，視其上馬，乃還。自是羣公稍稍效之，自公始也。

自致仕歸西都，十餘年，常深居不出。晚年，賓客請見者亦多謝以疾。所親問其故，公曰：「凡待人，無貴賤賢愚，禮貌當如一。吾累世居洛，親舊蓋以千百數，若有見有不見，是非均一之道；若人人見之，吾衰疾，不能堪也。」士大夫亦知其心，無怨也。嘗欲之老子祠，乘小轎過天津橋，會府中徙市於橋側，市人喜公之出，隨而觀之〔二〕，至於安門〔三〕，市爲之空，其得民心也如此。及違世，士大夫無遠近、識與不識，相見則以言，不相見則以書，更相弔唁，往往垂泣，其得士大夫心也又如此〔四〕。嗚呼！苟非事君盡忠，愛民盡仁，推惻怛至誠之心，充於内而見於外，能如是乎？

〔一〕客坐稍久　「客」字原脱，據類苑卷八富文忠、三朝言行録卷二之一及錦繡萬花谷前集卷一〇布衣抗禮補。

〔二〕隨而觀之　「而」字原脱，據同上書補。

〔三〕至於安門　「至於」原作「於是」，據同上書改。

〔四〕其得士大夫心也又如此　「也」字原脱，據李藏本、學海本補。

410 初，選人李公義建言，請爲鐵龍爪以濬河。其法用鐵數斤爲爪形，沉之水底，繫絙，以船曳之而行。宦官黃懷信以爲鐵爪太輕，不能沉，更請造濬川杷。其法以巨木長八尺，齒長二尺列於木下〔一〕，如杷狀，以石壓之，兩旁繫大絙，兩端矴大船，相距八十步，各用革車絞之〔二〕，去來撓蕩泥沙，已，又移船而濬之。事下大名安撫司，安撫司命金堤司管勾官范子淵與通判、知縣共試驗之，皆言不可用。會子淵官滿入京師，王介甫問子淵：「濬川鐵杷、龍爪法甚善，何故不可用？」子淵因變言：「此誠善法，但當時同官議不合耳。」介甫大喜，即除子淵都水外監丞，置濬川司，使行其法，聽辟指使二十人，給公使庫錢。子淵乃於河上令指使分督役卒，用二物疏濬，各置曆，書其課曰：「某日於某埽濬若干步〔三〕，深若干尺。」其實水深則杷不能及底，虛曳去來；水淺則齒礙泥沙，曳之不動，卒乃反齒向上而曳之。所書之課，皆妄撰，不可考驗也。會都水監丞程昉建議於大名河曲開直河，既成，子淵屬昉稱直河淺，牒濬川司使用杷濬之，庶幾附以爲功，昉從之。既而奏上狀，昉、子淵及督役指使各遷一官。

先是，大名府河每歲夏水漲〔四〕，則自許家港溢出，及秋水落，還復故道，皆在大堤之內。熙寧八年，子淵復欲求功〔五〕，乃令指使諷諸埽申大名府云：「今歲河七分入許家港，三分行故道〔六〕，恐河勢遂移，乞牒濬川司用杷疏濬故道〔七〕。」府司從之。是歲旱，港水所浸田不過萬頃，子淵用杷不及一月而罷。九年，子淵上言：「去歲大河幾移，賴濬川杷得復故道，出民田數萬頃。其督役官吏，更乞酬奬。」事下都水監，監司保奏〔八〕，稱子淵等有奇功，乞加優奬。是時，天下皆言濬川鐵杷、龍爪如兒戲，適足以資談笑，王介甫亦頗聞之，故不信都水監之言，更下河北轉運、安撫司，令保奏。會介甫罷相，文潞公上言：「河水浩大，非杷可濬，秋涸固其常理，雖河濱甚愚之人，皆知濬川杷無益於事。臣不敢雷同保明，共爲欺罔。」奏上，上不悦，命知制誥熊本與都水、轉運司共按視濬川利害〔九〕。

本乃與都水監主簿陳祐甫、河北轉運使陳知儉共按問〔一〇〕，諸埽言：「八年，故河道水減三尺，杷未至間已增二尺，杷至又增一尺〔一一〕，又從此以前十年，水皆夏溢秋復，不惟此一年。」乃奏：「水落實非杷所致。」子淵在京師，先聞之，遽上殿言：「熊本、陳知儉、陳祐甫意謂王安石出，文彦博必將入相，附會其意，以濬川杷爲不便。臣聞本奉使按事，乃詣彦博納拜，從彦博飲食，祐甫、知儉皆預焉，及屏人私語，今所奏必不公。且觀彦博之意，非止言濬川杷而已。陛下一聽其言，天下言新法不便者必蠭起，陛下所立之法大壞矣。」上以爲然。於是知雜御史蔡確上言：「熊本奉使不謹，議論不公，乞更委官詳定濬川是非。」

十年，詔命確與知檢院黃履詳定，有是非者取勘聞奏。確於是置獄，逮繫證佐二百餘人，獄逾半年不決。上又命入内供奉官馮宗道試濬川杷於汴水〔一二〕，宗道辭以疾；上令俟宗道疾愈必往試之，宗道乃請與子淵偕往。每料測量，有深於舊者，有爲泥沙所淤更淺於舊者〔一三〕，有不增不減者，大率三分各居其一。宗道每日具實奏聞，上意稍寤，治獄微緩。會滎澤河堤將潰〔一四〕，詔判都水監俞充往治之，充奏河危將決〔一五〕，賴用濬川杷疏導得免，具圖以聞。上嘉之，於是治獄益急。時郊赦將近，詔濬川事不以赦原。獄具，子淵坐上言詐不實，熊本、陳祐甫坐赴食違制，陳知儉坐報制院不實。元豐元年正月辛未，敕：熊本落知制誥，奪一官，以屯田員外郎分司〔一六〕；范子淵、陳祐甫奪一官〔一七〕，職任如故；陳知儉奪一官，充替。知儉云

〔一〕宦官黃懷信以爲鐵爪太輕不能沉更請造濬川杷其法以巨木長八尺齒長二尺列於木下　「太輕」至「二尺」二十三字原作「只」，據長編卷二四八熙寧六年十一月丁未條、宋史卷九二河渠志二補改。

〔二〕各用革車絞之　「革車」長編作「牛車」，宋史河渠志作「滑車」。

〔三〕某日於某埽濬若干步　「某埽濬」原作「掃疏」，據長編卷二七九熙寧九年十二月癸未朔條改。

〔四〕大名府河每歲夏水漲　「府」字原脱，據長編補。
〔五〕子淵復欲求功　「欲」字原脱，據長編補。
〔六〕今歲河七分入許家港三分行故道　「河」字原脱，據長編補；又長編「行」作「入」。
〔七〕用杷疏濬故道　「用」字原脱，據長編補。
〔八〕監司保奏　「監」字原脱，據長編補。
〔九〕命知制誥熊本與都水轉運司共按視濬川利害　「與」原作「於」，據學海本、聚珍本及長編改；「共」原作「兵」，據長編卷二八二熙寧十年五月庚午條改。
〔一〇〕轉運使陳知儉共按問　「使」原作「司」，據長編改。
〔一一〕杷至又增一尺　「一」李藏本、學海本作「二」。
〔一二〕入内供奉官　「入」字原脱，據長編卷二八三熙寧十年七月辛亥條補。
〔一三〕有爲泥沙所淤更淺於舊者　以上十一字原脱，據長編卷二八四熙寧十年九月壬申條補。
〔一四〕會滎澤河堤將潰　「將潰」原作「急」，據長編改。
〔一五〕充奏河危將決　「充奏」二字原脱，據長編補。
〔一六〕以屯田員外郎分司　長編卷二八七元豐元年正月己巳條「分司」下有「西京」二字。
〔一七〕范子淵陳祐甫奪一官　「一」原作「二」，據長編改。

411 前判都水監李立之云：介甫前作相，嘗召立之問曰：「有建議欲決白馬河堤以淤東方之田者，何如？」立之不敢直言其不可，對曰：「此策雖善，但恐河決，所傷至多。昔天聖初，河決白馬東南，汎濫十餘州，與淮水相通，徐州城上垂手可掬水，且横貫韋城，斷北使往還之路，無乃不可。」介甫沉吟良久，曰：「聽使一淤亦何傷，但恐妨北使路耳。」乃止。

412 集賢校理劉攽貢父好滑稽，嘗造介甫，值一客在坐，獻策曰：「梁山泊決而涸之，可得良田萬餘頃，但未擇得便利之地貯其水耳。」介甫傾首沉思，曰：「然。安得處所貯許多水乎〔一〕？」貢父抗聲曰：「此甚不難。」介甫欣然，以謂有策，遽問之，貢父曰：「别穿一梁山泊，則足以貯此水矣。」介甫大笑，遂止。

〔一〕貯許多水乎　「多」字原脱，據類苑卷六七機辨十九補。

413 介甫秉政，鳳翔民獻策云：「陝州南有澗水，西流入河，若疏導使深，又鑿硤石山使通穀水，因導大河東流入穀水，自穀入洛，至鞏復會於河，以通漕運，可以免砥柱之險。」介甫以爲然，敕下京西、陝西轉運司差官相度。京西差河南府户曹王泰。王泰欲言不便，則恐忤朝廷獲罪；欲言便，又恐爲人笑，乃申牒言：「今至穀水上流相度，若疏引大河水，得至澠池縣境，導之入穀水〔一〕，委實利便可行。」蓋出澠池縣境則硤石大山，屬陝西路故也。陝西言不可行，乃止。

〔一〕導之入穀水　「導之」二字原脱，據長編卷二二七熙寧四年十月庚申條注引記聞補。

414 祖宗以來，汴口每歲隨河勢向背改易，不常其處，於春首發數州夫治之。應舜臣上言：「汴口得便利處，可歲歲常用，何必屢易，公私勞費？蓋汴口官吏欲歲興夫役以爲己利耳。今訾家口在孤栢嶺下，最當河流之衝，水必不至乏絶，自今請常用之，勿復更易。或水小，則爲輔渠於下流以益之；大則開諸斗門以泄之〔一〕。」介甫善其議而從之，擢舜臣權三司判官。

後數歲〔二〕，介甫出知江寧，會汴水大漲，京師憂懼，朝廷命判都水監少卿宋昌言往視之。昌言白政府，請塞訾家口，獨留輔渠。韓子華、吕吉甫皆許之。時監丞侯叔獻適在外，不預議。昌言至汴口，牒問提舉汴口官王琉等二口水勢，琉等報言〔三〕：「訾家口水三分，輔渠水七分。」昌言遂奏塞訾家口，朝廷從之。叔獻素與昌言不協，及介甫再入相，叔獻譖昌言附會韓、吕，塞訾家口，故變易相公在政府所行事。介甫怒，昌言懼，求出，得知陝州。會熙寧八年夏，河背新口，汴水絕，叔獻屢上言由昌言塞訾家口所致，朝廷命叔獻開之。水既通流〔四〕，於是昌言及王琉各降一官，昌言仍徙知丹州〔五〕，都水監衆官各以贖論。叔獻以功遷員外郎〔六〕，判監李立之仍出知陝州〔七〕，以叔獻代之。立之未離京師，河背訾家口，汴水復絕，一如前日。朝廷更命叔獻開之，亦不罪叔獻也。立之云

〔一〕大則開諸斗門以泄之　「開諸」原作「請」，據長編卷二六三熙寧八年閏四月甲午條注引記聞改。

〔二〕後數歲　「數」字原脱，據長編補。

〔三〕琉等報言　「言」字原脱，據長編及宋史卷九三河渠志三補。

〔四〕水既通流　「水」字原脱，據長編補。

〔五〕昌言仍徙知丹州　「仍」原作「乃」，「知丹州」原脱，據長編補改。

〔六〕都水監衆官各以贖論叔獻以功遷員外郎　「水監」至「員外郎」十六字原脱，據長編補。

〔七〕仍出知陝州　「州」字原脱，據同上書補。

415 元豐元年春，塞曹村決河〔一〕，詔發民夫五十萬〔二〕，役兵二十萬，云「欲鑿故道

以導之〔三〕，不行則決河北岸王莽河口，任其所之」。恐其浸淫南及京城故也。天章閣待制韓縝、都水監丞劉璯、河北運判汪輔之掌之。邦彥云

〔一〕塞曹村決河　「曹村決河」原作「村口」，據長編卷二八七元豐元年閏正月庚辰條注引記聞及宋史卷九二河渠志二改。

〔二〕詔發民夫五十萬　「詔」字原脱，據學海本補。

〔三〕欲鑿故道以導之　學海本「之」作「河北行」。

416 舊制，河南、河北，曹、濮以西，秦、鳳以東，皆食解鹽；益、梓、利、夔四路皆食井鹽；河東食土鹽；自餘皆食海鹽。自仁宗時，解鹽通商，官不復榷。熙寧中，市易司始榷開封、曹、濮等州及利、益二路，官自運解鹽賣之，其益、利井鹽侯官無解鹽即聽自賣。九年，有殿中丞張景溫建議，請榷河中、陝、解、同、華五州〔一〕，官自賣鹽，增重其價；民不肯買，乃課民日買官鹽，隨其貧富、作業爲多少之差；有買賣私鹽，聽人告訐，重給賞錢，以犯人家財充；買官鹽食之不盡，留經宿者同私鹽法。於是民間騷怨。鹽折鈔，舊法每席六緡，至是才直二緡有餘，商不入粟，邊儲失備。朝廷疑之，乃召陝西東路轉運使皮公弼入議其事，公弼極陳其不便。有旨令與三司

議之，三司使沈括以曏附介甫意，言景温法可行，今不可改，不敢盡言其非〔二〕。雖不能奪公弼〔三〕，而更爲别劄稱，據景温申，官賣鹽歲獲利二十餘萬緡，今通商則失此利。再取旨，上復令與公弼議之。公弼條陳實無此利。於是罷開封、河中等州，益、利等路賣鹽〔四〕，獨曹、濮等數州行景温之法。公弼云

〔一〕請權河中陝解同華五州　「陝解同」三字原脱，據長編卷二六三熙寧八年閏四月己酉條注引記聞補。

〔二〕不敢盡言其非　「不敢」二字原脱，據同上書補。

〔三〕雖不能奪公弼　以上六字原脱，據同上書補。

〔四〕益利等路賣鹽　「利」原作「州」，據同上書改。

417 吴沖卿、蔡子正等爲樞密副使〔一〕，上言請廢河南北監牧司，文潞公爲樞密使，以爲不可。元厚之爲翰林學士，與曾孝寬受詔詳定。厚之計其吏兵之禄，及牧田可耕種，所以奏稱：「兩監歲費五十六萬緡，所息之馬用三萬緡可買。」詔盡廢天下馬監，止留沙苑一監〔二〕，選其馬可充軍馬用者，悉送沙苑監；其次給傳置；其次斥賣之〔三〕。牧田聽民租佃。仍令轉運司輸每歲所省五十三萬緡於市易務〔四〕。馬既給諸軍，則當給芻

粟及傔衣糧，所費甚廣。諸監馬送沙苑者止四千餘匹，在道羸瘠死者殆半〔五〕。國馬盡於此矣。時熙寧八年冬也。馬士宣云

〔一〕吳沖卿　「沖」原作「仲」，據長編卷二六二熙寧八年四月己丑注引記聞、宋史卷三一二吳充傳改。

〔二〕止留沙苑一監　「苑」原作「莊」，據李藏本、學海本及長編改。

〔三〕其次斥賣之　「斥」字原脫，據同上書補。

〔四〕仍令轉運司輸……於市易務　「仍」長編作「儘」。

〔五〕在道羸瘠死者殆半　「瘠」字原脫，據長編補。

418 熙寧初，余罷中丞，復歸翰林，有成都進士李戒投書見訪，云：「戒少學聖人之道，自謂不在顏回、孟軻之後。」其詞孟浪，高自稱譽，大率如此。又獻役法大要，以謂：「民苦重役，不苦重稅〔一〕。但聞有因役破產者，不聞因稅破產也。請增天下田稅錢穀各十分之一，募人充役。仍命役重輕爲三等，上等月給錢千五百、穀二斛，中下等以是爲差。計雇役猶有羨餘，可助經費。明公儻爲言之於朝，幸而施行，公私不日皆富實矣。」余試舉一事難之曰：「衙前爲何等？」戒曰：「上等。」余曰：「今夫衙前掌

官物，敗失者或破萬金之産，彼肯顧千五百錢、兩斛之穀，來應募邪？」戒不能對。余因謝遣之，曰：「僕已去言職〔二〕，君宜詣當官者獻之〔三〕。」

居無何，復來投書，曰：「三皇不聖，五帝不聖，自生民以來，唯孔子爲聖人耳。孔子没，孟軻以降蓋不足言，今日復有明公，可繼孔子者也。」余駭懼，遽還其書，曰：「足下何得爲此語？」固請留書，余曰：「若留君書，是當而有之也〔四〕，死必不敢。」又欲授余左右，余叱左右使勿接，乃退。余以其狂妄，常語於同列，以資戲笑。

時韓子華知成都，戒亦嘗以此策獻之，子華大以爲然。及入爲三司使，欲奏行之，余與同列共笑且難之，子華意沮，乃止。及介甫爲相，同制置三司條例司，爲介甫言之，介甫亦以爲善，雇役之議自此起。時李戒已得心疾，罷舉歸成都矣。身見

〔一〕民苦重役不苦重税　「重役不苦」四字原脱，據太平治蹟統類卷二一補。

〔二〕僕已去言職　「言」原作「官」，據李藏本、學海本及類苑卷七四募役改。

〔三〕君宜詣當官者獻之　「者」字原脱，據類苑補。

〔四〕是當而有之也　「當」下原衍「時」字，據類苑删。

419 介甫之再入相也，張諤建言：「往者衙前經歷重難，皆得場務酬奬，享利過厚。

其人見存者，請依新法據分數應給緡錢數外〔一〕，餘利追理入官，謂之『打抹』。專委諸州長吏檢括，如有不盡，以違制罪之，不以赦降、去官原免。」於是諸州競爲刻剥，或數十年前嘗經酬獎，今已解役，家貲貧破，所應輸錢有及二三千緡者，往往不能償而自殺。

〔一〕據分數應給緡錢數外　「分」原作「公」，據李藏本、聚珍本改。

420 介甫申明按問欲舉之法，曰：「雖經拷掠，終是本人自道，皆應減二等。」由是劫賊盗無死者。劉鳴玉云

421 先朝以來，夔州路減省賦，上供無額，官不榷酒，不禁茶鹽，務以安遠人爲意。

422 熙寧八年五月，内批：「張方平樞密使。」介甫即欲行文書，吉甫留之，曰：「當俟晚集更議之。」因私於介甫曰〔一〕：「安道入，必爲吾屬不利。」明日再進呈，遂格不行。君貺云

〔一〕因私於介甫曰　「於」學海本、李藏本作「語」。

423 三司使章惇嘗登對，上譽張安道之美，問識否，惇退，以告吉甫。明旦，吉甫與安道同行入朝，因告以上語〔一〕，且曰：「行當大用矣。」安道縮鼻而已。其暮，安道方與客坐，惇呵引及門入謁〔二〕，安道使謝曰：「素不相識，不敢相見。」惇慚怍而退。故蔡承禧彈惇云：「朝登陛下之門，暮入惠卿之室。」爲此也。由是上惡惇，介甫惡安道〔三〕，未幾皆出。王承偓云

〔一〕因告以上語　「因」原作「行」，據李藏本、學海本改。

〔二〕惇呵引及門入謁　「呵引」原作「跒別」，「入謁」原倒，均據長編卷二六九熙寧八年十月庚子條改。

〔三〕由是上惡惇介甫惡安道　「惇介甫惡」四字原脱，據李藏本、學海本及長編補。

424 介甫初參大政〔一〕，章辟光上言：「岐王、嘉王不宜居禁中，請使出居於外。」太后怒，與上言：「辟光離間兄弟，宜加誅竄。」辟光揚言：「王參政、呂惠卿來教我上此書，今朝廷若深罪我，我終不置此二人者。」惠卿懼，以告介甫。上欲竄辟光於嶺南，介甫力營救，止降監當而已。呂獻可攻介甫，引辟光之言以聞於上，獻可坐罷中丞、知鄧州。蘇子容當制〔二〕，曾魯公召論之曰：「辟光治平四年上書，當是時介甫猶在金陵，

惠卿監杭州酒，安得而教之？」故其制詞云：「黨小人交搆之言〔三〕，肆罔上無根之語。」制出，士大夫頗以子容制詞爲非，子容以魯公之言告，乃知治平四年辟光所上言他事，非言岐、嘉者也。子容深悔之，嘗謂人曰：「介甫雖黜逐我，我怨之不若曾公之深也。」蘇兖云

〔一〕介甫初參大政　「初」字原脱，據李藏本、學海本補。

〔二〕蘇子容當制　李藏本、學海本「當制」作「當草制」。

〔三〕黨小人交搆之言　「黨」原作「當」，據宋史卷三三一呂誨傳改。

涑水記聞卷第十六

425 嚮來執政弄權者，雖潛因喜怒作威福，猶不敢亂資序、廢赦令。王介甫引用新進資淺者，多借以官，苟爲己盡力，則因而進擢；或小有忤意，則奪借官而斥之；或無功，或無過〔一〕，則暗計資考及常格，然後遷官。如吕吉甫弟升卿新及第，爲真定府觀察推官，初無資考，使之察訪京東，還，除淮南轉運判官。轉運判官皆須升朝官爲之〔二〕，又借以太子中允〔三〕，尋召爲崇政殿説書。及介甫與吉甫有隙，升卿復於上前詆訐介甫之短，由此被斥，然尚以宣力久，特遷太祝，監無爲軍税。練亨甫以泗州軍事推官爲崇文院校書兼檢正官，及坐鄧綰事，亦以宣力久，循一資，爲漳州軍事判官。胡宗回云

〔一〕或無功或無過　原作「或無功者無過」，據李藏本、學海本改。

〔二〕皆須升朝官爲之　「官」字原脱，據學海本及長編卷二四八熙寧六年十一月丙午注引記聞補。

〔三〕又借以太子中允　「又」字原脱，據長編補。

426 介甫用事，坐違忤斥逐者，雖累經赦令，不復舊職。如知制誥李大臨、蘇頌封還李定詞頭，奪職外補，幾十年，經三赦，大臨纔得待制，頌纔得祕書監〔一〕。及熙寧十年圜丘赦，頌除諫議大夫。宗回云

〔一〕頌纔得祕書監　「纔」原作「不」，據長編卷二六九熙寧八年十月丁巳條及宋史卷三四〇蘇頌傳改。疑原作「才」字，因形近而誤作「不」字也。

427 熙寧七年圜丘赦，中書奏謫官應復者四十餘人，中旨悉復舊原〔一〕。吕吉甫參知政事，意所惡者皆廢格不行〔二〕。如胡宗愈、劉摯皆坐爲臺諫官言事落職外補，至是惟摯復館職，宗愈爲蘇州通判，一不霑恩。摯嘗言曾布，布爲吉甫所惡故也。十年圜丘赦，宗愈始復館職。宗回云

〔一〕中旨悉復舊原　「舊原」，疑當作「舊官」。

〔二〕意所惡者皆廢格不行　「不行」原作「不可」，據長編卷二五八熙寧七年十二月甲戌條改。

428 介甫用新進爲提轉，其資在通判以下則稱「權發遣」，知州稱「權」，又遷則落

「權」字。李舜卿云〔一〕

〔一〕李舜卿云　「舜」原作「順」，據李藏本、學海本、聚珍本改。

429 何洨以録事參軍提舉梓州路常平倉等，所至暴横，捶撻吏民以立威，皆竄匿無地。氣陵提轉，直出其上，公牒州縣云：「未得當司指揮，其提轉牒皆不得施行。」轉運使李竦、判官陳充與之議事，不合，輒叱駡之。知州詣之白事，下馬於門外，循廊而進，至其坐榻之側，亦不爲起。洨欲廢廣安軍，衆議以爲旁去他州遠，不可廢。有章辟方得其父集賢校理何涉所撰鼓角樓記以呈之，曰：「先君子亦具言置軍要害之意。」洨曰：「凡事當從公論，此妄語，何足憑也？」李竦等具奏其狀，詔罷歸。洨沿道上奏，訟竦等，無所不道。至京師，下開封府鞫問，洨索紙萬幅以答款，府司以數百幅給之，乃一紙書一宗。坐上書詐不實，凡一百四十事，由是停官。時所遣提舉官，大抵狂妄作威，而洨最爲甚。劉嶠云

430 初，韓魏公知揚州，介甫以新進士簽書判官事，韓公雖重其文學〔一〕，而不以吏事許之。介甫數引古義争公事，其言迂闊，韓公多不從〔二〕。介甫秩滿去。會有上韓公書者，多用古字，韓公笑而謂僚屬曰：「惜乎王廷評不在此〔三〕，其人頗識難字〔四〕。」介

甫聞之，以韓公爲輕己，由是怨之。及介甫知制誥，言事復多爲韓公所沮。會遭母喪，服除，時韓公猶當國，介甫遂留金陵，不朝參。曾魯公知介甫怨忌韓公，乃力薦介甫於上，强起之，其意欲以排韓公耳。蘇究云

〔一〕韓公雖重其文學　「韓公」，三朝言行録卷六之二、事類備要續集卷五〇、事文類聚别集卷二八作「魏公」。

〔二〕韓公多不從　「韓公」，同上書作「魏公」。

〔三〕惜乎王廷評不在此　「評」原作「平」，據三朝言行録改。

〔四〕其人頗識難字　「其」字原脱，據三朝言行録、事類備要、事文類聚補。

431 上將召用介甫，訪於大臣，争稱譽之。張安道時爲承旨，獨言：「安石言僞而辨，行僞而堅，用之必亂天下。」由是介甫深怨之。蘇究云

432 曾布改助役爲免役，吕惠卿大恨之。蘇究云

433 介甫使徐禧、王古按秀獄，求惠卿罪不得；又使蹇周輔按之，亦無狀迹。王雱危之，以讓練亨甫、吕嘉問，亨甫等請以鄧綰所言惠卿事雜他書下秀獄，不令丞相知也。惠卿素加恩結堂吏，吏遽報惠卿於陳州。惠卿列言其狀，上以示介甫，介甫對「無

之」，歸以問雱，乃知其狀。介甫以咎雱〔一〕，雱時已寢疾，憤怒，遂絶。介甫以是慙於上，遂堅求退。蘇究云

〔一〕介甫以咎雱　「咎雱」二字原脱，據長編卷二七六熙寧九年六月辛卯條補。

434 介甫請并京師行陝西所鑄折二錢，既而宗室及諸軍不樂，有怨言，上聞之，以問介甫，欲罷之。介甫怒曰：「朝廷每舉一事，定爲浮言所移，如此何事可爲？」退，遂移疾，卧不出。上使人諭之，曰：「朕無間於卿，天日可鑑，何遽如此？」乃起。蘇究云

435 諫議大夫程師孟嘗請於介甫曰：「公文章命世，師孟多幸，生與公同時，願得公爲墓誌，庶傳不朽，惟公矜許。」介甫問：「先正何官？」師孟曰：「非也，師孟恐不得常侍左右，自欲豫求墓誌〔一〕，俟死而刻之耳。」介甫雖笑不許，而心憐之。及王雱死，有習學檢正張安國者〔二〕，被髮藉草，哭於柩前，曰：「公不幸，未有子，今郡君妊娠，安國願死，托生爲公嗣。」京師爲之語曰：「程師孟生求速死，張安國死願托生。」蘇究云

〔一〕自欲豫求墓誌　「自」字原脱，據類苑卷七二程師孟二補。

〔二〕有習學檢正張安國者 「者」字原脱，據類苑補。

436 上以外事問介甫，介甫曰：「陛下從誰得之？」上曰：「卿何必問所從來？」介甫曰：「陛下與他人爲密〔一〕，而獨隱於臣，豈君臣推心之道乎？」上曰：「得之李評。」介甫由是惡評，竟擠而逐之。他日，介甫復以密事質於上，上問於誰得之，介甫不肯對，上曰：「朕無隱於卿，卿獨有隱於朕乎？」介甫不得已，曰：「朱明之爲臣言之。」上由是惡明之。明之，介甫妹夫也。及介甫出鎮金陵，吉甫欲引介甫親暱置之左右，薦明之爲侍講，上不許，曰：「安石更有妹夫爲誰？」吉甫以直講沈季長對〔二〕，上即召季長爲侍講。吉甫又引弟升卿爲侍講。升卿素無學術，每進講，多捨經而談財穀利害、營繕等事。上時問以經義，升卿不能對，輒目季長從旁代對。上問難甚苦，季長辭屢屈，上問從誰受此義，對曰：「受之王安石。」上笑曰：「然則且爾。」季長雖黨附介甫，而常非王雱、王安禮及吉甫所爲，以謂必累介甫。雱等深惡之，故亦不甚得進用也。伯淳云

〔一〕陛下與他人爲密 「與」字原脱，據長編卷二五三熙寧七年五月丙辰條、三朝言行録卷六之二補。

〔二〕吉甫以直講沈季長對　「吉甫」二字原脱，據三朝言行録補。

437 熙寧六年十一月〔一〕，吏有不附新法者〔二〕，介甫欲深罪之，上不可。介甫固争之，曰：「不然，法不行。」上曰：「聞民間亦頗苦新法。」介甫曰：「祁寒暑雨，民猶有怨咨者〔三〕，豈足顧也！」上曰：「豈若并祁寒暑雨之怨亦無邪？」介甫不悦，退而屬疾家居。數日，上遣使慰勞之，乃出。其黨爲之謀曰：「今不取門下士上所素不喜者暴進用之〔四〕，則權輕，將有窺人間隙者矣。」介甫從之。既出，即奏擢章惇、趙子幾等，上喜其出〔五〕，勉强從之，由是權益重。鞠承之云

〔一〕熙寧六年十一月　「六年」，長編卷二七〇熙寧八年十一月丙戌條、治蹟統類卷一三神宗任用安石、宋史卷三二七王安石傳作「八年」。

〔二〕吏有不附新法者　「者」字原脱，據長編補。

〔三〕民猶有怨咨者　「有」字原脱，據類苑卷五、三朝言行録卷六之二補。

〔四〕今不取門下士上所素不喜者暴進用之　「不」字原脱，據長編注引記聞、三朝言行録、宋史王安石傳補。

〔五〕上喜其出　「上」下原衍「不」字，據同上書删。

438 熙寧八年十一月，介甫以疾居家。上遣中使問疾，自朝至暮十七返，醫官脉狀皆使駃行親事齎奏。既愈，復給假十日將治〔一〕，又給三日，又命兩府就第議事。伯淳云〔二〕

〔一〕將治　「治」長編卷二七〇熙寧八年十一月丙戌條作「安」。

〔二〕伯淳　「淳」原作「純」，據李藏本、學海本改。

439 興化縣尉胡滋，其妻宗室女也，自言夢人衣金紫，自稱王待制來爲夫人兒〔一〕，妻尋産子〔二〕。介甫聞之，自京師至金陵，與夫人常坐於船門簾下〔三〕，見船過輒問：「得非胡尉船乎？」〔四〕既而得之，舉家悲喜，亟往撫視，涕泣，遺之金帛不可勝數，邀與俱還金陵。滋言有捕盜功，應詣銓求賞〔五〕，介甫使人爲營致，除京官，留金陵且半年，欲匄其兒，其母不可，乃遣之。蘇兖云

〔一〕自稱王待制來爲夫人兒　「自稱」類苑卷六八王元澤託生作「云」。

〔二〕妻尋産子　「尋」原作「將」，據類苑改。

〔三〕與夫人常坐於船門簾下　「常」原作「當」，據李藏本、學海本改。

〔四〕得非胡尉船乎　「得」字原脱，據類苑補。

〔五〕應詣銓求賞　李藏本、學海本「銓」下有「曹」字。

440 内侍李憲既怨介甫罷其南征，乃言青苗錢爲民害，上以内批罷之，介甫固執不可而止。先是，州縣所斂青苗錢，使者督之，須散盡乃已〔一〕，官無餘蓄。至是，敕留五分〔二〕，皆憲發之也。蘇究云

〔一〕須散盡乃已　「須」原作「復」，據長編卷二五六熙寧七年九月辛酉注引記聞改。

〔二〕敕留五分　「敕」原作「刺」，李藏本、學海本作「剩」，今據同上書改。

441 介甫既罷相，沖卿代之，於新法頗更張，禹玉始無異同。御史彭汝礪劾奏禹玉云：「向者王安石行新法，王珪從而和之；今吴充變行新法，王珪亦從而和之。若昨是則今非，今是則昨非矣。乞令珪分析。」禹玉由是力主新法不肯變。汝礪又言：「俞充爲成都轉運使，與宦官王中正共討茂州蠻，媚事中正，故得都檢正。」又言：「李憲擁兵驕恣。」由是不得居臺中，加館職充江南東路提刑。汝礪固辭館職。蘇究云

442 呂升卿於上前言練亨甫以穢德爲王雱所昵，且曰：「陛下不信臣言，臣有老母〔一〕，敢以爲誓。」於是臺諫言：「王安國非議其兄，呂惠卿謂之不悌，放歸田里；今升卿對陛下親詛其母，比安國罪不尤重乎？」有旨：升卿罷江西轉運副使〔二〕，削中

允，落直集賢院，以太祝監無爲軍酒税。時熙寧八年十二月也。王得臣云

〔一〕臣有老母　「有」字原脱，據長編卷二七一熙寧八年十二月庚寅條補。

〔二〕江西轉運副使　「副使」長編作「判官」。

443 吉甫言王安禮任館職〔一〕，狎遊無度，安禮由是乞出，一章即許之，除知潤州。介甫猶以吉甫先居憂在潤州，欲使安禮采其過失故也。得臣云

〔一〕王安禮任館職　「任」原作「以」，據長編卷二七一熙寧八年十二月己丑條改。

444 王安國字平甫，介甫之弟也，常非其兄所爲。爲西京國子監教授，溺於聲色。介甫在相位，以書戒之曰：「宜放鄭聲。」安國復書曰：「安國亦願兄遠佞人也。」官滿，至京師，上以介甫故，召上殿，時人以爲必除侍講。上問以其兄秉政物論如何，對曰：「但恨聚斂太急、知人不明耳。」上默然不悅，由是別無恩命。久之，乃得館職。安國嘗力諫其兄〔一〕，以天下恟恟，不樂新法，皆歸咎於公〔二〕，恐爲家禍。介甫不聽，安國哭於影堂，曰：「吾家滅門矣！」又嘗責曾布以誤惑丞相，更變法令，布曰：「足下，人之子弟，朝廷變法，何預足下事？」安國勃然怒曰：「丞相，吾兄也；丞相之父，

即吾父也；丞相由汝之故，殺身破家，僇及先人，發掘丘壟，豈得不預我事邪？」仲通、思正、蘇兗云

〔一〕嘗力諫其兄　「嘗」原作「書」，據李藏本、學海本及類苑卷一七王平甫、三朝言行録卷六之二改。

〔二〕皆歸咎於公　「公」，長編卷二二七熙寧四年十月壬申條作「兄」。

445 士大夫以濮議不正，咸疾歐陽脩，有謗其私於子婦者。御史中丞彭思永、殿中侍御史蔣之奇承流言劾奏之，之奇仍伏於上前，不肯起。詔二人具析語所從來，皆無以對。治平四年三月五日，俱坐謫官。仍敕榜朝堂，略曰：「偶因燕申之言，遂騰空造之語，醜詆近列，中外駭然。以其乞正典刑，故須閱實其事，有一於此，朕亦不敢以法私人。及辨章之屢聞，皆瀎讕而無考，反云其事暗昧，不切審實。」又曰：「苟無根之毁是聽，則謾欺之路大開。上自邇僚，下逮庶尹，閨門之内，咸不自安。」先是，之奇盛稱濮議之是以媚脩，由是薦爲御史，既而反攻脩。脩尋亦外遷，其謝上表曰：「未乾薦禰之墨，已關射羿之弓。」

446 熙寧十年七月，王韶獻所著，名曰「發明自身之學」，皆荒浪狂譎之語。其一篇曰法身三門，其略曰：「敷陽子既罷樞密副使、知洪州，於廬山之北建法堂，中建法身像，號曰太虛無極真人，遂立三門，一曰鴻樞獨化之門，二曰萬靈朝真之門，三曰金剛巨力之門。太虛無極真人獨化行於天下，而天下方賴幽明顯晦〔一〕，有識無識皆會而朝之。太虛無極真人出獨化之門，建大法旗，擊大法鼓，手提玉印，臨大庭而躬接之。」其書凡十萬餘言，皆倣此。既而進御，又摹印以遺朝中諸公及天下藩鎮學校，其妖妄無所忌憚如此。王公儀得其書以示余。

〔一〕而天下方賴幽明顯晦　「而天下」三字原脱，據李藏本、學海本補。

447 觀文殿學士、知洪州王韶謝上表曰：「爲貧而仕，富貴非學者之本心；與時偕行，功業蓋丈夫之餘事。」又曰：「自信甚明，獨立不懼。面折廷爭，則或貽同列之忿；指擿時病，則或異大臣之爲。以至聖論雖時有小差，然臣言亦未嘗曲徇〔二〕。」又曰：「曉然知死生之不迷，灼然見古今之不異。通理盡性，雖未能達至道之淵微；立言著書，亦足以贊一朝之盛美。」知雜御史蔡確上言：「韶不才忝冒，自請便親，敢因謝表，辭旨怨懟，指斥聖躬，公爲罔慢。」於是落韶觀文殿學士，降知鄂州。

〔一〕未嘗曲徇　「徇」下長編卷二八五熙寧十年十月壬午條有「又云陷人君於不義莫如退縮」十二字。

448 交趾之圍邕州也，介甫言於上曰：「邕州城堅，必不可破。」上以爲然。既而城陷，上欲召兩府會議於天章閣，介甫曰：「如此則聞愈彰，不若只就東府。」上從之。介甫憂沮，形於言色〔一〕，王韶曰：「公居此尚爾，況居邊徼者乎？願少安重，以鎮物情。」介甫曰：「使公往，能辨之乎？」韶曰：「若朝廷應副，何爲不能辨？」介甫由是始與韶有隙。蘇兖云

〔一〕形於言色　「言」，李藏本、學海本作「顔」。

449 李士寧者，蓬州人，自言學道〔一〕，多詭數，善爲巧發奇中。目不識書，而能口占作詩，頗有才思，而詞理迂誕，有類讖語，專以妖妄惑人。周遊四方及京師，公卿貴人多重之。人未嘗見其經營及有囊橐，而貲用常饒，猝有賓客十數，珍饌立具，皆以爲有歸錢術。王介甫尤信重之，熙寧中，介甫爲相，館士寧於東府且半歲，日與其子弟遊；及介甫將出金陵，乃歸蓬州。宗室世居者，太祖之孫，頗好文學，結交士大夫，有名

稱，士寧先亦私入睦親宅，與之遊。士寧以爲太祖肇造，宗室子孫當享其祚，會仁宗有賜英宗母仙遊縣君挽歌，微有傳後之意，士寧竊其中間四句，易其首尾四句，密言世居當受天命以贈之。世居喜，賂遺甚厚。袁默云

〔一〕自言學道　「道」字原脱，據長編卷二五九熙寧八年正月庚戌注引記聞補。

450 進士葉適試補監生第一，介甫愛其所對策；布衣徐禧得洪州進士黄雍所著書，竊其語，上書褒美新法，介甫亦賞其言；皆奏除官，令於中書習學檢正。及介甫出知金陵，吉甫薦二人皆安石素所器重，上召見，適奏對不稱旨，上以介甫故，除光禄寺丞、館閣校勘檢正官，月餘而卒；禧稱旨。禧無學術，而辨口，揚眉奮髯，足以移人意。上或問以故事〔一〕，禧對此非臣所學云云，其説皆雍語也。而蔡承禧收得雍草封上之。承禧又言：「禧母及妻，皆非良家，禧與其妻先姦後婚，妻恃此淫佚自恣，禧不敢禁。」又言：「禧前居父喪而博，爲吏所捕，因亡命詣闕上書。」

〔一〕上或問以故事　「故」原作「古」，據李藏本、學海本改。

451 鄭俠，閩人，進士及第。熙寧七年春，上以旱災，下詔聽吏民直言得失，俠以選

人監安上門，上言：「新制〔一〕，使選人監京城門，民所齎物，無細大皆征之，使貧民愁怨。人主居深宫，或不知之，乃畫圖并進之。」朝廷以爲狂，笑而不問。會王介甫請罷相，上未之許，俠上言：「天旱由安石所致〔二〕。若罷安石，天必雨。」既而介甫出知江寧府，是日雨，俠自以爲所言中，於是屢上疏論事，皆不省。是歲冬，俠上疏幾五千言，極陳時政得失、民間疾苦，且言：「王安石作新法，爲民害；吕惠卿朋黨姦邪，壅蔽聰明；獨馮京時立異與之校計。請黜惠卿，進用馮京。」吕吉甫大怒，白上奪俠官，汀州編管。

俠貧甚，士大夫及吏民多憐之，或遺之錢米。頃之，上問馮當世：「卿識鄭俠乎？」對曰：「臣素不之識。」御史知雜張琥聞之，陰訪求當世與俠交通狀。或語以當世嘗從俠借書畫，遺之錢米，琥即劾奏：「京大臣，與俠交通有迹，而敢面謾，云不識。又俠所言朝廷機密事，俠選人，何從知之？必京教告，使之上言。」上以章示當世，對：「實不識〔三〕，乞下所司辨正。」

惠卿乃使其黨知制誥鄧潤甫與御史臺同按問，遣選人舒亶乘驛追俠詣臺，索其篋笥中文書，悉封上之。亶還，特除京官以賞之。臺中掠治俠，其疏所與交通者〔四〕，皆逮繫之。僧曉容善相，多出入當世家，亦收繫考驗。取當世門曆，閲視賓客無俠名。

俠素師事王雱，而議論常與雱異，與王安國同非新法，安國親厚之。俠既上疏，安國索其草視之，俠不與，安國曰：「家兄爲政，必使天下共怨怒，然後行之。子今言之甚善，然能言之者子也，能揄揚流布於人者我也，子必以其草示我〔五〕。」俠曰：「已焚之矣。」俠詣登聞檢院上疏，集賢校理丁諷判檢院，延坐與啜茶，詢其所言，稱獎之。諷又嘗見當世，語及俠，當世稱：「俠疏文辭甚佳，小臣不易敢爾。」俠既竄逐，前三司副使王克臣與之舊，命其子駙馬都尉師約資送之，師約曰：「師約通姻帝室，不敢與外人交，請具銀百兩，大人自遺之。」克臣從之。於是臺司收安國、諷等鞫之。安國自陳無此語，臺司引俠使證之，俠見安國，笑曰：「平甫居常自負剛直，議論何所不道，今乃更效小人，欲爲詆讕邪？」安國慙懼，即服罪。潤甫等亦深探俠獄，多所連引，久繫不決。上以其枝蔓，令歲前必令獄具，臺官皆不得歸家。

獄成，惠卿奏俠謗國，欲致之大辟，上曰：「俠所言，非爲身也，忠誠亦可念，豈宜深罪之。」但移英州編管而已。當世罷政事，以諫議大夫知亳州，王克臣奪一官，丁諷落職、監無爲軍酒税，王安國追出身以來敕告，放歸田里，曉容勒歸本貫，其餘吏民有與俠交遊及饋送者〔六〕，皆杖臀二十，遠州編管。仍賜詔介甫慰諭，又以安禮權都檢正，以慰其心。范堯夫、張次山、王孝先云

〔一〕新制　「新」原作「親」，據李藏本、學海本及長編卷二五二熙寧七年四月甲戌注引記聞改。

〔二〕天旱由安石所致　「由」字原脱，據長編卷二五四熙寧七年六月乙亥條補。

〔三〕對實不識　「對實」原作「實對」，據長編卷二五九熙寧八年正月庚子條改。

〔四〕其疏所與交通者　「其」長編作「令具」。

〔五〕子必以其草示我　「示」原作「視」，據長編改。

〔六〕有與俠交遊及饋送者　「送」原作「之」，據李藏本、學海本改。

452 三班使臣王永年者，宗室之壻，自南方罷官，押錢綱數千緡詣京師，私用千餘緡，冀妻家償之〔一〕，其妻父叔皮不爲償。三司督之急。永年知叔皮嘗於上元夜微步遊閭里〔二〕，乃夜叩東府門告變〔三〕：「叔皮及弟叔敖私詣卜者〔四〕，云已有天命，謀作亂，密造乘輿服御物已具。」敕開封府判官吳幾復按驗，皆無狀，永年引虛，病死獄中，方免叔皮。公弼云

〔一〕冀妻家償之　長編卷二八〇熙寧十年正月庚辰條「償」上有「爲」字。

〔二〕微步遊閭里　「閭」原作「閻」，據李藏本、學海本及長編改。

〔三〕夜叩東府門告變　長編「變」下有「云」字。

〔四〕私詣卜者　「卜」原作「一口」，學海本作「某」，今據長編改。

453 王永年，宗室叔皮之壻也，監金耀門文書庫。翰林學士楊繪、待制竇卞皆嘗舉之。永年盜賣官文書，得錢，費於娼家，畏其妻知之，僞立簿云：「買金銀若干遺楊內翰，若干遺竇待制。」亦嘗買繒帛及酒遺繪、卞及提舉京百司、集賢修撰張芻，繪受之，卞止受其酒，芻俱不受。又嘗召繪、卞飲於其家，令縣主手斟酒以飲卞、繪。縣主以永年盜官文書事白父叔皮，叔皮白宗正司，牒按其事，永年夜叩八位門告變，詔吳幾復按之。永年告變事今已明白〔一〕，其盜官文書等事請付三司結絕〔二〕。既而三司使沈括奏：「事涉兩制，請付御史臺窮治。」皆奉旨依。知雜御史蔡確奏：「幾復不發摘卞、繪等贓汙，避事惜情。」熙寧十年五月，繪責授荆南節度副使，卞落職管勾靈仙觀，吳幾復知唐州。上以芻獨不受其饋遺，未幾，還諫議大夫、知鄧州。李南公、吳辨叔云

〔一〕此句與上句語意不相銜接，兩句間當有脫漏。

〔二〕其盜官文書等事　「文書」原作「物」，據李藏本、學海本及長編卷二八一熙寧十年三月甲戌條改。

454 知制誥鄧潤甫上言：「近日羣臣專尚告訐，此非國家之美，宜用敦厚之人以變風俗。」上嘉納之。尋有中旨，以陳述古爲樞密直學士，宋次道爲龍圖閣直學士。時熙寧八年十二月也。王得臣云

455 韓魏公判相州，有三人爲劫，爲鄰里所逐而散。既而爲魁者謂其徒曰：「自今劫人，有救者先殺之。」衆諾。他日，又劫一家，執其老嫗，搒捶求貨，鄰人不忍其號呼〔一〕，來語賊曰：「此姥更無他貨，可惜搒死。」其徒即刺殺之。州司皆處三人死。刑房堂後官周清〔二〕，本江寧法司，後爲三司大將，王介甫引置中書，且立法云：「若刑房能駁審刑、大理寺、刑部斷獄違法得當者，一事遷一官。」故刑房吏日取舊案，吹毛以求其失。清以此自大將四年遷至供備庫使、行堂後官事。相州獄已決數年〔三〕，清駁之曰：「新法：凡殺人，雖已死，其爲從者被執，雖經拷掠，苟能先引服，皆從按問欲舉律減四等〔四〕。今盜魁既令其徒云〔五〕，有救者先殺之，則魁當爲首，其徒用魁言殺救者則爲從。又至獄先引服，當減等。而相州殺之，刑部不駁，皆爲失入死罪。」

事下大理，大理以爲：「魁言有救者先殺之，謂執兵杖來鬭者也；今鄰人以好言勸之，非救也。其徒自出己意〔六〕，手殺人，不可爲從。相州斷是。」詳斷官竇平、周孝恭以此白檢正劉奉世，奉世曰：「君爲法官，自圖之〔七〕，何必相示？」二人曰：「然

則不可爲失入。」奉世曰：「君自當依法，此豈必欲君爲失入邪？」於是大理奏：「相州斷是。」清執前議，再駁，復下刑部新官定。刑部以清駁爲是，大理不服〔八〕。

方争論未決，會皇城司奏相州法司潘開齎貨詣大理行財枉法〔九〕。初，殿中丞陳安民簽書相州判官日斷此獄〔一〇〕，聞周清駁之，懼得罪，詣京師，歷抵親識求救。文潞公之子大理評事文及甫，陳安民之姊子、吴沖卿之壻也。沖卿時爲首相，安民以書召開云：「爾宜自來照管。」法司竭其家貲入京師，欲貨大理胥吏問息耗。相州人高在等在京師爲司農吏，利其貨，與中書吏數人，共耗用其物，實未嘗見大理吏也。爲皇城司所奏，言齎三千餘緡行求大理〔一一〕。事下開封府，按鞫無行賂狀，惟得安民與開書。諫官蔡確知安民與沖卿有親，乃密言：「事連大臣，非開封可了。」乃移其獄下御史臺司，旬有數日〔一二〕，所按與開封無異。會沖卿在告，王珪奏令確共按之，辟寺丞劉仲弓推鞫，收大理寺詳斷官竇平、周孝恭等，枷縛暴於日中，凡五十七日，求其受賄事，皆無狀。

中丞鄧潤甫夜聞掠囚聲，以爲平、孝恭等，其實他囚也。潤甫心非確所爲慘刻，而力不能制。確引陳安民，置枷於前而問之，安民懼，具道嘗請求文及甫，及甫云已白丞相，丞相甚垂意。確得其辭，甚喜，遽欲與潤甫登對奏之，言丞相受請枉法，潤甫止之。明日，潤甫在經筵，獨奏：「相州獄事甚微，大理實無受賄事，而蔡確深探其獄，滋蔓不已，竇平等皆朝士，搒掠身無完膚，皆銜冤自誣。乞早結正。」上甚駭異。明日，確欲登對〔一三〕，上使人止之，不得前。命諫官黄履、監察御史黄廉、御藥李舜舉同詣臺按驗。三人與潤甫、確坐簾下，約都不得語，引囚於前，讀示以所承之辭，令實則書實，虚則自陳冤。囚畏獄吏之酷，皆書款引實，驗拷掠之痕則無之，履等還奏。確又上言：「陳安民請求文及甫，事連宰相，鄧潤甫黨附執政，不欲推究，故早求結正。」上遂大怒，以潤甫爲面謾，確爲忠直。

元豐元年四月丙辰，潤甫落翰林學士、中丞，以右諫議大夫知撫州，告詞曰：「奏事不實，奉憲失中。言涉詆欺，内懷顧避。」中允、監察裹行上官均亦嘗上言確按獄深刻，降授光禄寺丞、知邵武軍光澤縣，告詞曰：「不務審克，苟爲朋附，俾加閲實，不如所言。」確自右正言除右諫議、權中丞。確遂收文及甫繫獄。及甫懼，亦云嘗白丞相，言固是。又云嘗屬沖卿子羣牧判官、太常博士安持。確又收刑房檢正劉奉世。奉世先爲樞府檢詳，沖卿自樞府入相，奏爲檢正，雅信重之。確令大理稱受奉世風旨出相州獄，奉世懼，亦云於起居日嘗受安持屬請。確又欲收安持〔一四〕，上不許，令即訊，安持恐被收，亦言嘗以屬奉世。時三司使李承之、副使韓忠彦皆上所厚，承之嘗爲都檢正，忠結正。

彥，魏公之子也，確皆令囚引之。承之知之，數爲上言確險詖之情，上意亦解，趣使

六月乙丑，劉奉世落直史館，監當；吴安持奪一官，降監當；竇平追一官，勒停；周孝恭、文及甫衝替〔二五〕；陳安民追一官，勒停〔二六〕；韓忠彥贖銅十斤，自餘連坐者十餘人。周清遷一官。沖卿上表請退，及闔門待罪者三四，上輒遣中使召出令視事。確屢帥臺諫官登對，言罪吴安持太輕，上曰：「子弟爲親戚所屬請，不得已而應之，此亦常事，何足深罪？卿輩但欲共攻吴充出之〔二七〕，此何意邪？」以確所彈奏劄還之，言者乃止。公廙、李舉之、王得臣、伯淳、馮如晦云

〔一〕不忍其號呼　「號」原作「傳」，據長編卷二八七元豐元年閏正月庚辰條改。

〔二〕刑房堂後官周清　「房」字原脱，據長編補。

〔三〕相州獄已決數年　以上七字原脱，據長編補。

〔四〕皆從按問欲舉律減四等　「四等」，長編作「一等」，本書卷十五介甫申明按問欲舉之法條作「二等」。

〔五〕今盜魁既令其徒云　「徒」原作「從」，據上文及長編改，下同。

〔六〕其徒自出己意　「徒」原作「從」，據聚珍本、上文及長編改。

〔七〕自圖之　「之」字原脱，據長編補。
〔八〕大理不服　「服」原作「伏」，據李藏本、學海本及長編改。
〔九〕相州法司潘開齎貨詣大理行財枉法　以上十五字原僅存「相開」二字，其餘全脱，據長編補。
〔一〇〕初殿中丞陳安民簽書相州判官日斷此獄　「初殿中丞陳安民」七字原脱，據同上書補。
〔一一〕齎三千餘緡行求大理　「行求」，長編作「賂」。
〔一二〕旬有數日　「有」字原脱，據學海本補。
〔一三〕確欲登對　長編卷二八九元豐元年四月乙巳條「對」下有「至殿門」三字。
〔一四〕確又欲收安持　「確」字原脱，據長編卷二九〇元豐元年六月辛酉條補。
〔一五〕竇平追一官勒停周孝恭文及甫衝替　「竇平」至「周孝恭」十字原脱，據長編補。
〔一六〕陳安民追一官勒停　「一官勒」三字原脱，據長編補。
〔一七〕欲共攻吴充出之　「吴充」原作「吴育」，據學海本及長編改。

附録一

涑水記聞輯佚

456 太祖採聽明遠，每遇邊閫之事，纖悉必知。有間者自蜀還，上問曰：「劍外有何事？」間者曰：「但聞成都滿城誦朱山長苦热詩曰：『煩暑鬱蒸何處避，涼風清泠幾時來？』」上曰：「此蜀民思吾之來伐也。」時雖已下荆楚，孟昶有唇亡齒寒之懼，而西討無名。昶欲朝貢，王昭遠固止之。乾德三年，昶遣諜者孫遇齎蠟丸帛書，間道往太原，結劉鈞爲援，爲朝廷所獲。太祖喜曰：「興師有名矣。」執間者，命王全斌率禁旅三萬，分路討之。俾孫遇指畫山川曲折、閣道遠近，令工圖之，面授神算，令王全斌往焉，曰：「所克城寨，止藉器甲芻斛爾，若財帛，盡分給戰士。」王師至蜀，昶遣王昭遠帥師來拒，未幾，相繼就擒，昶始降，執昶赴闕。

大將王仁贍自劍南獨先歸闕，乞見，恐己惡露，歷數全斌等數將貪黷貨財，弛縱兵律。懼爲所訴，反欲自蔽。太祖笑謂仁贍曰：「納李廷珪妓，擅開豐德庫取金寶，此又誰邪？」仁贍惶怖，叩伏待罪。上又曰：「此行清介畏慎〔一〕，但止有曹彬一人爾。」臺臣請深治征蜀諸將橫越之惡，太祖盡釋之。

（輯自類苑卷一，後半并見五朝言行録卷一之二。又見玉壺清話卷六）

〔一〕此行清介畏慎　「畏」原作「思」，據五朝言行録卷一之二改。

457 景德中，朝廷始與北虜通好，詔遣使，將以「北朝」呼之。王沂公以爲太重，請止稱契丹本號可也。真宗激賞再三，朝論韙之。

（輯自類苑卷九，并見五朝言行録卷五之一）

458 祥符中，王沂公奉使契丹，館伴邢祥頗肆談辯，深自衒鬻，且矜新賜鐵券〔一〕。公曰：「鐵券蓋勳臣有功高不賞之懼，賜之以安反側耳。何爲輒及親賢？」祥大沮失。

（輯自類苑卷九，并見五朝言行録卷五之一）

〔一〕且矜新賜鐵券　「新賜」二字原倒，據五朝言行録卷五之一改。

459 范魯公質早輔周室，及太祖受禪，不改其任。兩朝翊戴，嘉謀偉量，時稱名相。然自以執政之地，生殺舒慘所繫，苟不能蚤夜兢畏，悉心精慮，敗事覆餗，憂患畢至。加之道有枉直，時有夷險，居其位者，今古爲難。嘗謂同列曰：「人能鼻吸三斗醇醋，即可爲宰相矣。」

（輯自類苑卷九）

460 景祐中，范文正公知開封府，忠亮讜直，言無迴避，左右不便。因言公離間大臣，自結朋黨，乃落天章閣待制，出知饒州。余靖安道上疏論救，以朋黨坐貶。尹洙師魯上言「靖與仲淹交淺，臣於仲淹義兼師友，當從坐」，貶監郢州税。歐陽脩永叔貽書責司諫高若訥不能辨其非辜，若訥大怒，繳奏其書，降授夷陵縣令。永叔復與師魯書云：「五六十年來，此輩沉默畏慎，布在世間，忽見吾輩作此事，下至竈間老婢，亦相驚怪。」時蔡襄君謨爲四賢一不肖詩，播於都下，人争傳寫，鬻書者市之，頗獲厚利。虜使至，密市以還。張中庸奉使過幽州，館中有書永叔詩在壁者。四賢，希文、安道、師魯、永叔也；一不肖，若訥也。

（輯自類苑卷九，并見三朝言行録卷二之二）

461 初，范文正公貶饒州，朝廷方治朋黨，士大夫無敢往別。王待制質獨扶病餞於國門，大臣責之曰：「君長者，何自陷朋黨？」〔一〕王曰：「范公天下賢者，顧質何敢望之！若得爲某黨人〔二〕，公之賜質厚矣。」聞者爲之縮頸。

（輯自類苑卷九）

〔一〕何自陷朋黨　五朝言行録卷九之八引王質神道碑「何」下有「苦」字。

〔二〕若得爲某黨人　此句同上書作「然若得爲黨人」。

462 范文正公守邠州，暇日帥僚屬登樓置酒，未舉觴，見衰絰數人營理喪具者。公亟令詢之，乃寄居士人卒於邠，將出殯近郊，賵斂棺槨皆所未具。公憮然，即徹宴席，厚賙給之，使畢其事，坐客感歎有泣下者。

（輯自類苑卷九，并見五朝言行録卷七之二）

463景祐末，西鄙用兵，大將劉平死之。議者以朝廷委宦者監軍，主帥節制有不得專者，故平失利。詔誅監軍黃德和。或請罷諸帥監軍，仁宗以問宰臣呂文靖公，公曰：「不必罷，但擇謹厚者爲之。」仁宗委公擇之，對曰：「臣待罪宰相，不當與中貴私交，何由知其賢否？願詔都知、押班保舉，有不稱職者，與同罪。」仁宗從之。翌日，都知叩頭乞罷諸監軍宦官〔一〕，士大夫嘉公之有謀。

（輯自類苑卷九，并見五朝言行録卷六之一、錦繡萬花谷前集卷一〇）

〔一〕乞罷諸監軍宦官　「諸監軍宦官」原作「諸軍監宦」，據五朝言行録卷六之一及錦繡萬花谷前集卷一〇改。

464慶曆初，仁宗服藥，久不視朝。一日，聖體康復，思見執政，坐便殿，促召二府。宰相呂許公聞命，移刻方赴召；比至，中使數輩促公，同列亦贊公速行，公愈緩步〔一〕。既見，上曰：「久疾方平，喜與卿等相見，而遲遲之來〔二〕，何也？」公曰：「陛下不豫，中外頗憂，一旦聞急召近臣，臣等若奔馳以進〔三〕，慮人心驚動耳。」上以爲深得輔臣之體。

（輯自類苑卷九，并見五朝言行録卷六之一、錦繡萬花谷前集卷一〇）

〔一〕公愈緩步　「步」五朝言行録卷六之一作「轡」。

〔二〕遲遲之來　「之」五朝言行録及錦繡萬花谷前集卷一〇作「其」。

〔三〕臣等若奔馳以進　同上書「臣」下無「等」字。

465李常公擇，少讀書於廬山五老峰白石庵之僧舍，書幾萬卷。公擇既貴，思以遺後之學者，不欲獨有其書，乃藏於僧舍。其後，山中之人思之，目其居曰「李氏藏書山房」，而蘇子瞻爲之記。

（輯自類苑卷九，又見澠水燕談録卷九）

466歐陽文忠公使遼，其主每擇貴臣有學者押宴，非常例也。且曰以公名重今代故耳〔一〕。其爲外夷敬伏如此也。

（輯自類苑卷九，又見澠水燕談録卷二）

〔一〕且曰以公名重今代故耳　「曰以」二字原脱，據澠水燕談録卷二補。

467王魏公與楊文公大年友善，疾篤，延大年於卧内，託草遺奏，言忝爲宰相，不可以將盡之言爲宗親求官，止叙平生遭遇之意。表上，真宗歎惜之，遽遣就第，取子弟名數録進〔一〕。

（輯自類苑卷一二，并見五朝言行録卷二之四）

〔一〕取子弟名數録進　「弟」字原脱，據五朝言行録卷二之四補。

468吕文仲，歙人，爲中丞，有陰德。咸平中，鞫曹南滑民趙諫獄，諫豪於財，結士大夫，根蒂特固。忽御寶封軒裳姓名七十餘輩，自中降出，皆昔委諫營產買妾者，悉令窮治。文仲從容奏曰：「更請察其爲人，密籍姓名，候舉選對歛之日，斥之未晚。」真宗從之。

（輯自類苑卷一三）

469 王文正太尉，局量寬厚，未嘗見其怒。飲食有不精潔者，但不食而已。家人欲試其量，以少埃墨投羹中，公唯啖飯而已。家人問其何以不食羹？曰：「我偶不喜肉。」一日，又墨其飯，公視之，曰：「吾今日不喜飯，可具粥。」

其子弟愬於公曰：「庖肉爲饔人所私，食肉不飽，乞治之。」公曰：「汝輩人料肉幾何？」曰：「一斤，今但得半斤食，其半爲饔人所廋。」公曰：「盡一斤，可得飽乎？」曰：「盡一斤，固當飽。」曰：「此後人料一斤半，可也。」其不發人過，皆類此。

嘗宅門壞，主者徹屋新之，暫於廊廡下啟一門以出入。公至側門，低據鞍，俯伏而過，都不問。門畢，復行正門，亦不問。

有控馬卒，歲滿辭公，公問：「汝控馬幾時？」曰：「五年矣。」公曰：「吾不省有汝。」既去，復呼回曰：「汝乃某人乎？」於是厚贈之。乃是逐日控馬，但見背，未嘗視其面。因去，見其背，方省。

（輯自類苑卷一三，并見古今事文類聚續集卷一〇）

470 熙寧二年十一月庚辰〔一〕，司馬光讀資治通鑑漢紀，至曹參代蕭何爲相國，一遵何故規，因言：「參以無事，鎮撫海内，得守成之道，故孝惠、高后時，天下晏然，衣食滋殖。」上曰：「使漢常守蕭何之法，久而不變，可乎？」光曰：「何獨漢也！夫道者，萬世無弊，夏、商、周之子孫，苟能常守禹、湯、文、武之法，雖至今存可也。武王克商曰：『乃反商政，政由舊。』雖周，亦用商政也。書曰：『毋作聰明，亂舊章。』然則祖宗舊法，何可變也？漢武帝用張湯之言，取高帝法紛更之，盜賊半天下；宣帝用高帝舊法，但擇良二千石使治民，而天下大治；元帝初立，頗改宣帝之政，丞相衡上疏言：『臣竊恨國家釋樂成之業，虚爲此紛紛也。』陛下視宣帝、元帝之爲政，誰則爲優？荀卿曰：『有治人，有治法。』故爲治在得人，不在變法也。」上曰：「人與法，亦相表裏耳。」光曰：「苟得其人，則無患法之不善；不得其人，雖有善法，失先後之施矣。故當急於求人，而緩於立法也。」

（輯自類苑卷一五）

〔一〕自此以下三條，從体例、内容觀之，似爲日記而非記聞。

471 壬午，呂惠卿講咸有一德，因言：「法不可不變，先王之法，有一歲一變者，『正月始和，布於象魏』是也；有五歲一變者，『五載一巡守』，『考制度於諸侯』是也；有一世一變者，『刑罰世輕世重』是也；有百世不變者，『父慈、子孝、兄友、弟恭』是也。前日，司馬光言漢守蕭何之法則治，變之則亂，臣竊以爲不然。惠帝除三族罪、妖言令、挾書律，文帝除收孥令，安得謂之不變哉？武帝以窮兵黷武，奢淫厚斂，而盜賊起；宣帝以總覈名實，而天下治；元帝以任用恭、顯，殺蕭望之，而漢道衰，皆非由變法與不變法也。夫以弊則必變，安得坐視其弊而不變邪？書所謂『無作聰明，亂舊章』者，謂實非聰明而强作之，非謂舊章不可變也。光之措意，蓋不徒然，必以國家近日多更張舊政，因此規諷。又以臣制置三司條例，及看詳中書條例，故發此論也。臣願陛下深察光言，苟光言爲是，則當從之；若光言爲非，陛下亦當播告之，修不匿厥旨，召光詰問，使議論歸一。」

上召光前，謂曰：「卿聞呂惠卿之言乎？惠卿之言如何？」光對曰：「惠卿之言，有是有非。惠卿言漢惠、文、武、宣、元治亂之體，是也。其言先王之法，有一歲一變，五歲一變，一世一變，則非也。『正月始和，布於象魏』者，乃舊章也，非一歲一變也。亦猶州長、黨正、族師於四孟月朔屬民而讀邦法也，豈得爲時變邪？天子恐諸侯變禮易樂，故五載一巡守，有變亂舊章者，則削黜之，非五歲一變法也。刑罰世輕世重者，蓋新國、亂國、平國，隨時而用，非一世一變也。且治天下，譬如居室，弊則修之，非大壞，不更造也。大壞而更造，必得良匠，又得美材，今二者皆無有，臣恐風雨之不庇也。講筵之官，皆在此，乞陛下問之。三司使掌天下財，不才而黜可也，不可使兩府侵其事，今爲制置三司條例司，何也？宰相以道佐人主，安用例？苟用例而已，則胥史足矣。今爲看詳中書條例司，何也？」惠卿曰：「司馬光備位侍從，見朝廷事有未便，即當論列。有官守者，不得其守則去；有言責者，不得其言則去，豈可但已？」光曰：「前者，詔書責侍從之臣言事，臣嘗上疏，指陳得失，如制置條例司之類，盡在其中，未審得進達聖聽否？」上曰：「見之。」光曰：「然則臣不爲不言也。至於言不用而不去，此則臣之罪也。惠卿責臣，實當其罪，臣不敢逃。」上曰：「相與共講是非耳，何至乃爾。」王珪進曰：「司馬光所言，蓋以朝廷所更之事，或爲利甚少、爲害甚多者，亦不必更耳。」因目光令退。

王珪進讀史記，光進讀資治通鑑畢，降階，將退，上命遷坐敦於門内御榻之前，皆命就坐。王珪禮辭，不許，乃皆再拜而坐。左右皆避去，上曰：「朝廷每更一事，舉朝士大夫詾詾皆以爲不可，又不能指名其不便者，果何事也？」珪對曰：「臣疏賤，在闕門之外，朝廷之事不能盡知，借使聞之道路，又不能知其虛實也。」上曰：「據所聞言之。」光曰：「朝廷散青苗錢，兹事非便。今閭里富民乘貧者乏無之際，出息錢以貸之，俟其收穫，責以穀麥。貧者寒耕熱耘，僅得斗斛之收，未離場圃，已盡爲富室奪去。彼皆編户齊民，非有上下之勢、刑罰之威，徒以富有之故，尚能蠶食細民，使之困瘁，况縣官督責之嚴乎？臣恐細民將不聊生矣。」呂惠卿曰：「司馬光不知，此事彼富室爲之，則害民；今縣官爲之，乃所以利民也。昨者，青苗錢令民願取者則與之，不願者不强也。」光曰：「愚民知取債之利，不知還債之害，非獨縣官不强，富民亦不强也。臣聞作法以貪，弊將若何？昔太宗平河東，立和糴法，時米斗十餘，草束八錢，民樂與官爲市。其後物貴，而和糴不解，遂爲河東世世患。臣恐異日之青苗，亦如河東之和糴也。」上曰：「陝西行之久矣，民不以爲病也。」光曰：「臣陝西人也，見其病，不見其利。朝廷初不許也，而有司尚能以病民，况今立法許之乎？」

上曰：「坐倉糴米，何如？」王珪等皆起對曰：「坐倉甚不便，朝廷近罷之，甚善。」上曰：「未嘗罷也。」光曰：「今京師有七年之儲，而錢常乏。若坐倉，錢益乏，米益陳，奈何？」惠卿曰：「坐倉得米百萬石，則歲減東南百萬之漕，以其錢供京師，何患無錢？」光曰：「東南錢荒而米狼戾，今不糴米而漕錢，棄其有餘，取其所無，農末皆病矣。」侍講吴申起曰：「光言至論也。」光曰：「此皆細事，不足煩聖慮，陛下但當擇人而任之，有功則賞，有罪則罰，此則陛下職也。」上曰：「然。『文王罔攸，兼於庶言，庶獄庶慎，惟有司之牧夫』，正謂此也。」

上復與衆人講論治道，至晡後，王珪等請起，上命賜湯，復謂光曰：「卿勿以嚮者吕惠卿之言，遂不慰意。」光對曰：「不敢。」遂退。

（輯自類苑卷一五）

472 七年十二月戊辰，端明殿學士司馬光上資治通鑑五代紀三十卷。資治通鑑自治平三年置局，每修一代史畢，上之。至是書成，總二百九十四卷，目録、考異各三十卷。上諭輔臣曰：「前代未嘗有此書，過荀悦漢紀遠矣。」輔臣請觀之，遂命付三省，仍令速進入。以光爲資政殿學士，降詔獎諭。

（輯自類苑卷一五）

473 舊制，文武羣臣由一命而上，自外至京，必先詣正衙，見訖，乃得入見。辭謝，亦如之。太祖皇帝御極之初，親總庶務，嘗驛召一邊臣入對，將授以方略，訝其到闕已數日而未見。左右或奏以未過正衙，太祖意不平之，乃令自今皆入見謝畢，乃得詣正衙，遂爲定制。

（輯自類苑卷二八）

474 崔翰，京兆人，以鎮安軍節度使充高陽關都部署。召還，以疾留京師。疾間，請見上曰：「臣以身許國，不願死於家。」太宗壯之，復令之任。翰驍勇，有方略，所至立功。

（輯自類苑卷五三）

475 趙延進屯定州，契丹入寇，與崔翰、李繼隆將兵八萬，太宗賜八陣圖，使按圖從事。歸次蒲城，虜大至，翰等按圖布陣，相去各百步，衆懼，無鬬志。延進曰：「不如合而擊之，違令而獲利，不猶愈於辱國乎？」遂改爲二陣，三戰，大破之，獲人馬、牛羊、鎧甲數十萬，遷右監門衛將軍。

（輯自類苑卷五六）

476 王章惠公隨知揚州，許元以舉子上謁，自陳世家，乃唐許遠之後。章惠率同僚上表，薦其忠烈之家，乞朝廷推恩，而通判已下〔一〕，皆不從。章惠遂獨狀薦之，朝廷以爲郊社齋郎。元有材謀，曉錢穀，爲江淮制置發運判官，以至爲使，凡十餘年，號爲能臣，終天章閣待制。

（輯自類苑卷五七）

〔一〕通判　「通」原作「道」，據文意改。

477 富公知青州，州歲穰，而河朔大飢，飢民東流。公以爲從來拯飢，多聚之州縣，人既猥多，倉廩不能供，散以粥飯，欺弊百端。由此人多餓死，死者氣熏烝，疾役隨起，居人亦致病斃。是時方春，野有青菜，公出榜要路，令飢民散入村落，使富民不得固陂澤之利，而等級出米以待之。民重公令，米穀大積，分遣寄居閑官往主其事，間有健吏，募流民中有曾爲吏胥走隸者，皆倍給其食，令供簿書、給納、守禦之役，借民倉以貯，擇地爲場，堀溝爲限，與流民約，三日一支，出納之詳，一如官府。公推其法於境内，吏之所在，手書酒炙之饋日至，人人忻戴，爲之盡力。比麥熟，人給路糧遣歸。餓死者無幾，作叢冢葬之。其間强壯堪爲禁卒者，募得數千人，面刺「指揮」二字，奏乞撥充諸軍。時朝中有與公不相能者，持之不報，人爲公憂之。公連上章懇請且待罪，乃得報。自是天下流民處，多以青州爲法。

（輯自三朝言行録卷二之二）

478 二月戊辰朔，詔天下貢舉人自今止令逐州解頭入見。時舉人羣見，進止多不如儀，而民有繅化隆、高惟志者，又輒闌入殿廷獻封事也。舉人進止多不如儀，據司馬光記聞增入。

（輯自長編卷一二一寶元元年二月戊辰）

479 梁適與任中師有姻，知其賂吕夷簡事，明往視之，曰：「宜繩子舍。」未幾，修注。

（輯自長編卷一三二慶曆元年六月壬辰）

480 初，洺州肥鄉縣田賦不平，久莫能治，轉運使楊偕患之。大理寺丞郭諮曰：「是無難者，得一往，可立決也。」偕即以諮攝令，并遣祕書丞孫琳與共事。諮等用千步方田法四出量括，得其數，除無地之租者四百家，正無租之地者百家，收逋賦八十萬，流民乃復。及王素爲諫官，建議均天下田賦，歐陽脩即言諮與琳方田法簡而易行，願召二人者。三司亦以爲然，且請於亳、壽、汝、蔡四州擇尤不均者均之。於是遣諮與琳先往蔡州，首括上蔡一縣，得田二萬六千九百三十餘頃，均其賦於民。既而諮言州縣多逃田，未可盡括，朝廷亦重勞人，遂罷。琳，共城人也。記聞以爲執政不然其議，沮罷之。諮本傳以爲遭母喪去，今從食貨志。

（輯自長編卷一四四慶曆三年十月丁未。此條恐非記聞原文，録之備考）。

481 己丑，詔古渭寨修城卒權給保捷請受，仍以蕃官左班殿直訥支藺氊爲本地分巡檢，月俸錢五千，候一年能彈壓蕃部，即與除順州刺史。藺氊世居古渭州，密邇夏境，夏人牧牛羊於境上，藺氊掠取之。夏人怒，欲攻之。藺氊懼力不敵，因獻其地，冀得戍兵以敵夏人。范祥欲立奇功，亟往城之。藺氊先世跨有九谷，後寖衰，僅保三谷，餘悉爲他族所據。青唐族最强，據其鹽井，日獲利可市馬八匹。藺氊白祥，此本我地，亦乞漢家取之。祥又多奪諸族地，以招弓箭手，故青唐及諸族皆怒，舉兵叛。祥既坐責絀，張昇請棄古渭勿城。夏人復來言：「古渭州本我地，今朝廷置州於彼，違誓詔。」遣傳求制置糧草，專度其利害。求言：「今棄弗城，夏人必據其地，更爲秦州患，且已得而棄之，非所以强國威。按藺氊父祖皆受漢官，其地非夏人所有明甚，但當更名古渭寨，不爲州，以應誓詔爾。」即召青唐等族酋，諭以「朝廷今築城，實爲汝諸族守衛，而汝叛何也？」皆言：「官奪我鹽井及地，我無以爲生。」求曰：「今不取汝鹽井及地，則如何？」衆皆喜，聽命，遂罷兵。求乃割其地四分之三以畀青唐等族，卒城古渭，始加藺氈以爵秩。此段實録、正史極不詳，今悉用司馬光所記，稍刪潤之。

（輯自長編卷一七五皇祐五年閏七月己丑）

482 嘉祐四年秋七月丙申，太子中允王陶爲監察御史裏行。初，詔中丞韓絳舉御史，而限以資任，屢舉不應格。於是絳請舉裏行，以陶爲之，詔可。陶辭不受，詔强之，乃就職。……詔强陶使受，今從記聞。

（輯自長編卷一九〇。此條疑非記聞原文，録之待考。）

483 己酉，詔殿前馬步軍司皆置檢法官一人。先是，有禁卒妻、男皆爲人所殺，殿前副都指揮使許懷德以其夫爲不能防閑，謫配下軍。侍御史知雜事吴中復言：「三衙用刑多不中理，請置檢法官。」既從之，尋有言其非便者，復罷之。司馬記聞云：朝士魯有立上言非便，故罷之。當考。〔一〕

（輯自長編卷一九〇嘉祐四年七月己酉）

〔一〕原注所引記聞云云，顯非司馬光全文，今并録長編正文，待考。

484 自郭諮均税之法罷，論者謂朝廷徒恤一時之勞，而失經遠之慮。至皇祐中，天下墾田視景德增四十一萬七千餘頃，而歲入九穀乃減七十一萬八千餘石，蓋賦不均，故其弊如此。其後田京知滄州，均無棣田，蔡挺知博州，均聊城、高唐田，歲增賦穀帛之類，無棣總千一百五十二，聊城、高唐總萬四千八百四十七。既而或言滄州民不以爲便，詔輸如舊〔一〕。是日，復遣職方員外郎孫琳、都官員外郎林之純、屯田員外郎席汝言、虞部員外郎李鳳、祕書丞高本分往諸路均田，從中書門下奏請也。本獨以爲田税之制，其廢已久，不可復均。朝廷亦不遽止，後雖均數郡田，其於天下不能盡行。……今從會要及司馬光記聞

（輯自長編卷一九〇嘉祐四年八月己丑）

〔一〕詔輸如舊 「輸」原作「諭」，據長編卷一七七至和元年九月甲戌及宋史卷一七四食貨志上二改。

485 乙酉，罷諸路同提點刑獄使臣，置江南東西、荆湖南北、廣南東西、福建、成都、梓、利、夔路轉運判官。先是，同提點刑獄使臣或有竊公用銀器及樂倡首飾者，議者因言使臣多不習法令、民事，不可爲監司，故罷之。十一路舊止一轉運使，至是各增置判官，以三年爲一任。第二任知州人爲判官，滿一任與提點刑獄；初任知州若第二任通判爲判官，滿兩任亦如之。……今從記聞

（輯自長編卷一九二嘉祐五年八月乙酉）

486 甲戌，富弼起復禮部尚書、平章事、昭文館大學士、監修國史，弼辭不拜。故事，執政遇喪皆起復。弼謂金革變禮，不可用於平世。上五遣使起之，卒不從命。或言弼初與韓琦同在二府，左提右挈，圖致太平，天下謂之「韓、富」。既又同爲宰相，琦性果斷，弼性審謹。琦質直，語或涉俗。俗謂語多者爲「絮」。嘗議政事，弼疑難者數四，琦意不快，曰：「又絮邪！」弼變色曰：「絮是

何言與！」又嘗言及宰相起復故事，琦曰：「此非朝廷盛典也。」於是弼力辭起復，且言：「臣在中書，蓋嘗與韓琦論此，今琦處嫌疑之地，必不肯爲臣盡誠敷奏，願陛下勿復詢問，斷自宸慮，許臣終喪。」琦見之不樂，自是二人稍有間云。此據司馬氏記聞及蘇氏別志，又參取弼所上劄子。

（輯自長編卷一九三嘉祐六年六月甲戌）

487 庚子，工部尚書、平章事、集賢殿大學士韓琦加昭文館大學士、監修國史，樞密使、禮部侍郎曾公亮爲吏部侍郎、平章事、集賢殿大學士，右諫議大夫、參知政事張昪爲工部侍郎，加檢校太傅，充樞密使。上既許富弼終喪，乃遷琦首相。或謂琦曰：「富公服除，當還舊物。公獨不可辭昭文以待富公邪？」琦曰：「此位安可長保。比富公服除，琦在何所矣。若辭昭文以待富公，是琦欲長保此位也，使琦何辭以白上？」聞者亦是琦言。此段據記聞。

（輯自長編卷一九五嘉祐六年閏八月庚子）

488 嘉祐初，琦與富弼同相，或中書有疑事，往往私與樞密院謀之。自弼使樞密，非得旨令兩府合議者，琦未嘗詢於弼也，弼頗不懌。及太后還政，遽撤東殿簾帷，弼大驚，謂人曰：「弼備位輔佐，他事固不敢預聞，此事韓公獨不能與弼共之邪？」或以咎琦，琦曰：「此事當時出太后意，安可顯言於衆？」弼自是怨琦益深。富弼怨韓琦事，據司馬氏記聞。

（輯自長編卷二〇一治平元年五月戊申）

489 韓維說慈壽將歸政，潁王謂維及孫思恭曰：「慈壽欲爲曹佾求使相。」二人不應。王竟使王陶達意於政府，果得之。他日，二人獨見，維以是戒王曰：「今陛下已親政，內外上下事體已正，當專心孝道，均養三宮而已，他事勿預也。」

（輯自長編卷二〇一治平元年五月丙辰。長編卷二〇二治平元年六月戊午記此事，云「據司馬氏日記」）

490 工部郎中、祕閣校理、同修起居注、直舍人院錢藻罷直舍人院。御史中丞鄧綰言：「馮京爲性庸很，朋邪徇俗，疾害聖政。陛下寬仁不誅，守藩未幾，復移邊帥。而藻代陛下作訓誥，乃稱京『執正不回，一節不撓』，又云『大臣進退，繫時安危』。京在政府，曾無補益，惟退有後言，何謂一節？且京罷政踰歲，豈嘗有危？藻專事諂諛，乞加黜責。」上從之。綰知王安石惡京，又恐京復用，故爲此以附會安石也。此據司馬記聞及魏泰東軒録。

（輯自長編卷二七〇熙寧八年十一月己卯，又見温公瑣語）

491 凡朝士繫獄者，〔蔡〕確令獄卒與之同室而處，同席而寢，飲食旋溷，共在一室。置人盆於前，凡饋食者，羹飯餅餌，悉投其中，以杓勻攪分飼之，如犬豕。置不問。故繫者幸得其問，無罪不承。此據司馬記聞。

（輯自長編卷二八九元豐元年四月乙卯，又見温公瑣語）

492 韓魏公帥定武時，夜作書，令一侍兵執燭於旁。侍兵他顧，燭燃公鬚，遽以袖麾之，而作書如故。少頃，回視，已易其人。公恐主吏鞭之，亟呼曰：「勿易之，渠方解持燭矣。」軍中感服。

（輯自古今事文類聚別集卷一六，并見合璧事類備要別集卷五四）

493 太祖皇帝潛龍時，雖屢以善兵著奇功，而天性不好殺，故受命之後，其取江南也，戒曹秦王、潘鄭王曰：「江南本無罪，但以朕欲大一统，容他不得，卿等至彼，慎勿殺人。」曹潘兵臨城，久之不下，乃草奏曰：「兵久無功，不殺無以立威。」太祖覽之，赫然批還其奏曰：「朕寧不得江南，不可輒殺人也。」逮批詔到，而城已破。契勘城破，乃批奏狀之日也。

（輯自宛委山堂本説郛卷四九，然以下四條商務印書館本説郛卷九均未收録，或非記聞佚文）

494 太祖皇帝即位後，車駕初出，過大溪橋，飛矢中黄繖，禁衛驚駭，帝披其胸，笑曰：「教射！教射！」既還内，左右啓捕賊，帝不聽，久之亦無事。

（輯自宛委山堂本説郛卷四九）

495 建隆間，竹木務監官患所積財植長短不齊，乞剪截俾齊整。太祖批其狀曰：「汝手足指寧無長短乎？胡不截之使齊？長者任其自長，短者任其自短。」御批宣和中予親戚猶有見者。〔一〕

（輯自宛委山堂本説郛卷四九）

〔一〕御批宣和中予親戚猶有見者　司馬光卒於元祐元年，記聞中不當有記宣和事之語。

496 國初宰執大臣，有前朝與太祖俱北面事周，仍多在己上，一日即位，無所易置，左右驅使，皆委靡聽順，無一人敢偃蹇者。始聽政，有司承舊例，設宰相以下坐次，即叱去之。

（輯自宛委山堂本説郛卷四九）

附録二

温公日記

1 王太尉不置田宅，曰：「子孫當各念自立，何必田宅？置之，徒使争財爲不義耳。」

（輯自五朝言行録卷二之四）

2 晏公殊父本撫州手力節級，晏公幼能爲文，李虚己知滁州，一見奇之，許妻以女，因薦於楊大年，大年以聞，時年十三。真宗面試詩賦，疑其宿成，明日再試，文采愈美。上大奇之，即除祕書省正字，令於龍圖閣讀書，師陳彭年。陳彭年亦撫州人，有文學而姦邪，丁謂薦之，置上左右，使其譽己。

（輯自五朝言行録卷六之三）

3 英宗之喪，歐陽公於衰絰之下服紫地皂花緊絲袍以入臨。劉庠奏乞貶責，上遣使語歐陽公使易之，歐陽公拜伏面謝。

（輯自三朝言行録卷二之二）

4 歐陽公長子發，娶沖卿之女。郎中薛良孺，歐陽之妻族也，前歲坐舉官不當被劾，遷延踰南郊敕，冀以脱罪。歐陽避嫌，上言請不以赦原。良孺由是怨之，揚言於衆云：「歐陽公有帷薄之醜。」朝士以濮議故多疾歐陽，由是流布遂廣。先是，臺官既以紫袍事劾奏歐陽，朝廷不行，蔣之奇遂以此事上殿劾之，仍言某月日中丞彭思永爲臣言。上以爲無是事，之奇伏地叩頭，固請以其奏付密院。於是，永叔及冲卿皆上章自辨。後數日，復取其奏以入。因謂執政曰：「言事者以閨門曖昧之事中傷大臣，此風漸不可長。」乃命之奇、思永分析，皆無以對，俱坐謫官，仍敕榜朝堂。先是，之奇盛稱濮議之是以媚脩，由是薦爲御史。既而，反攻脩。脩尋亦外遷，故其謝上表曰：「未乾薦禰之墨，已關射羿之弓。」

（輯自三朝言行録卷二之二）

5 熙寧二年，潞公爲樞密使，陳升之拜相，以公宗臣，詔升之位公下。公言：「國朝樞密使無位宰相上者，獨曹利用嘗在王曾、張知白上，卒取禍敗。臣忝文臣，粗知義理，不敢紊亂朝著。」上從之。

（輯自三朝言行録卷三之一）

6 于尼父師旦，密人，本選人，屢以贓失官，編管在蔡。尼嘗適人生子，後爲二鬼所憑，言事或有驗，遂爲尼名惠普，士庶遠近輻湊，以佛事之。嘗因宦者言，邵亢、石全彬、富弼、李柬之、肅之宜爲輔相，皆常敬之者也。柬之姪女二人事之，王樂道命李氏甥爲其母首傳習妖教。收下獄，詔京東差官按之，得諸公書，自韓、曾以下皆有之，文公獨無。上問其故，公曰〔一〕：「臣但不知耳，知之亦當有書。」時人美其分謗。

（輯自三朝言行録卷三之一，并見古今事文類聚别集卷二一）

〔一〕公曰　「公」原作「文」，據事文類聚别集卷二一改。

7 神宗問政府地震之變，曾公曰：「陰盛。」上曰：「誰爲陰？」曾公曰：「臣者君之陰，子者父之陰，婦者夫之陰，夷狄者中國之陰，皆宜戒之。」上問〔吴〕長文，長文曰：「但爲小人黨盛耳。」上不懌。

（輯自三朝言行録卷三之三）

8 趙悦道曰：介甫每有中使宣召，及賜予所贈之物，常倍舊例，陰結内侍都知張若水、押班藍元振，因能固上之寵。上使中使二人潛察府界青苗，還，皆言民便樂之，故上堅行，盛崇介甫，用之不疑。

9 又曰：晦叔罷中丞之日，上諭執政曰：「王子韶言青苗實不便，但臣先與此議，不敢論列。小人首鼠兩端，當黜之。」介甫德其獨不叛己，至今未黜也。

（以上兩條輯自三朝言行録卷五之二）

10 先是，王純臣爲潤王宫教授，數譽濮王之子某之賢，於兄伯庸且曰：「某幼時，上養之如子，其妃高氏，曹后之甥也，字洮洮，幼亦在宫爲養女。上嘗戲謂后曰：『他日當以洮洮嫁某，吾二人相與爲姻家。』又曰：『洮洮異日有皇后分。』既長，出宮，遂成昏。若勸上建以爲嗣，勢易助也。」由是政府皆屬心。文公又使任乃孚往來與景仁謀。上初甚開納，已而爲宦官宮妾所間，浸有難意。兩府共議其事，樞密使王德用舉手加頂曰：「若立太子，置此菩薩於何地？」由是議亦不合，事浸沮壞。景仁數問文公，文公曰：「事不諧矣。」景仁曰：「奏疏何在？」曰：「焫之矣。」於是景仁凡上六七章，不報，及家居待罪，乞落諫職除己蜀一郡，時八月也。又上六七章，不報。及出，復録前後所上章，乞對面陳之，且求外補，上許之。景仁乞使中使傳宣中書，上令景仁自語之。富公曰：「已不用嘉謀，又出諫官，不可。」未幾，乃有修撰之命。

（輯自三朝言行録卷五之五）

11 治平四年，以介甫知江寧府。時介甫方乞分司，衆謂介甫必不肯起。既而，詔到即詣府視事。

（輯自三朝言行録卷六之二）

12 壬午，延和登對，言高居簡不宜在左右。因曰：「先帝初立，左右惕息，因居簡以諂自入，故晚年復張。陛下登極，中外頌美，首以留此四人爲失。」上曰：「祔廟畢，自當去。」曰：「閨閫小臣，何與山陵先後？彼知當去，而置肘腋，尤非宜。舜去四凶，不爲不忠；仁宗貶丁謂，不爲不孝。居簡狡猾膽大，不惟離間君臣，恐令陛下母子、兄弟、夫婦皆不寧也。」上命留劄，光請以付密院，上從之。癸巳，崇政登對，言臣與居簡勢難兩留，乞罷中丞、除外任。上曰：「今日已令出外矣。」光曰：「凡左右之臣，不須才智，謹朴小心不爲過則可矣。」

（輯自三朝言行録卷七）

13 壬寅，延和登對，言張方平參政姦邪，貪猥不叶物望，仁宗知之，故不用；不然，方平兩登制科，在兩府久矣。上作色曰：「朝廷每有除拜，衆言輒紛紛，非朝廷好事。」光曰：「此乃朝廷好事也。知人，帝堯所難，況陛下新即位，萬一用姦邪，臺諫循嘿不言，陛下何從知之？此乃朝廷好事也。若其競來論列，陛下可以察其是非：若所言公當，雖制命已行，亦當追寢；若挾私非是，自可罪言者。」既退，其暮復以一劄言方平。

癸卯，聞予還翰林兼侍讀，滕元發權中丞，晦叔封駁言：「光在臺舉職，不宜遽罷，甫非光之比」。

十月丙午朔，詔閤門召光及甫受命，光奏：「臣論張方平若當，方平當罷；不當，臣當貶，不可兩無所問。間臣更加美職，心所未安，不敢祇受。」晚際，上賜手詔敦喻，光上奏謝。丁未，受敕告。

（輯自三朝言行録卷七）

14 甲寅，余初赴經筵，上自製自書資治通鑑序以授光，光受讀，降，再拜。讀三家爲諸侯論，上顧禹玉等，稱美久之。

（輯自三朝言行録卷七）

15 邇英留對。是日，光讀資治通鑑，賈山上疏言秦皇帝居滅絶之中不自知事，因言從諫之美，拒諫之禍。上曰：「舜聖讒説殄行，若臺諫欺罔爲讒，安得不黜？」光曰：「進讀及之耳，時事臣不敢論也。」及退，上留光謂曰：「呂公著言藩鎮欲興晉陽之甲，豈非讒説殄行也？」光曰：「公著平居與儕輩言，猶三思而發，何故上前輕發乃爾！外人多疑其不然。」上曰：「此所謂静言庸違者也。」光曰：「公著誠有罪，不在今日。向者朝廷委公著專舉臺官，公著乃盡舉條例司之人，與條例司斥相表裏，使熾張如此，乃始逼於公議，復言其非，此所可罪也。」上言安石不好官職及自奉養，可謂賢者。光曰：「安石誠賢，但性不曉事而愎，此其短也。又不當信任呂惠卿，惠卿真姦邪而爲安石謀主，安石爲之力行，故天下并指安石爲姦邪也。」上曰：「今天下洶洶者，孫叔敖所謂『國之有是，衆之所惡』也。」光曰：「然。陛下當審察其是非，然後守之。今條例司所爲，獨安石、韓絳、呂惠卿以爲是，天下皆以爲非也。陛下豈能獨與此三人共爲天下邪？」遂退。

（輯自三朝言行録卷七）

16 上問：「近相陳升之，外議云何？」光對：「陛下擢用宰相，臣愚賤，何敢與？」上曰：「第言之。」光曰：「今已宣麻，誕告中外，臣雖言，何益？」上曰：「雖然，試言。」光曰：「閩人狡險，楚人輕易。今二相皆閩人，二參政皆楚人，必將援引鄉黨之士，充塞朝廷，天下風俗，何以更得淳厚？」上曰：「然今中外大臣更無可用者，獨升之有才智，曉民政邊事，它人莫及。」光曰：「升之才智，誠如聖旨，但恐不能臨大節而不可奪耳。昔漢高祖論相，以爲王陵少戇，陳平可以輔之。平智有餘，然難獨任。真宗用丁謂、王欽若，亦以馬知節參之。凡才智之士，必得忠直之人從旁制之，此明主用人之法也。」上曰：「然。升之朕固已誡之。」光曰：「富弼老成，有人望，其去可惜。」上曰：「朕所以留之至矣，彼堅欲去。」光曰：「彼所以欲去者，蓋以所言不用，與同列不合故也。」上曰：「若有所施爲，朕不從而去可也。自爲相，一無施爲，唯知求去，彼信于尼之言，云『雖親，國家事亦勿與知』故也。」上又曰：「王安石何如？」光曰：「人言安石姦邪，則毁之太過，但不曉事又執拗耳，此其實也。」上曰：「韓琦敢當事，賢於富弼，但木强耳。」光曰：「琦實有忠於國家之心，但好遂非，此其所短也。」上因歷問羣臣，至吕惠卿，光曰：「惠卿憸巧非佳士，使安石負謗於中外，皆惠卿所爲也。近日不次進用，大不合衆心。」上曰：「惠卿明辨，亦似美才。」光曰：「惠卿文學辨慧，誠如聖旨，然用心不端，陛下更徐察之。江充、李訓若無才，何以動人主？」上因論臺諫天子耳目，光曰：「臺諫天子耳目，陛下當自擇人。今言執政短長者皆斥逐之，盡易以執政之黨，臣恐聰明將有所蔽蒙也。」上曰：「諫官難得，卿更爲擇其人。」光退，而舉陳薦、蘇軾、王元規、趙彦若。

（輯自三朝言行録卷七）

17 庚申，延英進讀通鑑三葉畢，上更命讀一葉半。讀至蘇秦約六國從事，上曰：「蘇秦、張儀掉三寸舌，乃能如是乎？」光對曰：「秦、儀爲從横之術，多華少實，無益於治。臣所以存其事於書者，欲見當時風俗，專以辨説相高，人君委國而聽之，此所以謂利口之覆邦家者也。」上曰：「朕聞卿進讀，終日忘倦。」光曰：「臣空疎無取，陛下每過形獎飾，不勝惶懼。」上曰：「卿進讀，每存幾諫。」光對曰：「非敢然也，欲陳著述之本意耳。」

（輯自三朝言行蘼卷七）

18 呂晦叔曰：昨使契丹，虜中接伴問副使狄諮曰：「司馬中丞今爲何官？」諮曰：「今爲翰林學士兼侍讀學士。」虜曰：「不爲中丞邪？聞是人甚忠亮。」晦叔以著於語録。

（輯自三朝言行録卷七）

19 上謂晦叔曰：「司馬光方直，其如迂闊何？」晦叔曰：「孔子上聖，子路猶謂之迂；孟軻大賢，時人亦謂迂闊，況光豈免此名？大抵慮事深遠，則近於迂矣，願陛下更察之。」

（輯自三朝言行録卷七）

20 八日，垂拱登對，乞知許州或西京留司御史臺、國子監。上曰：「卿何得出外？朕欲申卿前命，卿且受之。」光曰：「臣舊職且不能供，求外補，況敢當進用！」上曰：「何故？」光曰：「臣必不敢留。」上沉吟久之，曰：「王安石素與卿善，卿何自疑？」光曰：「臣與王安石素善，但自其執政，違忤甚多。今忤安石者，如蘇軾輩，皆毀其素履，中以危法。臣不敢避削黜，只欲苟全素履。臣善安石，豈如公著？安石舉公著云何，後毀之云何？彼一人之身，何前是後非，必有不信者矣。」上曰：「安石與公著如膠漆，及其有罪，不敢隱其惡，乃安石之至公也。」上曰：「青苗已有顯效。」光曰：「茲事天下知其非，獨安石之黨以爲是爾。」上曰：「蘇軾非佳士，卿誤知之。鮮于侁在遠，軾以奏藁傳之。韓琦贈銀三百兩而不受，乃販私鹽及蘇木、甆器。」光曰：「凡責人當察其情，軾販鬻之利，豈能及所贈之銀乎？安石素惡軾，陛下豈不知？以姻家謝景温爲鷹犬使攻之，臣豈能自保，不可不早去也。且軾雖不佳，豈不勝李定？定不服母喪，禽獸之不如，安石喜之，欲用爲臺官。」

（輯自三朝言行録卷七）

21 介甫與晦叔素親，患臺諫多横議，故用晦叔爲中丞。既而，天下皆患條例司爲民害，晦叔乃復言條例不便。介甫以晦叔叛己，怨之尤深。已而，上語執政，吕公著嘗言韓琦將興晉陽之中，以除君側之惡。介甫因用此爲晦叔罪，除知潁川。次道當爲告詞，介甫使之明著其語，次道但云「敷奏失實，援據非宜」，介甫怒，明日進呈改之。晦叔素審謹，實無此語。咸云：莘老嘗爲上言，今藩鎮大臣如此論列而遭挫折，若當唐末、五代之際，必有興晉陽之甲以除君側之惡者矣。上誤記以爲晦叔也。

（輯自三朝言行録卷八之一）

22 曾子固罷檢討，以錢醇老代之。元素曰：「曾公知山陰，賤市民田數十頃，爲人所訟。曾易占時在越幕，説守倅曰：『曾宰高科，它日將貴顯，用兹事敗之可惜。父會爲明守，衰老，宜與謀，俾代其子任咎。』守倅從之。會由是坐贓追停，曾公猶以私坐監當，深德易占。後易占以信州縣宰坐贓，英州編管，亡匿於曾公别墅，會赦，自出，俾子固訟冤，再劾，復往英州，因死焉。子固時不奔喪，爲鄉議所貶，介甫爲作辨曾子以解之。子固及第，鄉人作感皇恩道場，以爲去害也。子固好依漕勢以陵州，依州陵縣，依縣陵民。」

（輯自三朝言行録卷九之一）

23 謝景温言：「范鎮舉蘇軾爲諫官，軾向丁憂，多占舟舡，販私鹽、蘇木；及服闋入京，多占兵士。」介甫初爲政，每贊上以獨斷，上專信任之。軾爲開封府試官，策問進士以「晉武平吴以獨斷而克，苻堅伐晉以獨斷而亡；齊桓專任管仲而霸，燕噲專任子之而敗，事同而功異，何也？」介甫見之不悦。軾弟轍辭條例司，言青苗不便，介甫尤怒。乃定制策登科者不復試館職，以軾、轍兄弟故也。軾有表弟，選人，素與軾不叶，介甫使人召之，問軾過失，其人言向丁憂販私鹽、蘇木等事。介甫雖銜之，未有以發之。軾又數上章言時政得失，今春擬進士策，皆譏刺介甫。及詔兩制舉諫官，衆論以爲當今宜爲諫官者，無若傅堯俞、蘇軾，故舉堯俞者六士人，而景仁舉軾。景温恐軾爲諫官，攻介甫之短，故以榜語力排之。介甫下淮南、江南東西、荆湖北、夔州、成都六路轉運司體量其狀。蓋軾眉州人，其入京也，適本州迎新守，軾因帶以來耳。

（輯自三朝言行録卷九之二）

24 傅堯俞權鹽鐵副使。堯俞初除服入都，未見介甫，介甫屢召之。既見，語及青苗，堯俞以爲不便，介甫即不悦，自是惡之。及此除命，介甫以爲資淺，且令權發遣。曾公以爲堯俞曾任知雜御史，資不淺，乃正除副使。介甫退有密啟。明日，勑已降閤門，有旨復收入，晚批出與權。曾公復争之，上曰：「堯俞知雜不到官，且爲人弛慢。」曾公請弛慢之狀，上曰：「觀其面，即見弛慢之狀。」

（輯自三朝言行録卷一〇之三）

25〔王〕祜坐以百口保大名節度使符彦卿非跋扈，逆上意，故貶。

（輯自長編卷一六開寶八年十二月癸亥）

26宋敏求云：廷美之貶，元佐請其罪，由是失愛。

（輯自長編卷二六雍熙二年九月）

27劉攽言：李遵勖坐無禮於長公主之乳母，降授均州團練副使。真宗欲救之，先召長公主，欲觀其意，語之曰：「我有一事欲語汝而未敢。」主驚曰：「李遵勖無恙乎？」因流涕被面，僵仆於地，乃不果殺。及李淑受詔撰長公主碑，先宣言赦李遵勖事尤美，不可不書。諸子聞之懼，重賂淑，不果書。

（輯自長編卷七五祥符四年四月壬子）

28先是，馮拯以兵部尚書判都省，上欲加拯吏部尚書、參知政事，召學士楊億使草制，億曰：「此舍人職也。」上曰：「學士所職何官？」億曰：「若樞密使、同平章事，則制書乃學士所當草也。」上曰：「即以此命拯。」拯既受命，樞密領使者凡三人，前此未有，人皆疑怪，曹利用、丁謂因各求罷。上徐覺其誤，召知制誥晏殊語之，將有所易置。殊曰：「此非臣職也。」遂召錢惟演，惟演入對曰：「馮拯故參知政事，今拜樞密使，當矣。但中書不當止用李迪一人，盍遷曹利用或丁謂過中書？」上曰：「誰可？」惟演曰：「丁謂文臣，過中書爲便。」又言：玉清昭應宫未有使，謂首議建宮，宜即令領此。又言：曹利用忠赤，有功國家，亦宜與平章事。上曰：「諾。」庚午，以樞密使、吏部尚書丁謂平章事，樞密使、檢校太尉曹利用加同平章事，皆用惟演所言也。此段參取錢氏及司馬氏日記修入。

（輯自長編卷九六天禧四年七月庚午）

29 己酉，鄜延路鈐轄司言：「趙山遇遣人至金明縣，與都監李士彬約降，已令却之。」詔鈐轄司及環慶、涇原、麟府等路，各謹斥候，如山遇復遣人至，但令士彬以己意約回，務令邊防安静。

初，趙元昊悉會諸族酋豪，刺臂血和酒，置髑髏中共飲之，約先寇鄜延，欲自德靖、塞門、赤城路三道並入。酋豪有諫者，輒殺之。山遇者，元昊從父也，數止元昊，不聽。山遇畏誅，先遣人持僞誥詣士彬，欲自將兵扼黄河南渡，發部落内屬，而挈其妻入野利羅、子呵遇及親屬三十二人，以珍寶名馬來降。是月庚子，至保安軍，知保安軍朱若吉以告知延州郭勸，勸與鈐轄李渭狐疑不敢受。先是，山遇等預寄珍寶於士彬以萬數，勸詰士彬，士彬利其物，答云無有，且言未嘗招誘之。勸、渭亦以爲，自德明納貢四十年，有内附者未嘗留，共議遣還，仍約束緣邊勿受降者。於是奏入，因降此詔。

勸、渭尋遣山遇還，山遇不可，即命監押韓周執山遇等送元昊。至攝移坡，元昊集騎射兵射而殺之。

山遇名惟亮，與弟惟永分掌左右廂兵，其從弟惟序亦親近用事。山遇有勇略，國人向之。元昊惡其不從己，嘗語惟序曰：「汝告山遇反，吾以山遇官爵與汝；不然，俱族滅矣。」惟序不忍，更以告山遇。山遇欲來降，與惟永謀，惟永曰：「南朝無人，不知兀卒所爲，將不信兄，兄必交困。」山遇曰：「事已至此，無可奈何。若南朝有福，則納我矣。」遂告其母，母曰：「汝自爲計。我年八十餘，不能從汝去，爲汝累，當置我室中，縱火焚之。」山遇等涕泣如母言。及爲韓周所執，號哭稱冤。周見元昊於宥州，元昊衣錦袍，黄緜胡帽，不肯受山遇等，曰：「延州誘我叛臣，我當引兵赴延州，於知州廳前受之。」周説諭良久，乃肯受。

時元昊自稱兀卒已數年，兀卒者，華言「青天子」也，謂中國爲「黄天子」。元昊既殺山遇，遂謀僭號。山遇兄弟姓名，並據司馬光日記韓周所言。周又言山遇妻李氏先自殺，然山遇因與妻入野利羅來降，恐周所言或未審，今削此段不著。

（輯自長編一二二寶元元年九月己酉）

30 樞密直學士、右諫議大夫、知益州任中師，龍圖直學士、給事中、知河南府任布，並爲樞密副使。先是，布數上書論事，帝欲用之，吕夷簡薦中師才不在布下，遂俱擢任。或曰：中師前罷廣州，嘗納賂於夷簡。於是，樞密副使闕，上謂夷簡曰：「用諫議大夫任姓者。」蓋指布也。夷簡遽進中師名，上徐曰：「今在西川。」夷簡因言中師可用，乃並用兩人。此據日記

（輯自長編卷一三二慶曆元年五月辛未）

31 丙午，樞密副使、給事中任布罷爲工部侍郎、知河陽。布任樞密，純約自守，無所補，然數與

宰相吕夷簡忤，夷簡惡之。布長子遜，素狂愚，夷簡知之，乃怵使言事，許以諫官。遜即上書，歷詆執政大臣，見斥布不才。布見其書，匿之。夷簡又趣遜以書上，遜復上書罪匿者。上問知匿書者乃布也。布謝：「臣子少有心疾，其言悖謬，懼辱朝廷，故不敢宣布。」侍御史魚周詢因劾奏布不才之甚，其子具知，布遂罷去。遜尚留京師望諫官，夷簡尋以他事黜之。議者謂周詢引遜語逐其父，爲不知體云。夷簡怵遜使上書，此據日記。

（輯自長編卷一三七慶曆二年七月丙午）

32 甲午，復給荆王元儼所上公使錢。元儼領荆、揚二鎮，歲凡給緡錢二萬五千，西邊用兵，嘗納其半。上以元儼叔父之尊，不欲裁損，不踰年，復全給之。元儼用度無節，每預借數年俸料。翊善王涣上書諫以方有邊患，宜助朝廷節用度。元儼判其後曰：「愁殺人。」他日又諫，元儼復判曰：「仰翊善依舊翊善。」

（輯自長編卷一四一慶曆三年五月甲午）

33 先是，詔爲郭后於寺觀立影殿。都官員外郎、權發遣修造案陳昭素以其勞費，乃上言：「神御殿非古法，按禮當祔於祖姑，乞祔淑德皇后廟。」詔從之。

（輯自長編卷一八八嘉祐三年十月）

34 壬子，徙知揚州馮京知廬州。京前爲館職，與劉保衡鄰居，嘗以銀器從保衡貸錢，保衡無錢，轉以銀器質於人，代之出息；又嘗從保衡借什物以供家用，獄辭連及之。京，宰相富弼壻也。聞之自劾，乞徙小郡，故有是命。實録及京本傳並不載此，今從司馬氏日記。

（輯自長編卷一八九嘉祐四年三月壬子）

35 六月己卯，以去夜月食，出宮女百餘人，以應天變修陰教。

（輯自長編卷一八九嘉祐四年六月己卯）

36 翰林學士王珪上言：「聖體已安，皇太后乞罷權同聽政。」即命珪草還政書，既而不行。司馬光日記：十六日丁亥，珪乞皇太后還政。實録無其事。……今依日記載此，更須考詳。

（輯自長編卷一九八嘉祐八年四月丁亥）

37 詔：「山陵所用錢物，並從官給，毋以擾民。」詔雖下，然調役未嘗捐也。此據司馬光日記。

（輯自長編卷一九八嘉祐八年五月庚戌）

38 初，契丹主宗真母蕭氏愛少子宗元，欲以爲嗣。宗真之重熙二十三年，王拱辰報聘，宗真嘗爲拱辰言之。其明年，宗真死，洪基嗣立，以宗元爲皇太叔。洪基之清寧三年，蕭氏卒，宗元怙寵，益驕恣，與其相某謀作亂。及相某以貪暴黜，宗元懼，謀愈急。洪基知其謀，陰爲之備。

是月戊午，宗元從洪基獵於涼淀。洪基讓宗元先行，宗元不可，洪基先行，依山而左。宗元之子楚王洪孝以百騎直前射洪基，傷臂，又傷洪基馬，馬仆。其太師某下馬掖洪基，使乘己馬。殿前都點檢蕭福美引兵遮洪基，與洪孝戰，射殺之。洪基兵與宗元戰，宗元不勝而遁，南趣幽州，一日行五百里，明日自殺。

燕京留守耶律明與宗元通謀，聞其敗，領奚兵入城，授甲欲應之，副留守某將漢兵距焉。會使者以金牌至，遂擒斬明。洪基尋亦至，陳王蕭孝友等皆坐誅。

先遣來使者數人，悉宗元之黨也，過白溝，並以檻車載去誅之，獨蕭福延以兄福美有功得免。時清寧九年也。此據司馬光日記，其稱相某及太師某、副留守某，皆不得其名故也，當考。

（輯自長編卷一九九嘉祐八年七月戊辰）

39 己未，永昌郡夫人翁氏削一資。翁氏位有私身韓蟲兒者，自言常汲水，仁宗見小龍纏其汲綆而出，左右皆莫見，因召幸焉。留其金釧以爲驗，仍遺之物，蟲兒遂有娠。於是，踰十月不産，按問乃蟲兒之詐，得金釧於佛閣土中，乃蟲兒自埋之也。太后以諭輔臣，命杖蟲兒，配尼寺爲長髮，而翁氏坐貶。輔臣皆請誅蟲兒，太后曰：「置蟲兒於尼寺，所以釋中外之疑也。若誅蟲兒，則不知者必謂蟲兒實生子矣。」歐陽脩私記載此事尤詳，獨以蟲兒乃宮正柳瑤真之私身，與司馬光記不同，今從日記。

（輯自長編卷一九九嘉祐八年九月己未）

40 曹佾之除使相也，〔潁〕王欲使〔韓〕維等傳太后意於輔臣，維及〔孫〕思恭不可，王卒使〔王〕陶言之。維及思恭戒王曰：「陛下親總萬機，内外上下事體已正，王當專心孝道，均養三宮而已，他勿有所預也。」曹佾除使相在五月丙辰，維戒王事據司馬氏日記……然日記語太察察，今略加刪潤。

（輯自長編卷二〇二治平元年六月戊午。長編卷二〇一治平元年五月丙辰注引韓維戒潁王事，云乃「司馬光記聞載」。）

41 御史劉庠言：「禮：居喪不飲酒食肉。仁宗之喪，百官及諸軍朝晡皆給酒肉，京師羊爲之竭，請給百官素食。」禮官以爲然，執政不從。此據劉庠墓銘及司馬光日記。

（輯自長編卷二〇九治平四年正月己未）

42 乙丑，命知制誥宋敏求看詳減省銀臺司文字，都官員外郎王庭筠，太常博士、集賢校理劉瑾，殿中丞宋温其，著作佐郎錢長卿、曾布，前河西縣令杜純，並爲編敕删定官。庭筠嘗奏疏稱頌王安石所定謀殺刑名，而温其素爲王安石檢法，贊成其事者也。此據司馬光日記。

（輯自長編卷二一〇熙寧三年四月乙丑）

43 淮南轉運使、屯田郎中謝景温爲工部郎中兼侍御史知雜事。景温雅善安石，又與安石弟安國通姻。吕公著之爲中丞也，人謂景温必先舉御史，及公著罷，乃有此除。先是，安石獨對，問上曰：「陛下知今日所以紛紛否？」上曰：「此由朕置臺諫非其人。」安石曰：「陛下遇羣臣無術，數失事機，别置臺諫官，恐但如今日措置，亦不能免其紛紛也。」於是專用景温。司馬光日記云：「自是不復置中丞。」按，此時已除馮京中丞，但未到耳，陳薦權臺事。不知日記何以云耳，恐誤也。

（輯自長編卷二一〇熙寧三年四月辛巳）

44 〔陳〕襄雖論常平新法，而辭婉，故除官獨優。

（輯自長編卷二一〇熙寧三年四月癸未）

45 詔館閣校勘劉攽與外任。攽初考試開封，與王介甫争言，爲臺諫所劾，既贖銅，又罷考功及鼓院。至是求外任，王安石因之并逐攽。此據司馬光日記。汪應辰云：恐只是御史劾攽。

（輯自長編卷二一〇熙寧三年四月乙酉）

46司馬光讀資治通鑑張釋之論嗇夫利口，光曰：「孔子曰：『惡利口之覆邦家者。』利口何至覆邦家？蓋其人能以是爲非，以非爲是，以賢爲不肖，以不肖爲賢。人主苟以是爲非，以非爲是，以賢爲不肖，以不肖爲賢，則邦家之覆誠不難矣。」時呂惠卿在坐，光所論專指惠卿也。此據日記。

47癸卯，上批：「近以秀州軍事判官李定爲太子中允、權監察御史裏行，知制誥李大臨、蘇頌累格詔命不下，乃妄引詔中丞薦舉條，絶無義理，而頌於中書面乞明降特旨方敢命辭，洎朝廷行下，反又封還。輕侮詔命，翻覆若此，國法豈容！大臨、頌可並以本官歸班。」大臨及頌時皆爲工部郎中。

先是，宋敏求封還定辭頭，詔送别官，而頌當命辭。頌言：「本朝舊制，進補臺官，皆詔中丞、知雜與翰林學士於太常博士以上、中行員外郎以下，互舉曾任通判者，其未歷通判者，即須特旨方許薦爲裏行，倘非其人，或至連坐，所以重臺閣之選也。去歲詔旨，專令中丞舉官，雖不限資品，猶以京秩薦授。緣已有前詔，故人無間言。今定自支郡幕職官入居朝廷糾繩之任，超越資序，近歲未有。議者或曰：『唐世多自諸侯幕府入登臺省。』臣謂不然。在唐方鎮盛時，有奏辟郎官、御史以充幕府者，由此幕府增重。祖宗深鑒此弊，一切釐改，州郡僚佐皆從朝廷補授，大臣出鎮，或許辟

（輯自長編卷二一〇熙寧三年四月丁亥）

官，亦皆隨資注擬，滿歲遷秩，並循銓格，非復如唐世之比。而今之三院，事任又重於昔時。況定官未終，更非時召對，不由銓考，擢授朝列，不緣御史之薦，直寘憲臺，雖朝廷急於用才，度越常格，然隳紊法制，必致人言。其除官制，未敢具草。」詔再送舍人院，次至大臨，大臨亦封還。迺詔頌依前降指揮撰辭。頌又言：「祖宗之朝，或有起孤遠而登顯要者。蓋天下初定，士或棄草萊而不用，故不得不廣搜揚之路。自真宗、仁宗以來，雖幽人異行，亦不至超越資品。蓋承平之代，事有紀律，故不得不循用選授之法。今朝廷清明，俊乂並用，進任臺閣，動有成規，而定以遠州幕官，非有積累之資，明白之效，偶因召對，一言稱旨，即授御史，他日或有非常之人，又過於此，奏對稱旨，則復以何官處之？寖漸不已，誠恐高官要秩或可以歧路而致。謹案六典，中書舍人之職，凡詔旨制敕，皆案典故而起草；制敕既行，有誤則奏而正之。故前後舍人論列差除，用典故而蒙更正者非一。今三院御史須中丞、學士薦舉朝臣，乃典故也。或不應此，其敢無言？去歲以京官除授，所以無言者，以前有詔令故也。今若先立定制，許於幕職官中選擢三院，則臣等復有何言而敢違拒？朝廷以定才實非常，則當特與改官，別授職任，隨資超用，無所不可，不必棄越近制，處之憲綱也。若臣上懼嚴誅，靦顏起草，誠慮門下封駁；縱門下不舉，則言事之臣必須重有論列；或定畏議，固執不敢祗受。是臣一廢職事，而致議論互起，煩瀆聖聽，則臣之罪戾，死有餘責。」

上曰：「裏行本不計官資，故令于御史裏行，欲令止以判官出敕爲之。」衆以爲不可。安石曰：「已令改官，於義有何不可，而乃封還辭頭？若遂從之，即陛下威福爲私議所奪，失人君之道矣。」

既而，安石進呈舉御史新條，并録初立條時奏對語白上，曰：「胡宗愈以此爲臣私意，蓋不知陛下立此法時德音故也。」上曰：「李定誥須令草之。」安石曰：「陛下特旨，雖妨前條，亦當施行也。」曾公亮曰：「特旨固不當以條限，但不知定何如人，恐非常人乃當不用常法耳。」于是上批：「檢會去年七月六日詔，今後臺官有闕，委御史中丞奏舉，不拘官職高下，令兼權。如所舉非其人，令言事官覺察聞奏。自後別無續降條貫。」

頌、大臨等又言：「臣等看詳，從前臺官須得於太常博士以上、中行員外郎以下舉充，後來爲難得資序相當之人，故朝廷特開此制。云不拘官職高下者，止是不限博士與中行員外郎耳，非謂選人亦許奏舉也。所謂兼權者，如三丞以下未可爲監察，故且令上權，前行員外郎以上不可爲侍御，故令下兼，皆不爲選人設文也。若不拘官職高下，并選人在其間，則是秀州判官亦可以權裏行，不必更改中允也。以此言之，選人不可超授臺官明矣。至如程顥、王子韶已先轉京官，因中丞薦舉，方遷中允，止權監察。今定是初等職官資序，若特改京官，已是優恩，更超授朝籍，處之憲臺，先朝以來，未有此比。臣等所以喋喋有言，不避斧鉞之誅者，非它也，但爲愛惜朝廷之法制，遵守有司之職業耳。大抵條例戒於妄開，今日行之，它日遂爲故事。若有司因循，漸致隳紊，誠恐倖門一啟，則仕途奔競之人希望不次之擢，朝廷名器有限，焉得人人而滿其意哉！前世所以愛重爵賞，不以假人，雖有奇材異倫，亦須試以職事，俟有功效然後超擢者，以此也。」

復詔頌依前指揮撰辭，頌執奏如初，而又於中書白執政言：「雖云特旨，而頌輩無以爲據，草制即必致人言，乞批降云『特旨所除，不礙條貫』，方敢草制。」又詔所除李定是特旨，不礙近制，令頌疾速撰辭。頌又言：「果出聖意拔擢，即須非常之人，名聲聞於時，然後厭服羣議，爲朝廷美事。昔馬周爲常何作奏，條陳得失二十餘事，皆當世切務，唐太宗拔於布衣。近世張知白上書言事，論議卓越，真宗拔於河陽職官。此二臣者，可謂有顯狀矣；逢時遇主，可謂非常矣。然周猶召直門下省，明年方用爲御史裏行；知白召還，奏對稱旨，亦命試舍人院，然後授以正言，非如定遠州職官，素無聲稱，偶因諫官論薦，一賜召對，便蒙拔授。誠恐天下才辯之士，聞之皆思趨走勢要，以希薦用。此門一開，未必爲國家之福也。欲望陛下採聽羣議，或詢訪近臣，若謂定之才果足以副陛下特旨之擢，則臣自當受妄言之罪；若臣言不虛，即乞別授一官，置之京師，俟它時見其實狀，進用未晚。如此，不惟臣等職事併舉，兼亦可以養成定之才資，免招異日之議論也。」

上即欲黜頌，別除知制誥令草制，安石乞且降旨令草，如更執奏，乃施行。於是曾公亮乞批付大臨等同草，韓絳曰：「止是頌建白，難付大臨等。」公亮曰：「頌意欲如此。」安石曰：「恐大臨不肯草，即便稽留聖旨。」乃直付頌，而頌復辭以不當日，遂再送大臨，大臨又繳還，故有是責。

大臨及頌之未責也，詔趣直舍人院蔡延慶等就職；及責大臨等，延慶遂草定制；既進草，又上奏乞罷之。知通進銀臺司孫固再封駁，卒行下。此據司馬光日記及御集。

（輯自長編卷二一一熙寧三年五月癸卯）

48 甲辰，詔近設制置三司條例司，本以均通天下財利，今大端已舉，惟在悉力應接，以趣成效，其罷歸中書。先是，文彥博等皆請罷制置條例司，上謂彥博曰：「俟羣言稍息當罷之。」不欲亟罷，恐傷王安石意故也。既罷，又以手札諭安石。有司結絶所施行事，久之乃罷。吏人屬中書爲額外堂後官，樞密院者爲副承旨，三司勾覆官並除供奉官。朱本簽貼云：勘會指揮，罷局月日在前，後來却有申請事，故增入「有司結絶所施行事，久之乃罷」等語。新本削去，今復存之。上久欲罷之，恐傷王安石意，及謂文彥博云云，並吏人恩例，此據司馬光日記刪修。

（輯自長編卷二一一熙寧三年五月甲辰）

49 王廣廉在河北，民不能償春料，乃更俵秋料使償之。民受之知縣廳，即輸之主簿廳。

（輯自長編卷二一一熙寧三年五月丁未）

50 廢管勾睦親、廣親宅並提舉郡縣主宅所，歸大宗正司，從知宗正丞張稚圭請也。先是，宗室舉動皆爲管勾内臣所拘制，稚圭始請罷之，上令並罷郡縣主宅提舉。管勾内臣拘制，據司馬光日記。

（輯自長編卷二一一熙寧三年五月丁未）

51 議者謂絳及安石協謀，欲沮彥博，且奪其權，因建此議。然先時大使臣差遣，皆屬樞密院，無先後名次。時人亦頗患其不平也。頗患其不平，此據司馬光日記。

（輯自長編卷二一一熙寧三年五月丁巳）

52 丙寅，殿前都虞候、邕州觀察使、秦鳳路副總管竇舜卿知秦州，李師中於永興軍聽旨。王韶之議開邊也，師中贊成之。及韶改提舉蕃部兼營田市易，二月十一日師中始言其不便。向寶言：「蕃部不可以酒食甘言結也，必須恩威並行。且蕃可合而不可用。」議與韶異。朝廷更命竇兼提舉，王安石恐沮韶事，亟罷之。四月十八日韶及高遵裕並爲提舉，四月二十三日兩人共排竇，數有違言。時竇方爲師中所信任，安石雅不喜師中，嘗白上曰：「師中前後論奏多侮慢，今於韶事又專務齟齬。陛下若欲保全，宜加訓飭，使知忌憚。當云：『付卿一路，宜爲朕調一將佐，使知朝廷威福。今用一王韶，於向寶有何虧損，遂欲怨望不肯盡命？若果如此，朝廷豈無刑戮以待之？卿爲主帥，亦豈免責？韶所建立，卿皆與議，事之成敗，朝廷誅賞，必以卿爲首，不專在韶。』」上遣使諭師中如安石所陳。

此據日録四月二十六日事。

於是師中亦奏：「竇在邊無由得安，乞罷竇，專委韶及遵裕。」會托碩、隆博二族相仇，董裕以兵助托碩，遵裕乃言於師中，乞使竇還討之。師中復奏：「蕃部非竇不能制，臣已令將兵討托碩族，乞依舊留竇，仍敕韶等令協和。」曾公亮擬從其請，樞密院又請責韶等戒勵狀。安石曰：「韶等豈可但責戒勵，當究見情狀虛實、道理曲直行法。」及進呈，上怪師中奏事前後反覆，欲遣使體量如安石議。文彦博曰：「韶、遵裕得專奏事，不由主帥，主帥反奉韶等。」上曰：「韶所措置，事皆關白主帥。」安石曰：「若韶措置有害，師中自合論奏。師中素無忌憚，專侮慢朝廷，何至奉韶等？」因請罷師中。上欲移郭逵代之。曾公亮言：「延州不可闕人。」上又欲復移蔡挺，衆謂不可。安石曰：「若用挺，不如用逵。」文彦博曰：「王安石不知陝西事，延州乃重於秦州，逵不可移。」安石曰：「臣固不知陝西事，然今秦州蕃部旅拒，夏國又時小犯邊城，或遂相連結，則秦州事豈不甚重？且陝西諸路皆與夏國對境，苟一處有隙，夏國來窺，則來窺處即是緊切要人處。逵若不可移，盍使竇舜卿攝領？」韓絳亦謂舜卿可使，上以爲然，故有是命。……今參用日録、日記删修。

（輯自長編卷二一二熙寧三年六月丙寅）

53 詔：「三司分在京諸司庫務爲四科，令三司並提舉司勾當公事官每半年一次轉輪，各點檢一科。」以三司言提舉諸務司所管七十二處所差勾當公事，止是每季點檢官物齊整，其積壓陳損合係三司變轉，乞令因點檢除申本司外更申三司，故有是詔。尋罷之。尋罷之，此據司馬光日記。

（輯自長編卷二一二熙寧三年六月丁卯）

54 〔梁〕端不知已除提刑，因論青苗不便，故罷。

（輯自長編卷二一二熙寧三年六月壬午）

55 〔胡〕宗愈爲諫官，遇事必言，然不肯出姓名，辭多微婉，故御批有「潛伏中傷」等語。或曰御批乃呂惠卿筆也。宗愈言事不出姓名，御批乃呂惠卿作，此據司馬光日記。……日記又云：「宗愈爲諫官，屢言事。又言張若水嘗在慶州，韓絳結之。宗愈實未嘗言，絳惡之者以爲間耳。」

（輯自長編卷二一二熙寧三年六月丙戌）

56 向寶和二族，殺董裕二百餘級。

（輯自長編卷二一二熙寧三年六月丁亥）

57 癸巳，賜大理寺丞王欽臣進士及第，祕書省正字唐坰出身。欽臣以文彦博奏舉，坰上書言事召對，至是並試學士院而有是命。欽臣，洙子；坰，詢子也。初，坰爲北京監當官，上書言：「青苗不行，宜斬大臣異議者一二人。」王安石謂坰宜在館閣，故得召對。坰有才辨，韓琦甚愛之。既去，乃聞其言。召坰乃五月一日，此據日記。坰宜在館閣，據五月三日實録。

（輯自長編卷二一三熙寧三年七月癸巳）

58 乙巳，太常少卿祝諮、都官員外郎删定編敕王庭筠並判刑部。庭筠資序至淺，王安石超用之，衆心不服。王庭筠事據日記。

（輯自長編卷二一三熙寧三年七月乙巳）

59 東、西審官院、流内銓、三班院，各置主簿。

（輯自長編卷二一三熙寧三年七月癸丑）

60 己未，京西同巡轄斗門太常博士侯叔獻、著作佐郎楊汲並權都水監丞，專提舉沿汴淤溉民田。先是，或言祥符、中牟之民以淤田故大被水患，上問王安石，安石謂初不聞此。上乃遣内侍往視，還言民甚便淤田，而水患蓋無有，且言汲等皆盡力。上復以語安石，安石曰：「今歲功緒未就，都水不協心故也。」且言來歲興作之方，因命汲等並兼都水。此據司馬日記並王安石日録增修。

（輯自長編卷二一四熙寧三年八月己未）

61 時賊又築堡於慶州荔原堡北，曰鬧訛，在境外二十餘里，及聞延州堡敗，亦止不築，申牙頭求罷，而兵留境上。蕃部巡檢李宗諒地近敵堡，害其佃作，乃帥衆千餘人，與賊戰於鬧訛。李復圭使鈐轄李信等助之，信按兵堡中不出。宗諒戰不利，還趨堡，信開門執劍拒之曰：「經略命：敢入堡者斬。」宗諒還戰皆没。復圭責信等觀望，信等懼，丁未，引兵三千往十二盤擊賊。十二盤亦在境外，非漢地也。信等先射，敵曰：「我與宗諒有仇，不與汝宋兵戰。」信曰：「宗諒亦我熟户也。」復射之。敵曰：「汝直欲戰也？」乃縱兩翼圍之，且令曰「殺兵勿殺將」，又開圍一角，使信等得逃去。朝廷聞之，命復圭酬賽。復圭使其將梁從吉等別破金湯、白豹、蘭浪、萌門、和市等寨，賜復圭詔奬諭。七月壬寅，復圭又使其將李克忠襲金湯，賊伏兵衝之，斷而爲二，克忠東出延州，以餘衆還。是月壬申，賊遂舉國入寇。……今用司馬光日記删修。……日記又稱：趙明之子襲和市。今從紹聖附傳出梁從吉姓名，而李克忠姓名則惟日記有此耳。

（輯自長編卷二一四熙寧三年八月辛未）

62 帶御器械程昉遷七資，賞開御河之勞也。先是，永濟河自武城東趨永静軍，後爲黄河所截，北趨長蘆泊。前歲又爲黄河所閼。會地震，李村口決，北趨五千渠。至是，黄河東行，昉復開之，復循黄河故道趨永静軍。

（輯自長編卷二一四熙寧三年八月甲戌）

63 詔御史臺定奪李定合與不合追服所生母喪。定既分析，上遂欲除定官如何？曾公亮：「不可，定未嘗追服，當令禮官定奪。」王安石曰：「禮官陳薦今爲長，豈可使禮官定奪？」乃送御史臺。實録八月丙子乃送御史定奪。司馬光日記於七月己酉載之，恐誤也。

（輯自長編卷二一四熙寧三年八月丙子）

64 斬環慶路鈐轄李信、慶州東路都巡檢劉甫。初，夏人以兵十萬築壘於其境内，李復圭出陣圖、方略授信、甫及監押种詠，使自荔原堡約時日襲擊。信等如其教，未至賊營，賊兵大至。信等衆纔三千，與戰不利，多所失亡，退走荔原堡。復圭急收前所付陣圖、方略，執信等付寧州，命州官李昭用劾以違節制。詠以瘐死。獄成，信等伏誅，荔原堡都監郭貴坐不策應，除名，免刺面，決配廣南牢城。於是，王安石白上，言復圭斬李信事甚當。上曰：「文彦博、馮京皆不以爲然。朕謂彦博等：卿且置官職，試以人命觀之，信所陷至八百人，如何反不死乎？」其實夏人初不犯漢地，復圭徼倖邊功，致信等敗戮，人皆寃之。今並從元祐墨本及司馬光日記刪修。

（輯自長編卷二一四熙寧三年八月己卯）

65 辛巳，環慶路都監、東頭供奉官、閤門祗候高敏，鈐轄、皇城使郭慶，經略司指使、三班借職魏慶宗、秦勃，並爲敵所殺。初，敵聲言齎百日糧趨鄜延，敏屢白李復圭曰：「兵家聲東擊西，兼環慶嘗破金湯、白豹等寨，釁隙已深，不可不備。」已而秉常果以三十萬趨環慶。副都總管楊遂駐兵大義寨，令敏爲先鋒將。敵奪大順城水寨，攻圍愈急，敏力戰通路，自寅至午，且戰且前，斬獲頗多，至榆林，援兵不至，中流矢死。敵屯榆林，距慶州四十里，游騎至城下，陝右大震，積九日，敵乃退。……並據李復圭附傳及司馬光日記。

（輯自長編卷二一四熙寧三年八月辛巳）

66初，遣使提舉常平倉貸青苗錢，〔陸〕詵言：「川峽四路與内地不同，刀耕火種，民食常不足，至種芋充饑。今本路省税科折已重，蜀民輕侈，不爲積蓄，萬一歲儉，不能償官，適陷民於死地，可哀。願罷四路使者，如其故便。」並言：「差役、水利事，皆不當改爲。」其後，卒罷三路之使，獨置成都府路提舉官一員。詵奏疏，據司馬光日記在三月十八日……日記壬午二十五日又載司農奏，成都轉運司決陵州公人，爲以税錢爲青苗，令分析。

（輯自長編卷二一四熙寧三年八月辛巳）

67同判司農事呂惠卿言：「淳化中，都下初置常平倉，賤糴貴發。至景德中，差開封府浚儀知縣監倉事。祥符六年，始以兩縣常平倉併爲在京常平，其斛斗經二年即支充軍糧，貿易新好充見在數，其法實爲民利。而其後糴糶之政久不行，文字本末隨亦廢墜。今常平封樁米至五十二萬石，但寄積在京倉界，惟據逐界每月具見在數申寺，而朝廷初無發斂之政，甚可惜也。欲乞遇價稍貴即出之，賤即以其錢糴之，如淳化中故事。」於是中書請以司農見樁管米指射新好者貿易，仍與開封府界斛斗通融支用。從之。惠卿是日以父喪去位。……司馬光日記乃於九月一日記惠卿遭父喪。……今依日記附此。

（輯自長編卷二一五熙寧三年九月戊子）

68初，陳升之既與王安石忤，安石數侵辱之。升之不能堪，稱疾卧家逾百日，求解政事，不許。辛卯，復求入見，有旨再拜而已，仍令扶至殿門。辛卯，初四日也，此據日記。

（輯自長編卷二一五熙寧三年九月辛卯）

69 癸巳，著作佐郎、編修中書條例曾布爲太子中允、崇政殿説書。王安石常欲置其黨一二人於經筵，以防察奏對者。吕惠卿既遭父喪，安石未知腹心所託。布巧黠善迎合，安石悦之，故以布代惠卿入侍經筵。布資序甚淺，人尤不服，而布亦固辭，卒罷之。此段據司馬光日記。

（輯自長編卷二一五熙寧三年九月癸巳）

70 庚子，左僕射兼門下侍郎、平章事曾公亮爲司空兼侍中、河陽三城節度使、集禧觀使，仍五日一奉朝請。公亮初薦王安石可大用，及同執政，知上方向安石，陰助之，而外若不與同者。置條例司，更張衆事，一切聽之。每遣其子孝寬與安石謀議，至上前無所異。於是，上益專信任安石。安石以其助己，深德之，故推尊公亮而沮抑韓琦。御史至中書争論青苗事，公亮俛首不答，安石厲聲與之往反。由是言者亦以安石爲事，而公亮不預也。蘇軾嘗從容責公亮不能救正朝廷，公亮曰：「上與安石如一人，此乃天也。」然安石猶以公亮不盡同己，數加毁訾。公亮雖屢乞致仕，上輒留之，公亮去亦弗勇，安石黨友尤疾之。上御集英殿册進士，午漏，上移御需雲便坐，延輔臣賜茶，公亮陟降殿陛，足跌仆於地，上遽命左右掖起之。明日，以告病連乞致仕，於是乃聽公亮罷相。此據公亮本傳及司馬光日記、王安石日録删修。

（輯自長編卷二一五熙寧三年九月庚子）

71 詔轉對官所言有可行者，特加甄奬。此據司馬光日記。

（輯自長編卷二一五熙寧三年九月己酉）

72熙寧三年十月初九日，武舉除奉職九人，借職七人，差遣殿侍四人，借職王褒遷右班殿直，康大同遷奉職，減三年磨勘者一人，黜者一人，傳義下吏者二人。時人言武舉不合格，推恩優於賢良方正入第三等者。試法官，合格者五人，皆選人，一人除詳斷官，四人候有闕與差。

（輯自長編卷二一五熙寧三年九月癸丑）

73職方員外郎鄧綰爲集賢校理、檢正中書孔目房公事。綰故名維清，雙流人，舉進士高第，累遷寧州通判。上書言：「陛下得伊呂之佐，作青苗、免役錢等法，百姓無不歌舞聖澤。臣以所見寧州觀之，知一路；一路觀之，見天下皆然。此誠不世之良法，願陛下堅守行之，勿移於浮議也。」又與王安石書及頌。安石大喜，白於上，使乘馹詣闕，又累詔趣之。比至，上使數人迎於中牟、八角、順天門詗候之。抵暮，入門就舍。詗候者夜飛奏，於右掖門竅中進入。詰旦，召對。時慶州方有夏寇，綰進呈邊事。上問：「識王安石否？」曰：「不識。」上曰：「今之古人也。」又問：「識呂惠卿否？」曰：「不識。」上曰：「今之賢人也。」綰退，見安石，欣然如舊交。安石問：「家屬俱來乎？」綰曰：「承急召，未知所使，不敢俱來。」安石曰：「何不俱來？君不歸故官矣。」後數日，值安石致齋，陳升之與馮京以綰知邊事，奏除知寧州。綰聞大恨，公語朝士曰：「急召我來，乃使我還知寧州也？我已語介甫。」甚不平。朝士問曰：「君今當作何官？」綰曰：「我不失作館職。」或問：「君得無爲諫官乎？」綰曰：「正自可以爲之。」明日，果有此命。綰自至京師，不敢與鄉人相見，鄉人皆笑罵，綰曰：「笑罵從汝笑罵，好官我須爲之。」尋又命綰兼編修中書户房條例。此據司馬光日記增入。兼編例在十月乙亥，今並書。

（輯自長編卷二一六熙寧三年十月癸亥）

74 折繼世以綏州功除左騏驥使、果州團練使，賞賜無算。去歲病風，以御藥使醫傅守視。繼世迎妖人馬志誠，欲奉之發兵據青澗城，指揮使拓跋忠諫使止之，因下獄案驗〔一〕，久不決。子華至延州，斬志誠等二十餘人，以繼世有功，不問。

（輯自長編卷二一八熙寧三年十二月庚申。又見長編卷二三五熙寧五年七月乙未，據改。）

〔一〕因下獄案驗　「因」原作「首」，據長編卷二三五熙寧五年七月乙未改。

75 端明殿學士、尚書左丞王素爲工部尚書、端明殿學士致仕，上亟從之。王安石言：「宜且降詔不允。」上曰：「素今在此，實知其病，便令致仕，何傷？」安石曰：「無傷也。」故事，致仕者例不帶職。王安石以爲，致仕者，致其職事於君，無落職之理。故皆以本職致仕，自王素始。此據司馬光日記增入。

（輯自長編卷二二〇熙寧四年二月辛酉）

76 王安石爲政，欲理財富國，人言財利者輒賞之。舊制，太府寺造斗升，用火印，頒於天下諸州賣之；禁民私造升斗，其法甚嚴。熙寧四年，詔自今官司止賣印板，令民自造升斗，以省釘鍱之費。於是量法壞矣。又民侯氏世於司天監請曆本印賣，民間或更印小曆，每本直一二錢。至是盡禁小曆，官自印賣大曆，每本直錢數百，以收其利。又京東提刑王居卿上言：「天下官酒務皆令作連竈，以省薪蘇。」朝廷從之，畫圖頒於天下。又有班行上言：天下馬鋪每匹令日收糞錢一文，亦行之。其營利如此，而城綏州，築囉兀城，散青苗錢，所用官錢動以數十百億計〔一〕。

（輯自長編卷二二〇熙寧四年二月戊寅、卷二二八熙寧四年十二月辛酉）

〔一〕所用官錢　「錢」長編卷二二八熙寧四年十二月辛酉注引日記作「物」。

77 劉摯爲檢正官，介甫將黜富公，摯數諫止之，由是出爲御史，富公竟坐奪使相。摯上言：「亳州簿尉典級等，皆坐不散青苗錢被劾〔一〕，以前宰相所爲，豈此曹所能制？」由是簿尉以下特宥之。當是時，摯在臺諫中最爲敢言者。周伯藥云

（輯自長編卷二二二熙寧四年四月甲戌）

〔一〕坐不散青苗錢被劾　「被」原作「申」，據長編卷二二四熙寧四年六月甲戌註引日記改。

78 知雜鄧綰劾奏，富公除汝州，不肯之官，求西京養疾，跋扈不遵詔命。又言：「富公昔與劉沆書求汲引，云：『願銜環顧印，以報厚德。』弼昔欲以禽蟲事執政，今恥以人臣事陛下，宜付之請室，賜以上刑。」上以其言險詖，寢不報。何洵直云

（輯自長編卷二二四熙寧四年六月甲戌）

79 去歲新堤第四埽先決；頃之，第五埽又決，第四埽水更微。程昉於嫩灘水上疊塞四水口，自知不測，未幾咽凌水盛，第四水口復決。昉憂懼而卒。張保、孫殿丞云

（輯自長編卷二二五熙寧四年七月辛卯）

80 夔路有保塞民捍禦蠻寇，其酋領得理詞訟，擅決罰，由是大富。州縣提轄侵漁不已，其酋不堪命，遂寇略居民。轉運使張詵等發兵討擊，誅殺甚衆。鄧綰上言：「生蠻所以不能爲蜀患者，以此民爲之藩鄣。今詵等多殺不辜，以爲己功，異日蠻必爲患。」詵嘗事介甫於常州，善遇之，乃命章惇往體量。惇還，言：「其酋縱横日久，或刳孕婦，或探人心而食之，誅之甚當。」於是，二漕皆遷官加職。趙全云

（輯自長編卷二二五熙寧四年七月壬辰）

81 〔楊〕繪改知鄭州，仍押出門。

（輯自長編卷二二五熙寧四年七月丁酉）

82 七月二十三日，有旨自今供奉官以下皆免常朝。祖宗時，供奉官等皆取將帥子弟爲之，天子擇其才者使將命四方，有能辦事則稍加進拔，故曰奉朝請，侍廷中，謂之使臣。自後得之者浸多，及今八千人，任使不復如往時，而朝請如故。貧者或徒步泥中，至禁門，賃公服鞾笏而入；富者以錢賂閤門，不來，亦不問。其徒甚以爲患，故免之。

（輯自長編卷二二五熙寧四年七月甲辰）

83慶卒之變，密劄下經略司，應捉殺到叛卒妻子，並配諸州爲奴婢。經略司謄下邠州牒，漏「捉殺到」三字，知邠州張靖以爲招降者妻子豈可亦從孥戮，再申經略司。經略司令主者陳首下州改正，靖因奏其狀而不言已改正。介甫以鹽法事惡靖，以爲傾險，欲直除水部員外分司。當事請先案實，乃命章惇制勘，謝景温以文書證明，靖由是得免。趙同云

（輯自長編卷二二五熙寧四年七月辛亥）

84九月初四日，張觀文判南京留臺。安道素與介甫不善，上初即位，人薦介甫之賢者甚衆，上訪於安道，安道曰：「是人有虛名而無實用，晉之王夷甫。若果用之，恐敗天下風俗。」介甫聞而銜之。故安道以參知政事丁父憂，服除而不復舊位，知陳州，内不自安，故稱疾而去。

（輯自長編卷二二六熙寧四年八月戊寅）

85前宣州旌德尉王雱上殿，除太子中允、崇政殿説書。雱，介甫之子也，進士及第，好高論，父常與之議大政，時人謂之「小聖人」。張仲成曰：「當世薦雱有經濟之方，今抱疾，陛下宜速召對，與論天下事。」故有是命。

（輯自長編卷二二六熙寧四年八月己卯）

86鄭毅夫提舉鴻慶〔宮〕。初，介甫惡滕元發，以毅夫爲元發黨，毅夫自杭移青得疾，一臂不能舉，因而罷之。

（輯自長編卷二二六熙寧四年九月乙酉）

87才元、子容得外官，勝之以故事餞之，和叔、曾布皆不赴。明日，中書送舍人院吏於京府杖之，曰：「何爲擅用官錢餞外官？」中書熟狀，董氈以明堂恩加光禄大夫、食邑二千户。學士院奏：董氈舊階特進，食邑二千五百户。上以讓中書曰：「非學士院覺舉，幾爲外國笑。」其檢正官皆上簿，堂吏皆責降。由是諸檢正皆怒責勝之，以不申堂而直奏，罷直院。

（輯自長編卷二三七熙寧四年十月癸亥）

88諸直講盡代去，以舊國子監爲内舍，武成王廟爲外舍，錫慶院爲上舍。上舍生百員，内舍倍之，外舍無限員〔一〕。凡入學者，先就外舍，每春秋考試，合格者升之内舍，内舍升之上舍。上舍若有秀出者，中書覆試除官，且令在學，遇直講或外州教授有闕則補之。又以朝集院爲錫慶院，天聖尼院爲朝集院。

（輯自長編卷二二七熙寧四年十月戊辰）

〔一〕外舍無限員　「限」字原脱，據文意補。

89席汝明曰：沈遼素爲介甫所厚，嘗對人竊議新制是非，介甫聞之，立衝替。

（輯自長編卷二二八熙寧四年十一月丙申）

90熙寧五年正月，有旨令曾布撰詔書付直史館，進從來所解經義，委太學編次，以教後生。

（輯自長編卷二二九熙寧五年正月戊戌）

91是月，命皇城司卒七千餘人巡察京城，謗議時政者收罪之。此據司馬光日記，係五年正月末事。

（輯自長編卷二二九熙寧五年正月末）

92上密諭陝漕張詵，便除所招慶卒。詵既去，諫官張琥言：「既赦而復誅之，何以信後？」上怒，詰琥從何得此語，琥云風聞，又云得之李定，又云得之理大丞沈邁、著作陳大順，又云得之蘇液。液，詵壻也。上怒其語異同，故奪三職，且使鞫問。詵密以語之介甫，欲爲三人之地，建言：「若加窮覈，密語必布，使降卒反側，非宜。」乃令陳大順所言爲虛語以誑。定云介甫素善待蘇液，尤不欲罪之，乃諷法官駁案，更令沈衡鞫之，歸，而衡鞫李德芻，改命祝諮鞫之。德芻亦介甫所左右也。吕泰州云

93劉仲通言：上密與張詵謀伐夏，介甫漏之，張琥諫，上怒，推迹所從來。介甫懼，使章惇語陳大順引虛，己受其無咎，大順許諾。已而恐介甫不能庇，乃飜云：「惇使我云然。」故并惇付祝諮鞫之。

94范百禄言：上怒張琥，疑中書佑之，使密院詰問，既又下臺鞫問，辭與密院異同，但令陳大順獨承鹵莽，故又使祝諮鞫之。

（以上三條輯自長編卷二三〇熙寧五年二月癸丑）

95同管勾福建路常平等事、著作佐郎曾默爲太子中允、權發遣本路轉運判官，以行青苗、助役法有功，故特遷之。有功特遷轉，司馬光日記增入。

（輯自長編卷二三一熙寧五年三月辛丑）

96 熙寧四年十月十三日，吴積曰：嵬名山弟亡在折繼世所〔一〕，繼世以种諤夜引兵抵其居土窟中，使其弟叩門呼曰：「官軍大集，兄速降，不則滅族。」名山使内其手捫之，少一指，信之，遂牽數千户二萬餘口降。已而見官軍少，大悔之。名山今爲供備使、高州刺史。

又繼世以綏州功除騏驥使、果州團練使，賞賜無算。去歲病風，賜以御藥，使醫守視。繼世迎妖人馬志誠〔二〕，欲奉之發兵據青澗城，指揮使拓拔忠諫捕之，因下獄案驗，久不決。子華至延州，斬志誠等二十餘人，以繼世有功不問。趙卨奏以團練致仕，遷之華州，悉散其部落於諸族。嵬名山之衆稍稍亡去，今在者才百餘口。

（輯自長編卷二三五熙寧五年七月乙未）

〔一〕嵬名山　原作「威名沙克」，據涑水記聞卷一一、宋史卷二五三折繼世傳、卷三三五种諤傳改，下同。

〔二〕繼世迎妖人馬志誠　「迎」字原脱，據長編卷二一八熙寧三年十二月庚申補。

97 初建東宫，英宗命以蔡亢爲詹事，〔韓〕琦因薦〔王〕陶，文彦博私謂琦：「盍止用亢？」琦不從，遂並用二人。及琦爲陶所攻，彦博謂琦曰：「頗記除詹事時否？」琦大愧，曰：「見事之晚，真宜受撻。」此據司馬光日記云：彦博謂琦詹事舊無二員。按太宗升儲，林特、張士遜二人並兼詹事。舊無二員，或是唐制，今不取。日記又云：樂道以太子登位不受詹事，敕執政許之。當考。

（輯自長編紀事本末卷五七）

98樂道之與長文鬩也，秉國、曼叔、彦先更上殿言。樂道出，秉國亦求出，命知潁州。

（輯自長編紀事本末卷五七）

99翰林書待詔請春詞，以立春日剪貼於禁中門帳。皇帝閣六篇，其一曰：「漠然天造與時新，根著浮流一氣均。萬物不須雕刻巧，正如恭己布深仁。」皇后閣五篇，其一曰：「春衣不用蕙蘭薰，領緣無煩刺繡紋。曾在蠶宮親織就，方知縷縷盡辛勤。」夫人閣四篇，其一曰：「聖主終朝親萬幾，燕居專事養希夷。千門永晝春岑寂，不用車前插竹枝。」

（輯自事文類聚前集卷六）

100其母素微〔一〕，生壽昌歲餘，遣出之。

（輯自事文類聚後集卷五）

〔一〕其母素微　此條乃是蘇軾一詩標題之下的附注，詩題云：「朱壽昌郎中少不知母所在，刺血寫經，求之五十年，去歲得之蜀中，以詩賀之。」據此，「其」即指朱壽昌，此條亦並非温公日記全文，姑録之，待補。

101是日，彗行至張而没。彗之未没也，言者多以爲憂。或告韓琦，琦曰：「借使復有一星出，欲何爲乎？」此據日記

（輯自長編卷二〇八治平三年五月乙丑）

102 十一月十三日，押班李若愚廣西勾當公事，交趾叛將有率衆來降者，若愚曰：「此不可受，可以遥決，不必往彼也。」二十一日，太博陳箴换西閤副使、知彬州，李若愚更不知廣西，只令箴體量邊事。

（輯自長編卷二一六熙寧三年十月丙子）

103 〔齊〕恢温厚長者，而不偏倚。先知審刑，議謀殺人許首事，恢以爲不可，守之甚堅，時人稱之。

（輯自長編卷二二六熙寧四年八月乙丑）

附録三

温公瑣語

1 蔡確鞫相獄〔一〕，朝士被繫者〔二〕，確令獄卒與之同室而處，同席而寢，飲食旋溷，共在一室。置大盆於前，諸家饋食者，羹飥餅餌〔三〕，悉投其中，以杓攪匀而分飼之〔四〕。累旬不問〔五〕，幸得其問〔六〕，無罪不承。張宜甫云

〔一〕蔡確鞫相獄 長編卷二八九元豐元年四月乙卯引此條，注云「此據司馬記聞」。

〔二〕朝士被繫者 長編作「凡朝士繫獄者」。

〔三〕羹飥餅餌 「飥」長編及商務印書館本説郛卷六四作「飯」。

〔四〕而分飼之 長編「分」上無「而」字，然「之」下有「如犬豕」三字。

〔五〕累旬不問 「累旬」同上書作「置」。

〔六〕幸得其問 同上書「幸」上有「故繫者」三字。

2 中丞鄧綰言〔一〕：「馮京昴在政府，爲性庸狠，朋邪狥俗，疾害聖政。陛下寛仁不誅，守藩未

幾，復移邊帥。而錢藻代陛下作訓誥，乃稱京『執正不回，一節不撓』，又云『大臣進退，繫時安危』。京在政府，曾無補益，唯退有後言，何謂一節？且京罷政踰歲，豈嘗有危？藻專事諂諛，乞落直學士院。」上從之。張峋云

〔一〕中丞鄧綰言　長編卷二七〇熙寧八年十一月己卯引此條，注云「此據司馬記聞」。

3 章惇者，郇公之疎族，舉進士，在京師，館於郇公之第。報族父之妻爲人所掩，踰垣而出，誤踐街中一嫗，爲嫗所訟。時包希仁知開封府，不復深探其獄，贖銅而已。既而及第，在五六人間，惇大不如意，誚讓考校官。友人請觀其敕，擲地以示之，士論皆忿其不恭。熙寧初，召試館職，御史言其無行，罷之。及介甫用事，張峋、李承之薦惇，介甫曰：「聞惇無行。」承之曰：「承之所薦者，才也。顧惇可用於今日耳〔二〕，素行何累焉？公試召與語，自當愛之。」介甫乃召見，惇素口辯，又善迎合，介甫大喜，擢用，數年間至兩制、三司使。楊作云

〔二〕顧惇可用於今日耳　商務印書館本説郛卷六四「惇」下有「才」字。

4 曾布字子宣，鞏之弟也。呂惠卿遭父憂，介甫未知心腹所託可與謀事者。布時以著作佐郎編敕，巧黠，善迎合介甫意，介甫悦之，數日間除中允、館職、判司農寺。告謝之日，抱誥敕五六通。蘇兖云

5曾布爲都檢正，事已白介甫者，即行文書。時馮當世、王禹玉並參知政事，或曰：「當更白二參。」布曰：「丞相已有處分，何問彼爲？敕出，令署字耳。」蘇兖云

6唐坰對兩府彈介甫云：「呂惠卿、曾布，安石之腹心；王珪、元絳，安石之僕隸。」且曰：「珪奴事安石，尤懼不了。」蘇兖云

7子華、介甫既有雇役之意，李承之乃奏書言助役法事，遂施行。楊元素爲中丞，與御史劉摯言助役亦有十害。介甫使張琥作十難以詰之，琥辭不爲，曾布自請爲之，乃詰二人向背好惡之情果何所在。元素惶恐，謝曰：「臣愚瞽，不知助役之利乃爾，當伏妄言之辜。」摯奮曰：「爲人臣者，豈可壓於權勢，使人主不知利害之實邪？」即復條對布所難，伸明前議，且曰：「臣所向者陛下，所背者權臣，所好者忠直，所惡者邪佞。臣今獲罪譴逐，固自其分，但助役終爲天下之害。願陛下勿忘臣言。」於是元素出自知鄭州，摯坐監當，琥亦由此忤介甫意，頃之坐罪落修注。蘇兖云

8王安石字介甫，撫州臨川人，舉進士，有名於時。慶曆二年，第五人登科，初簽署揚州判官，後知鄞縣。好讀書，能强記，雖後進投贄及程試文有美者，讀一周輒成誦在口〔一〕，終身不忘。其屬文，動筆如飛，初若不措意，文成，見者皆伏其精妙。友愛諸弟，俸禄入家，數日輒盡爲諸弟所費用，家道屢空，不一問〔二〕。議論高奇，能以辯博濟其説，人莫能詘。始爲小官，不汲汲於仕進〔三〕。皇祐中，文潞公爲宰相，薦安石及張瓌、曾公定、韓維四人恬退〔四〕，乞朝廷不次擢用，以激澆競之風。有旨，皆籍記其名。至和中，召試館職，固辭不就；乃除羣牧判官，又辭，不許，乃就職。少

時，懇求外補，得知常州。由是名重天下，士大夫恨不識其面，朝廷常欲授以美官，唯患其不肯就也。自常州徙提點江南東路刑獄。嘉祐中，召除館職、三司度支判官，固辭，不許。未幾，命修起居注，辭以新入館，館中先進甚多，不當超處其右，章十餘上。有旨，令閤門吏齎敕就三司授之〔五〕，安石不受；吏隨而拜之，安石避之於廁；吏置敕於案而去，安石使人追而與之，朝廷卒不能奪。歲餘，復申前命，安石又辭，七八章，乃受。尋除知制誥，自是不復辭官矣。目覩

〔一〕讀一周輒成誦在口　「讀一周」三朝言行録六之二作「一讀過」。

〔二〕家道屢空不一問　「不一問」同上書作「一不問」。

〔三〕不汲汲於仕進　「汲汲」同上書作「急急」。

〔四〕張瓌　「瓌」原作「環」，據同上書及長編卷一七〇皇祐三年五月庚午條改。

〔五〕令閤門吏齎敕　「吏」字原脱，據三朝言行録及事文類聚别集卷一七補。

9 嘉祐末，王介甫以知制誥糾察在京刑獄。有少年得鬬鶉，其同儕借觀之，因就乞之；鶉主不許，借者恃與之狎昵，遂携去；鶉主追及之，踢其脇下，立死。開封府捕按其人，罪當償死。及糾察司録問，介甫駁之曰：「按律，公取、竊取皆爲盗。此不與而彼强携以去〔一〕，乃盗也。此追而毆之，乃捕盗也。雖死當勿論，府司失入平人爲死罪。」府官不伏，事下審刑、大理詳定，以府斷爲是。有旨，王安石放罪。舊制，放罪者皆殿門謝〔二〕。介甫自言，我無罪，不謝。御史臺及閤門累移

目覩牒趣之，終不肯謝。臺司因劾奏之，執政以其名重，遂不問，介甫竟不謝〔三〕。

〔一〕此不與而彼强携以去　「携」字原脱，據三朝言行録卷六之二補。

〔二〕放罪者皆殿門謝　「皆」同上書作「詣」。

〔三〕執政以其名重遂不問介甫竟不謝　同上書「重」下無「遂」字，而「甫」下有「亦」字。

附録四

諸家著録題跋

郡齋讀書志

温公紀聞　五卷

右皇朝司馬光撰，記賓客所談祖宗朝及當時雜事。

直齋書録解題

涑水記聞　十卷

司馬光撰。此書行於世久矣。其間記吕文靖數事，吕氏子孫頗以爲諱，蓋嘗辨之，以爲非温公全書，而公之曾孫侍郎伋季思遂從而實之，上章乞毁板，識者以爲譏。

温公日記　一卷

司馬光熙寧在朝所記。凡朝廷政事、臣僚差除，及前後奏對、上所宣諭之語，以及聞見雜事，皆記之。起熙寧元年正月，至三年十月出知永興軍而止。

文獻通考

涑水記聞　十卷

晁氏曰：「右皇朝司馬光撰，記賓客所談祖宗朝及當時雜事。」

陳氏曰：「司馬光撰。此書行於世久矣。其間記吕文靖數事，吕氏子孫頗以爲諱，蓋嘗辨之，以爲非温公全書，而公之曾孫侍郎伋季思遂從而實之，上章乞毁板，識者以爲譏。」

温公日記　一卷

陳氏曰：「司馬光熙寧在朝所記。凡朝廷政事、臣僚差除，及前後奏對、上所宣諭之語，以及聞見雜事，皆記之。起熙寧元年正月，至三年十月出知永興軍而止。」

巽巖李氏曰：文正公初與劉道原共議取實録、正史，旁采異聞，作資治通鑑後紀。屬道原早死，文正起相元祐，後終卒不果成。今世所傳記聞及日記并朔記，皆後紀之具也。自嘉祐以前甲子不詳，則號記聞；嘉祐以後，乃名日記；若朔記，則書略成編矣。始文正子孫藏其書，祖廟謹甚，黨禍既解，乃稍出之。旋經離亂，多所亡逸。此八九紙草藁，或非全幅，間用故牘，又十數行別書牘背，往往翦開黏綴。事亦有與正史、實録不同者，蓋所見所聞所傳聞之異，必兼存以求是，此文正長編法。

宋史　藝文志

司馬光涑水記聞三十二卷

司馬光日録三卷

四庫全書總目提要

涑水記聞十六卷兵部侍郎紀昀家藏本

宋司馬光撰。光有易説，已著録。是編雜録宋代舊事，起於太祖，訖於神宗。每條皆註其述説之人，故曰「記聞」。如張詠請斬丁謂之類，偶忘名姓者，則註曰「不記所傳」，明其他皆有證驗也。間有數條不註者，或總註於最後一條，以括上文；或後來傳寫不免有所佚脱也。其中所記國家大政爲多，而亦間涉瑣事。案文獻通考温公日記條下引李燾之言曰：「文正公初與劉道原共議取實録、國史，旁採異聞，作資治通鑑後紀。今所傳記聞及日記、朔記，皆後紀之具也。」光集有與范夢得論修通鑑長編書，稱「妖異有所警戒，詼諧有所補益，竝告存之。大抵長編寧失於繁，毋失於略」云云。此書殆亦是志歟！至於記太祖時宋白知舉一事，自註云「疑作陶穀」。記李迪、丁謂鬬閧一事，前一條稱上命翰林學士錢惟演草制，罷謂政事，惟演乃出迪而留謂；後一條稱詔二人俱罷相，迪知鄆州，明日謂復留爲相。种世衡遣王嵩反間一事，前一條云間旺榮，後一條云間剛朗凌。招撫保州亂兵一事，前一條云田況，後一條云郭逵。聞見異詞，即兩存其説，亦仍通鑑考異之義也。王明清玉照新志曰：「元祐初，修神宗實録，秉筆者極天下之文人，如黄、秦、晁、張是也。紹聖初，鄧聖求、蔡元長上章指爲謗史，乞行重修。蓋舊文多取司馬文正公涑水記聞。如韓、富、歐陽諸公傳及敍劉永年家世，載徐德占母事，王文公之詆永年、常山，吕正獻之評曾南豐，安簡借書多不還，陳秀公母賤之類，取引甚多。於是裕陵實録皆以朱筆抹之，盡取王荆公日録以删修焉，號朱墨本。」是光此書實當日是非之所繫，故紹述之黨務欲排之。然明清所舉諸條，今乃不見於書中，殆避而删除歟？陳振孫書録解題亦曰：「此書行世久矣，其間記吕文靖數事，吕氏子孫頗以爲諱，蓋常辨之爲非温公全書。而公之曾孫侍郎伋遂從而實之，上章乞毁版，識者以爲譏。」知當時公論所在，不能以私憾抑矣。其書宋史藝文志作三十卷，書録解題作十卷。今所傳者凡三本，其文無大同異，而分卷則多寡不齊。一本十卷，與陳氏目録合；一本二卷，不知何人所併；一本十六卷，又補遺一卷，而自九卷至十三卷所載往往重出，失於刊削。蓋本光未成之稾，傳寫者隨意編録，故自宋以來，即無一定之卷數也。今參稽釐訂，凡一事而詳略不同，可以互證者，仍存備考。凡兩條複見，徒滋冗贅者，則竟從删定，著爲一十五卷。其補遺一卷，或疑即李燾所謂日記。案書録解題載「温公日記一卷。司馬光熙寧在朝所記。凡朝廷政事、臣僚遷除，及前後奏對、上所宣諭之語，以及聞見雜事，皆記之。起熙寧元年正月，至三年十月出知永興而止。」此書雖皆記熙寧之事，然無奏對宣諭之語，且所記至熙寧十年，與止於三年亦不符，其非日記明甚。今仍併入此書，共爲一十六卷。以較舊本卷數雖殊，要於光之原書無所闕佚也。

四庫提要辨證

涑水記聞十六卷宋司馬光

陳振孫書録解題曰：「此書行世久矣。其間記吕文靖數事，吕氏子孫頗以爲諱，蓋常辨之爲非温公全書。而公之曾孫侍郎伋遂從而實之，上章乞毁版。識者以爲譏。」知當時公論所在，不能以私憾抑矣。

嘉錫案：朱子晦菴文集卷八十一灊虚跋云：「洛人范仲彪炳文，自信安來客崇安，予得從之游。炳文親唐鑑公諸孫，嘗娶温國司馬氏，逮聞文正公事，且多藏文正公遺墨。嘗問炳文：『或謂涑水記聞非温公書者，信乎』，炳文曰：『是何言也！温公日録月别爲卷，面記行事，皆述見聞。手筆細書，今可覆視，豈他人之所得爲哉！特其間善惡雜書，無所隱避，使所書之家，或諱之而不欲傳耳。』」又五朝名臣言行録卷九記孔道輔言行，曾引記聞一條，言吕夷簡慶郭后事。朱子自注曰：「公孫中書舍人本中，嘗言温公日録、涑水記聞，多洛中人家子弟增加之僞此蓋指范沖云云。所以爲其祖辨者甚力。」然朱子語類卷一百三十又云：「涑水記聞，吕家子弟力辨以爲非温公書，蓋其中有記吕文靖公數事，如殺郭后等。某嘗見范太史之孫某説親收温公手寫槀本，安得爲非温公書。某編八朝言行録，吕伯恭兄弟亦來辨。爲子孫者只得分雪，然必欲天下之人從己，則不能也。」此可與陳振孫之言互證。又考宋史秦檜傳云：「檜屢禁私史，許人告，對帝言私史害正道。時司馬伋遂言涑水記聞非其曾祖光論著之書。其後李光家亦舉光所藏書數萬卷焚之。」則伋之上章，乃所以迎合秦檜之意。振孫所言，尚未能盡得其情僞也。又案建炎以來繫年要録卷一百四云：「初，光孫植既死，立其再從孫積爲嗣。而積不肖，其書籍生産，皆蕩覆之。有得光記聞者，上命趙鼎諭沖，（范沖也，時爲翰林侍讀學士。）令編類進入。沖言：『光平生紀録文字甚多，自兵興以來，所存無幾。當時朝廷政事，公卿士大夫議論，賓客遊從，道路傳聞之語，莫不記録。有身見者，有得於人者，得於人者注其名字，皆細書連粘，綴集成卷，即未暇照據年月先後是非虛實，姑記之而已，非成書也。故自光至其子康，其孫植，皆不以示人，誠未可傳也。臣既奉詔旨，即欲略加删修以進。又念此書已散落於世，今士大夫多有之，删之適足以增疑。臣雖不敢私，其能必人以爲無意哉，不若不删之爲愈也。輒據所録，疑者傳疑，可正者正之，闕者從闕，可補者補之。事雖疊書，而文有不同者，兩存之。要之，此書雖不可盡信，其有補治道亦多矣。』於是沖裒爲十册上之。其書今行於世。上因覽沖奏，謂鼎曰：『光字畫端勁，如其爲人。朕恨生太晚，不及識其風采耳。』」又卷一百五十四云：「紹興十五年七月，右承務郎新添差浙江安撫司幹辦公事司馬伋言：『建安近刊行一書，曰司馬温公記聞，其間頗關前朝故事。緣曾祖平日論著，即無上件文字，顯是妄借名字，售其私説。伏望降旨禁絶，庶幾不惑羣聽。』詔委建州守臣，將不合開板文字，盡行毀棄。伋特遷一官。初，范沖在史館，上出光記聞，命沖編類進入。沖言此書雖未可盡信，其有補治道亦多，乃繕寫成十册上之。至是秦檜數請禁野史，伋懼罪，遂諱其書。然其書卒行於世。」考宋史儒林范沖傳云：「司馬光家屬皆依沖所，沖撫育之，請以光之族曾孫宗召主光祀。」要録一百四記范沖入對言：「司馬光今止有族曾孫宗召一人，難以使之出繼，欲乞令宗召權主光祀」云云。事在紹興六年八月。至八年七月始書詔以司馬光族曾孫伋爲右承務郎，嗣光後。見卷一百二十一。或疑宗召與伋是一人，考伋有兄倬字漢章，見洪邁夷堅丁志卷十六浙西提舉條，及樓鑰攻媿集卷七十二跋張德深辨虛。與范沖言止有宗召一人，難以出繼之説不合，然則伋非宗召也。蓋范沖初尚不知光之族中有司馬伋其人者。其後伋奉詔入嗣，必是訪求而後得之。當其未入嗣之時，其於司馬光不啻途之人耳，按嘉泰會稽志卷六，司馬提舉棂墓在亭山，侍郎伋、監丞僖祔提舉墓，則伋當是棂之子，其曾祖不知何人也。而范沖則實經紀光之家事。要録卷二十，建炎三年，兩浙轉運副使范沖疾病，朱勝非奏罷之。上以司馬光家屬在沖所，不許。沖在兩浙，又爲通鑑刻版，見要録卷二十六。今以沖據光手稿編類之書，而爲伋者忽出而自辨，謂光無此件文字，不亦誣乎！范沖爲祖禹之子，見祖禹本傳。而朱子所見之范炳文，爲祖禹諸孫，皆嘗親見光之手稿者。炳文言温公日録月別爲卷，而記行事，皆述見聞，手筆細書，與沖所言光平生紀録文字，有身見者，有得於人者，皆細書連粘，綴集成卷者，無一不合。然則此書爲光所作，更無疑義。其書出於光之曾孫家中，而爲高宗所得。觀高宗言光字畫端勁，如其爲人，則范沖之所編類者，皆據光之親筆。高宗留心翰墨，喜收書畫，自具精鑒。要録卷一百六又載上諭大臣曰：「司馬光隸字，真似漢人，近時米芾輩所不可髣髴。朕有光隸字五卷，日夕寘之坐隅，每取展玩。」是高宗於光之筆蹟，辨之熟矣。記聞既是光手筆細書，豈他人所能僞作者哉！至其所説之事，有得之道路傳聞，未可盡信者，則范沖論之詳矣。乃後人猶有因其書中年月姓名之偶有差誤，疑非光之所作者，皆不考之過也。細審繫年要録所記，范沖編次之涑水記聞，出於光之親筆無疑。然朱子又言范太史孫收得手稿者，蓋沖編類之後，別行繕寫進入，而原本遂留范氏耳。

其書宋史藝文志作三十卷，書録解題作十卷。今所傳者凡三本，其文無大異同，而分卷則多寡不齊。一本十卷，與陳氏目録合。一本二卷，不知何人所併。一本十六卷，又補遺一卷。今參稽釐訂，著爲一十五卷。其補遺一卷，仍併入此書，共爲一十六卷。

案宋史儒林范沖傳云：「爲光編類記聞十卷。」然則作十卷者，乃沖所編之原本。要録云：「沖裒爲十册上之，其書今行於世。」是南宋時，即以沖所編本通行，故書録解題亦作十卷。四庫館之校此書，乃不據十卷之本，而别編爲十六卷，雖卷帙分合與宏旨無關，然非宋本之舊也。

藏園羣書經眼録

涑水記聞　二卷　宋司馬光撰

明寫本，藍格，九行二十六字。與聚珍本文字多不同，天一閣舊藏，今歸王鴻甫，以聚珍本校

於上方。（文禄堂送閲。丁卯）

涑水記聞　二卷　宋司馬光撰

清初寫本，十行二十字。次第與聚珍本不同，文字亦多異。藝風似有校記。鈐有謙牧堂藏書印記。（繆荃孫氏藏書。辛酉見）

涑水記聞　八卷　宋司馬光撰

舊寫本。陳鱣舊藏，有圖象。後題「甲申祭書日永明周鑾詒獲觀」，並云此書舊在何子愚京邸，因被火，藏書略盡，唯此獨完」。

按：聚珍本已改併删削，此故可貴。（壬子）

涑水記聞　十六卷　宋司馬光撰　存卷八至十，凡三卷

清寫本，九行廿一字。鈐有「小山堂書畫印」朱文方印。（甲子）

温公瑣語　一卷

清勞氏丹鉛精舍傳鈔明末山陰祁氏澹生堂本。勞權手校，並録明姚咨識語：

「吴趨唐省元夢墨齋書也，偶得之，遂録一過。丙辰秋九月既望。」（余藏）

學津討原本張海鵬跋

涑水記聞，宋司馬温公雜採三朝聖政録、訓鑒録，當時名賢神道碑、墓志，及事關國政而異聞可採者，或得諸自見，或得諸傳聞，皆一一注明於各條之下，蓋與日記、朔記俱因作資治通鑑後紀而作，所以必期傳信，寧繁而無略也。世傳之本，有作二卷者，有作十卷者，有作十六卷而補遺又一卷者，文雖無甚同異，而卷數不齊，或多複見之條。今得四庫聚珍本出，經館閣諸公校訂，凡記載詳略、名氏互異及傳寫訛脱處，悉加以案語，删其冗複，將補遺併入，共編作十六卷。考證詳明，校讐盡善，非他本之可比。因梓以廣其傳云。乙丑四月杪虞山張海鵬識。

涵芬樓本夏敬觀跋

右涑水記聞十六卷，宋司馬光撰。宋史藝文志作三十卷。世所傳者三本：一本十卷，與陳振孫書録解題合，今未之見；一本十六卷、補遺一卷，學海類編刻之，武英殿活字本經校者删削釐訂，補遺一卷亦併入十六卷中，張海鵬復遵以刻入學津討源；一本二卷，惟澹生堂餘苑曾刻之，今亦罕見。江寧鄧孝先藏二卷舊鈔本，校其先後次第，與學海本同，學海本已有删改，此則猶是真面目也。殿本卷八多孫沔上書，言自夷簡當國，黜忠言，廢直道一條，爲鈔本、學海本所無。鈔本多出之文，殆殿本以其重複而去之者，然其中如宫美以鍛銀爲業一條，則實所聞異辭，未應删削者也。宋槧朱晦庵五朝、三朝名臣言行録所引記聞，不下數十條，校與鈔本，異字往往相同，足以證殿本之誤。如太宗疾大漸，李昌齡、李繼隆謀立潞王，記聞誤「隆」爲「勳」，宋史吕端傳遂仍記聞之誤，繼隆傳轉失載其事，殿本作「王繼勳」，則相去更遠，鈔本及言行録作「李繼勳」，猶得藉以尋索而正其誤。他如王禹偁子嘉祐與寇萊公對答，殿本誤作「嘉言」。保州雲翼兵士作亂條内「王果」殿本誤作「王杲」，鈔本及言行録均與宋史相符而不誤也。种世衡八子名缺其一，殿本、鈔本皆然，宋史又無可考，宋槧言行録獨備，以補史闕，尤爲可貴。又如李穆知郢州，殿本誤作「鄂州」；孫祖德知蔡州，殿本誤作「秦州」；翰林醫官趙自化，殿本誤作「趙自庬」；种世衡子古，殿本誤作「詁」；邵良佐、張子奭復往西夏議定名號，殿本誤作「趙良佐、張安奭」。又其甚者，李曇僕夫王達應募兵以選入捧日軍，鈔本作「捧暈」，猶有跡象可尋，殿本作「軍伍」，直是不得其解而妄改之也。此類尚多，不可枚舉。按宋槧名臣言行録與時刻不同，其中所引復有八條爲殿本鈔本所未見者。王明清玉照新志所舉叙劉永年家世、載徐德占母事、王文公之詆宋常山、吕正獻之評曾南豐、安簡借書多不還、陳秀公母賤，今所傳本亦均無之。足見宋〔史〕藝文志作三十卷，非分卷不同之故，當日温公此書實不止此。考宋史秦檜傳：「檜屢禁私史，許人告，對帝言私史害正道。時司馬伋遂言涑水記聞非其曾祖光論著之書。其後李光家亦舉光所藏書萬卷焚之。」竊以爲全書毁於紹興。王明清、朱晦庵所見猶是完本，今所傳者蓋其刦餘也。温公隨筆所記，略無次第，或當日本未成書，故蘇東坡爲温公行狀，備載著述，獨不及此，即藝文志所謂三十卷，亦後人所編歟？是編所校，凡有確爲殿本所誤者，僭改爲正；其異同之處，亦悉註於行間；尚未有盡，則以俟博雅之君子焉。戊午冬，新建夏敬觀校竟謹識。

李盛鐸題記

温公涑水記聞，内府聚珍所印本爲十六卷。此二卷本，次序多不同，知非同出一源矣。此本鈔白甚舊，爲西圃蔣氏藏書，且經藏星子干氏，今歸麐嘉館插架，亦楚弓楚得也。

乙丑除前二夕，盛鐸記。

顧頡剛題記

吴門懷辛齋亦劉翰怡、王綬珊之儕，貌爲風雅。潘景鄭嘗見彼以五百金買繆荍翁宋刻晉書，實明板也，餘可知矣。此書亦出其家，有抱經廔印，當是清中葉前所寫，非宋刻晉書之比也。卷分上下，的是宋代舊式，與澹生堂餘苑吻合，較世行十六卷本爲足。辛丑清明莈青文苑題記。

志雅堂雜鈔　雲煙過眼録　澄懷録

〔宋〕周密

大唐傳載（外三種）

不著撰人　〔唐〕張固　〔唐〕李濬　〔唐〕李綽

劉賓客嘉話録

〔唐〕韋絢

唐國史補校注

〔唐〕李肇

唐摭言校證

〔五代〕王定保

賓退録

〔宋〕趙與旹

北户録校箋

〔唐〕段公路　〔唐〕崔龜圖

丁晉公談録（外三種）

〔宋〕潘汝士　〔宋〕夷門君玉

〔宋〕孫升口述　〔宋〕劉延世筆録

〔宋〕孔平仲

奉天録（外三種）

〔唐〕趙元一　〔唐〕佚名　〔南唐〕尉遲偓

〔南唐〕劉崇遠

靖康緗素雜記

〔宋〕黄朝英

夢溪筆談

〔宋〕沈括

愧郯録

〔宋〕岳珂

錢塘遺事校箋考原

〔宋〕劉一清

曾公遺録

〔宋〕曾布

儒林公議

〔宋〕田況

雲溪友議校箋

〔唐〕范攄

嬾真子録校釋

〔宋〕馬永卿

王文正公筆録

〔宋〕王曾

王文正公遺事　清虛雜著三編

〔宋〕王素　〔宋〕王鞏

酉陽雜俎

〔唐〕段成式

新輯實賓録

〔宋〕馬永易

麟臺故事校證

〔宋〕程俱

師友談記　曲洧舊聞　西塘集耆舊續聞

〔宋〕李廌　〔宋〕朱弁　〔宋〕陳鵠

墨莊漫録　過庭録　可書

〔宋〕張邦基　〔宋〕范公偁　〔宋〕張知甫

侯鯖録　墨客揮犀　續墨客揮犀

〔宋〕趙令畤　〔宋〕彭□輯

北夢瑣言

〔五代〕孫光憲

南部新書

〔宋〕錢易

范成大筆記六種

〔宋〕范成大

容齋隨筆

〔宋〕洪邁

封氏聞見記校注

〔唐〕封演

開元天寶遺事　安禄山事迹

〔五代〕王仁裕　〔唐〕姚汝能

朝野類要

〔宋〕趙升

後山談叢　萍洲可談

〔宋〕陳師道　〔宋〕朱彧

愛日齋叢抄　浩然齋雅談　隨隱漫録

〔宋〕葉寘　〔宋〕周密　〔宋〕陳世崇

蘇氏演義（外三種）

〔唐〕蘇鶚　〔五代〕馬縞　〔唐〕李匡文

〔唐〕李涪

教坊記（外三種）

〔唐〕崔令欽　〔唐〕李德裕　〔唐〕鄭綮

〔唐〕段安節

程史
〔宋〕岳珂

游宦紀聞　舊聞證誤
〔宋〕張世南　〔宋〕李心傳

鐵圍山叢談
〔宋〕蔡絛

四朝聞見録
〔宋〕葉紹翁

春渚紀聞
〔宋〕何薳

蘆浦筆記
〔宋〕劉昌詩

鶴林玉露
〔宋〕羅大經

湘山野録　續録　玉壺清話
〔宋〕文瑩

泊宅編
〔宋〕方勺

老學庵筆記
〔宋〕陸游

西溪叢語　家世舊聞
〔宋〕姚寬　〔宋〕陸游

石林燕語
〔宋〕葉夢得　〔宋〕宇文紹奕考异

雲麓漫鈔
〔宋〕趙彦衛

鷄肋編
〔宋〕莊綽

清波雜志校注
〔宋〕周煇

建炎以來朝野雜記
〔宋〕李心傳

唐宋史料筆記叢刊 書目

隋唐嘉話 朝野僉載
〔唐〕劉餗 〔唐〕張鷟

明皇雜録 東觀奏記
〔唐〕鄭處誨 〔唐〕裴庭裕

大唐新語
〔唐〕劉肅

唐語林校證
〔宋〕王讜

東齋記事 春明退朝録
〔宋〕范鎮 〔宋〕宋敏求

澠水燕談録 歸田録
〔宋〕王闢之 〔宋〕歐陽脩

龍川略志 龍川别志
〔宋〕蘇轍

東坡志林
〔宋〕蘇軾

默記 燕翼詒謀録
〔宋〕王銍 〔宋〕王林

涑水記聞
〔宋〕司馬光

東軒筆録
〔宋〕魏泰

青箱雜記
〔宋〕吴處厚

齊東野語
〔宋〕周密

癸辛雜識
〔宋〕周密

邵氏聞見録
〔宋〕邵伯温

邵氏聞見後録
〔宋〕邵博

《涑水記聞》、《温公日記》、《温公瑣語》人名索引

例　言

一、本索引收録《涑水記聞》、《温公日記》、《温公瑣語》中五代、宋、遼、西夏、金的人名。

二、人名下所列的數碼，斜綫前爲卷數，其後爲條數；《涑水記聞》輯佚，則在卷數的位置標明“輯佚”字樣。另外，斜綫前標明“日記”字樣者，爲《温公日記》；斜綫前標明“瑣語”字樣者，爲《温公瑣語》。例如：

王安石　13/362

表示是《涑水記聞》第13卷第362條。又如：

王韶　日記/52

表示是《温公日記》第52條。

三、各代帝王以習慣稱謂爲主目，其餘爲參見條目。例如宋太祖趙匡胤，以“宋太祖”爲主目，“趙匡胤”爲參見條目。

四、只有姓氏者，以姓氏爲主目，其從屬關係注於括號内。例如：

韓氏（兗國公主乳母）

五、本索引採用四角號碼檢字法編排。首先列出每個人姓名的第一個字的四角號碼，例如“寇準”，先列“寇”的四角號碼：“3021_4”，然後取第二個字的上兩角的號碼排列在人名之前：“30寇準”。若第二個字上兩角號碼相同，則暗取第三角爲序，以次類推。

六、本索引後附有《筆畫檢字表》，以便讀者用不同方法檢索。

編者　張希清

一九八四年夏

0021_1 龐

0021_2 兖

0022_3 齊

0022_7 方

席

高

0023_1 應

0023_2 康

0071_4 雍

0164_6 譚

0460_0 計

謝

0462_7 訥

0742_7 郭

0762_7 部

0821_2 施

0864_0 許

1010_4 王

1020_0 丁

3111_0 江

3111_4 汪

3112_7 馮

3126_6 福

3213_4 濮

3216_9 潘

3390_4 梁

3411_2 沈

4046_1 嘉

4050_6 韋

4212_2 彭

4240_0 荆

4241_3 姚

4410_4 董

4410_7 藍

4446_0 茹

4460_0 苗

4472_7 葛

5000_6 史

5090_0 末

6011_3 晁

6022_7 昜

6040_0 田

6040_4 晏

6050_4 畢

6060_0 吕

7421_4 陸

7529_6 陳

7722_0 周

8071_7 乞

8090_4 余

8315_3 錢

8742_7 鄭

筆畫檢字表

本表是匯集《涑水記聞》、《温公日記》、《温公瑣語》人名索引中人名的第一個單字，按筆畫部首排列的。其數目字，是單字在人名索引中的四角號碼。

- 耶 1712_7
- 侍 2424_1
- 郎 3772_7
- 范 4411_2
- 苗 4460_0
- 林 4499_0
- 拓 5106_2
- 易 6022_7
- 呵 6102_0
- 明 6702_0
- 周 7722_0
- 屈 7727_2
- 金 8010_9
- 尚 9022_7

九　畫

- 兖 0021_2
- 計 0460_0
- 施 0821_2
- 种 2590_6
- 保 2629_4
- 侯 2723_4
- 宣 3010_6
- 宫 3060_6
- 洪 3418_1
- 祝 3621_0
- 韋 4050_6
- 荆 4240_0
- 姚 4241_3
- 茹 4446_0
- 相 4690_0
- 郝 4732_7
- 胡 4762_0
- 柳 4792_0
- 拽 5500_6
- 昭 6706_2
- 俞 8022_1
- 姜 8040_4

十　畫

- 高 0022_7
- 席 0022_7
- 唐 0026_7
- 郭 0742_7
- 部 0762_7
- 夏 1024_7
- 孫 1249_3
- 耿 1918_0
- 柴 2190_4
- 徐 2829_4
- 家 3023_2
- 海 3815_7
- 袁 4073_2
- 莊 4421_4
- 莫 4443_0
- 秦 5090_4
- 晁 6011_3
- 晏 6040_4
- 喻 6702_7
- 馬 7132_7
- 陸 7421_4
- 陳 7529_6
- 陶 7722_0
- 桑 7790_4
- 翁 8012_7

十一畫

- 康 0023_2
- 麻 0029_4
- 章 0040_6
- 訥 0462_7
- 許 0864_0
- 張 1123_2
- 斣 1410_0
- 崔 2221_5
- 魚 2733_6
- 寇 3021_4
- 梁 3390_4
- 清 3512_7
- 淑 3714_0
- 麥 4020_7
- 黄 4480_6
- 梅 4895_7
- 盛 5310_7
- 戚 5320_0
- 曹 5560_6
- 畢 6050_4
- 唛 6404_7
- 野 6712_2
- 鄂 6722_7
- 符 8824_3
- 常 9022_7

十二畫

- 喬 2022_7
- 嵬 2221_3
- 傅 2324_7
- 程 2691_4
- 富 3060_6
- 馮 3112_7
- 温 3611_2
- 湯 3612_7
- 道 3830_6
- 彭 4212_2

董 4410_4
葛 4472_7
葉 4490_4
賀 4680_6
景 6090_6
普 8060_1
曾 8060_6
舒 8762_2

十三畫

廉 0023_7
雍 0071_4
雷 1060_1
賈 1080_6
訾 2160_1
鄒 2742_7
福 3126_6
楊 4692_7
路 6716_4
慈 8033_3

十四畫

齊 0022_3
鄧 1712_7
熊 2133_1
臧 2325_0
僧 2826_6
嘉 4046_1
蔣 4424_2
慕 4433_3
蔡 4490_1
趙 4980_2
鄭 8742_7

十五畫

衛 2122_1
潁 2128_6
儂 2523_2
練 2599_6
魯 2760_3
緱 2793_4
潘 3216_9
樊 4443_0
瞎 6306_1
劉 7210_0
歐 7778_2
滕 7923_2

十六畫

磨 0026_1
謝 0460_0
盧 2121_7
鮑 2731_2
潞 3716_4
蕭 4422_7
燕 4433_1
薛 4474_1
駱 7736_4
閻 7777_7
錢 8315_3

十七畫

應 0023_1
魏 2641_3
鮮 2835_1
蹇 3080_1
濮 3213_4
藍 4410_7
韓 4445_6
鞠 4752_0
繁 8890_3

十九畫

龐 0021_1
譚 0164_6
蘇 4439_4
羅 6091_4

二十畫

竇 3080_4